2024年民法等改正
新試験科目対応版

厳選！
1455問
一挙掲載！

書籍版 1172 問掲載
（電書版 1455 問収録）

うかる！
行政書士
一問一答

赤シート
付

［期間限定］
電子書籍
サービス付き！

著 加瀬光輝

秀和システム

この本の構成

本書は、解説パートと○×形式の短答問題パートで構成されています。解説パートで各科目のポイントなどを確認し、短答問題パートに臨みましょう。

1 各科目の学習ポイントを理解

このページだけは必ず読め!!

まずは、要点解説を読んで、そこで学ぶ科目のポイントをおさえましょう。

学習のポイント
各試験科目の特徴と対策を紹介します。

出題傾向と学習のポイント

■ 目標点数は18点（満点28点）

レナ 学習のポイント

憲○の分ります5各ひか題型○

法

①条文については、を考えます。法○です。
②判例については、「現場思考型問○の学習の際、「類習するのが効果○

26

---

1 出題者の意図は？

かつて公表された行政書士試験研究センターのねらいに、「法令等科目について、法令の知識を有するかどうかのみならず、法令に関する理解力、思考力等の法律的素養を身に付けているかをより一層問うこととする」というのがありました（以下、「試験研究センターの出題方針」とする）。

この試験研究センターの出題方針を受けて、憲法の出題では、たんに条文知識や判例知識の量や正確さだけを求める問題ではなく、むしろ、憲法上の制度・原理原則（立憲主義とか議院内閣制など）の理解を前提とした、現場思考型の問題が出題される傾向にあります。

2 間違える理由を知ろう！

間違いの理由や原因は、「勉強不足」っていってしまえば、身も蓋もありませんが、この間違いの理由や原因を探り、それを克服することが合格につながります。まず、多く挙げられる理由は、「問題文をよく読まなかった」。次に、「ひっかけ問題」にひっかかってしまったということがあります。要するに、条文の理解があいまいであったり、判例の理解が不十分であったりしたわけです。

試験問題は一字一句たりともムダな記述はない。
線を引きながら、あるいは図を描きながら読むべし！

本書の問題を解いたときに、間違えてしまった問題があれば、次のように問題番号のところにマークしておきます。

問題をよく読まなかった	⇒	Y
条文の理解が不十分だった	⇒	J
判例がわからなかった	⇒	H

27

最近の出題傾向
出題者の意図、間違える理由、ひっかけ問題ややまかけポイント、捨て問などをアドバイスします。

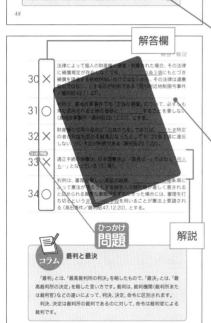

2 問題に答えて 知識の確認

出題の傾向と学習のポイントに注意しながら、実際に問題を解いてみましょう。

重要度

過去の試験の頻出度に応じ、その重要度を4段階で表示します。

チェックボックス

繰り返し問題を解くときの確認に使用してください。

プラスα

試験に合格するために、おさえておきたいプラスαの知識が書いてあります。

赤シート対応

赤字は問題に関する重要ワード。市販の赤シートで隠すと、穴埋め問題として活用できます。

3 解説を読んで 内容を理解

最後に、解説を読んで、正解した問題も、間違えた問題も確実に理解できるようにしましょう。

権利を守る仕事をして
みませんか？

　行政書士は、役所に提出する書類をその人に代わって作成すること
を主な仕事としていましたので、昔は「代書屋」などといわれていまし
た。しかし、いまでは、国民のいろいろな権利を守るために、「権利義務
に関する書類」を作成（「代理人」としての作成を含む）したり、書類の
作成に関する相談を受けたりすることを主な仕事としています。

　敷居が高い弁護士や司法書士などと違って、行政書士は地域に暮ら
す人々に身近な存在として、いわば街の法律家として、そして、行政手
続の専門家として、国民の権利を守るために日夜努力をしています。

　わが国は、「少子高齢社会」です。特に「高齢社会」では、相続や成年
後見に関する問題（心配）が起こります。そこで、高齢者から、「残され
た家族が相続で争わないように、生前に気軽に相談できてよかった」
と。

　また、政府は「一億総活躍の理念」を打ち出していますから、若い方
や定年退職後の方、あるいは子育てしながら主婦の方々が、ベンチャー
企業を立ち上げることが増えてくるものと考えられます。

　そのときに、気軽に相談ができて、行政書士が法律の知識を使って、
確かな手続きをしてあげたら、皆さんから、「先生、おかげさまで念願で
あった自分の会社が持てました！」と、言ってもらいたいと思いません
か？

■ なんたって、行政書士！

行政書士は、いわゆる「八大士業」の一つに数えられます。八大士業とは、弁護士、弁理士、司法書士、行政書士、税理士、社会保険労務士、土地家屋調査士、海事代理士のことをいいます。

中でも、行政書士は取り扱う業務の多さ、広さでは断トツです。わが国で適用されている法律の数は、およそ1900本（法律は「本」と数えます）ほどあります。その中で行政書士の業務に関係する法律は1500本とも1600本ともいわれています。要するに、行政書士のビジネスチャンスは無限に広がっているのです。

■ こんなにたくさんの仕事が行政書士を待っています

以下に掲げるのは、行政書士の主な取り扱い業務です。

□農地・土地開発	□建設業・経審	□会社・法人
□社会保険・労働保険	□運送・自動車	
□遺言・相続・遺産分割	□外国人関連	□知的資産
□中小企業支援	□風俗・各種営業	□産業廃棄・環境
□権利義務・事実証明		

以上、日本行政書士会連合会のHPより

行政書士は、国家試験の中でも科目が多い試験でもあります（およそ17科目ほど）。逆にいえば、多くの科目の勉強を通じて「得意分野」を探せる試験でもあります。

これからの行政書士は、何でもほどほどにできる人より、「この分野なら私にまかせて」というように専門分野に特化した人が求められています。ここに試験を受ける意味があります。

特に、「行政」書士といわれるように、行政手続のエキスパートとして行政法に強い行政書士が求められています。

さあ、君も本書を片手に合格へのウイニング・ランを！

K&S行政書士受験教室

加瀬光輝

コラム 人生いろいろ、行政書士もいろいろ

ひとくちに行政書士といっても、取り扱う業務の種類によって様々なものがあります。

	主な業務内容
一般の行政書士	許認可申請、成年後見、ADRなど、多種多様
申請取次行政書士	出入国管理に関する一定の研修を受けた行政書士で、申請人に代わって申請書等を提出することが認められた行政書士（所定の研修後に行われる効果測定に合格することが必要）。
特定行政書士	一定の研修課程を修了し、考査試験に合格した者に行政不服申立ての代理権が付与された行政書士。
	考査科目：「行政法総論」「行政手続法」「行政不服審査法」「行政事件訴訟法」「要件事実論・事実認定論」「特定行政書士の倫理」からの計30問4肢択一式問題。

※特定行政書士の場合、「行政書士証票」（資格者であることを示すもの）に「特定行政書士」である旨、記載される。

うかる！ 行政書士
一問一答 ［2024年民法等改正／新試験科目対応版］

この本の構成 ……………………………………………………………… 2
権利を守る仕事をしてみませんか？ ………………………………………… 4
　　コラム　　人生いろいろ、行政書士もいろいろ ……………………… 6

0 はじめに 11

行政書士試験の受験資格／12　　試験のあらまし／13
試験のしくみ／16　　本書の特徴／19　　効果的な学習方法／21
受験のこころがまえ／23

1 憲法 25

■出題傾向と学習のポイント／26
1 出題者の意図は？／27　　　2 間違える理由を知ろう！／27
3 ひっかけ問題に注意！／28　　4 やまかけポイントはここ！／29
5 捨て問はこれだ！／29
①人権編
よく出る問題／30　　しっかり基礎／40　　これで合格／50
ポイントアップ／52
　　プラスα　外国人の人権……………………………………………… 48
　　コラム　　最判と最決…………………………………………………… 49
②統治編
よく出る問題／54　　しっかり基礎／64　　これで合格／74
ポイントアップ／76
③その他の統治機構等
よく出る問題／78　　しっかり基礎／82　　これで合格／84
ポイントアップ／84
　　コラム　　条文上の和歌・俳句（憲法編） ………………………… 80
　　プラスα　憲法の改正………………………………………………… 81
　　□講師からのメッセージ ……………………………………………… 86

2 行政法 87

■出題傾向と学習のポイント／88
1 出題者の意図は？／89 　　 **2** 間違える理由を知ろう！／89
3 ひっかけ問題に注意！／90 　 **4** やまかけポイントはここ！／91
5 捨て問はこれだ！／91
①行政組織法
よく出る問題／92 　　しっかり基礎／96 　　これで合格／98
ポイントアップ／98
　コラム 　　行政法いろは歌……………………………………………… 94
　プラスα 　公物の時効取得……………………………………………… 95
②行政作用法・強制法
よく出る問題／100 　　しっかり基礎／118 　　これで合格／126
ポイントアップ／128
③行政救済法
よく出る問題／130 　　しっかり基礎／144 　　これで合格／156
ポイントアップ／158
④地方自治法
よく出る問題／160 　　しっかり基礎／168 　　これで合格／176
ポイントアップ／178
　□講師からのメッセージ　…………………………………………… 180

3 民法 181

■出題傾向と学習のポイント／182
1 出題者の意図は？／183 　　　 **2** 間違える理由を知ろう！／183
3 ひっかけ問題に注意！／184 **4** やまかけポイントはここ！／185
5 捨て問はこれだ！／185
①民法総則
よく出る問題／186 　　しっかり基礎／194 　　これで合格／202
ポイントアップ／204
　コラム 　　条文上の和歌・俳句（民法編）………………………… 192

プラスα　相手方の催告権………………………………………… 193

②物権法

よく出る問題／206　　しっかり基礎／216　　これで合格／224
ポイントアップ／226

③債権法

よく出る問題／228　　しっかり基礎／238　　これで合格／246
ポイントアップ／248

④家族法

よく出る問題／250　　しっかり基礎／258　　これで合格／266
ポイントアップ／268

プラスα　同時死亡と代襲相続………………………………… 264
プラスα　配偶者居住権と配偶者短期居住権の存続期間……… 264
コラム　　赤と黒……………………………………………… 265
□講師からのメッセージ ……………………………………… 270

4 商法 271

■出題傾向と学習のポイント／272
1 出題者の意図は？／272　　**2** 間違える理由を知ろう！／273
3 ひっかけ問題に注意！／274　**4** やまかけポイントはここ！／275
5 捨て問はこれだ！／275

①商法総則・商行為

よく出る問題／276　　しっかり基礎／282　　これで合格／288
ポイントアップ／290

②会社法／設立・株式

よく出る問題／292　　しっかり基礎／300　　これで合格／304
ポイントアップ／306

③会社法／機関等

よく出る問題／308　　しっかり基礎／314　　これで合格／318
ポイントアップ／320

□講師からのメッセージ ……………………………………… 322

5 基礎法学 323

■出題傾向と学習のポイント／324
1 出題者の意図は？／325　　**2** 間違える理由を知ろう！／325
3 ひっかけ問題に注意！／326　**4** やまかけポイントはここ！／327
5 捨て問はこれだ！／327
①基礎法学
よく出る問題／328　　しっかり基礎／336　　これで合格／340
ポイントアップ／342
□講師からのメッセージ …………………………………… 344

6 業務に関し必要な基礎知識 345

■出題傾向と学習のポイント／346
1 出題者の意図は？／347　　**2** 間違える理由を知ろう！／348
3 ひっかけ問題に注意！／349　**4** やまかけポイントはここ！／349
5 捨て問はこれだ！／350　　□講師からのメッセージ／351
①一般知識
よく出る問題／352　　しっかり基礎／368　　これで合格／380
ポイントアップ／382
②行政書士法等諸法令
よく出る問題／384　　しっかり基礎／386　　これで合格／388
ポイントアップ／390
③個人情報・通信
よく出る問題／392　　しっかり基礎／400　　これで合格／404
ポイントアップ／406
□講師からのメッセージ …………………………………… 408

0

はじめに

学習に王道はない！

ここでは試験の概要から本書の利用法と学習法、試験に対するこころがまえなどを紹介します。

学習に近道、楽な方法などありません。しかし、時間の節約ができる「うまい学習の仕方」はあります。本書に収めた問題では学習する分野に濃淡を付けましたので、無駄のない合理的な学習ができるでしょう。

さあ、合格に向けて本書の扉を開いてください。

行政書士試験の受験資格

　（一般の）行政書士試験は、年齢、学歴、国籍等に関係なく、誰でも受験できます。外国人の出入国関係を扱う「申請取次行政書士」は、一般の行政書士試験に合格して、会員登録したあとで、「申請取次事務研修」を受講して効果測定にパスすることが必要になります。申請取次行政書士は3年に一度の更新制になっています。

　行政不服申立ての代理権が与えられる「特定行政書士」は、一般の行政書士試験に合格して、会員登録したあとで一定の研修課程を修了し、考査試験に合格することが必要になります。

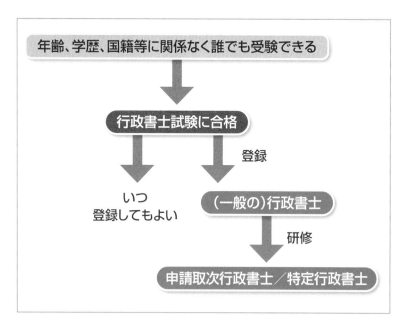

試験のあらまし

■ 総務大臣指定試験機関

　試験は、各都道府県に1〜2か所程度設けられる試験会場で毎年11月に行われます。試験会場の詳細は、(財) 行政書士試験研究センターから、例年「7月上旬」に公示される「受験案内」をご確認ください。

▼試験の問合せ先

> (財) 行政書士試験研究センター
> 〒102-0082　東京都千代田区一番町25番地
> 　　　　　　全国町村議員会館3階
> ℡　03-3263-7700 (代)
> Webサイト　http://gyosei-shiken.or.jp/

■ 受験願書の入手方法

●窓口での配付

　7月下旬から8月下旬まで各都道府県の所定の場所で配布されます。配布期間、配布場所は試験年度の「受験案内」でご確認ください。

●郵送による配付

　7月上旬から8月中旬まで、140円分の切手を貼って、あて先明記の返信用封筒 (角形2号：A4サイズの用紙が折らずに入る大きさ) を同封した上、封筒の表に「願書請求」と朱書きして、次の請求先に請求します (令和6年1月現在)。

> 〒252-0299　日本郵便株式会社　相模原郵便局留
> 　　　　　　一般財団法人　行政書士試験研究センター試験課

■受験手数料

10,400円（令和5年1月現在）

■試験スケジュール

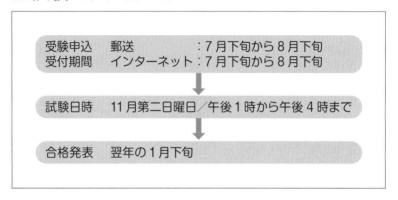

受験申込　　郵送　　　　　　　：7月下旬から8月下旬
受付期間　　インターネット：7月下旬から8月下旬

試験日時　　11月第二日曜日／午後1時から午後4時まで

合格発表　　翌年の1月下旬

■受験申込み

「郵送による受験申込み」と「インターネットによる受験申込み」とでは、申込手続きが違うので注意が必要です。

●郵送での申込み

①受付期間　7月下旬から8月下旬まで

②提出書類　証明用カラー写真（高さ40mm×幅30mm）を貼付した受験願書一式

③受験手数料の払込み

受験手数料（10,400円）は、申込者本人名義のクレジットカード、またはコンビニエンスストアで払い込みます。その他、システム手数料（370円）は、受験申込者の負担となります。

※いったん払い込まれた受験手数料は、地震や台風などにより、試験が実施されなかった場合などを除き、返還されません。

●インターネットによる申込み

①受付期間　7月下旬（午前9時）から8月下旬（午後5時）まで

※午後5時までに入力を完了していないと、接続中（入力中）であって
　も申込みができなくなりますのでご注意ください。

②受験申込み画面への入力

　ア　顔写真の画像データ（JPEG形式、高さ320×幅240ピクセル）

　イ　インターネット出願ページからインターネット出願画面に接続
　　し、画面の項目に従って、必要事項を入力します。

③受験手数料の払込み

　受験手数料（10,400円）は、申込者本人名義のクレジットカード、ま
　たはコンビニエンスストアで払い込みます。その他、システム手数料
　（370円）は、受験申込者の負担となります。

※いったん払い込まれた受験手数料は、地震や台風などにより、試験が
　実施されなかった場合などを除き、返還されません。

④登録完了通知

　申込み画面への入力と受験手数料の払込みが完了した時点で「申込
　完了」となり、申込情報で入力したメールアドレスへ「登録完了メー
　ル」が送信されます。

※登録完了メール受信のため、電子メールアドレスが必要です。

▼利用できるクレジットカード／コンビニエンスストア（郵送・インターネット共通）

利用できる クレジットカード	VISA、Master、JCB、Diners、 アメリカン・エキスプレス
利用できる コンビニエンスストア	セブン‐イレブン、ローソン、ローソン・スリーエ フ、ファミリーマート、セイコーマート、ミニス トップ、デイリーヤマザキ、ヤマザキデイリース トア、ニューヤマザキデイリーストア

試験のしくみ

　試験は、筆記試験によって行われます。出題の形式は、「法令等」は択一式（5肢択一式・多肢選択式）および記述式、「一般知識等」は択一式です。記述式は、40字程度で記述する問題が出題されます。

▼試験科目、出題数及び配点（試験時間は3時間）

	試験科目	出題形式	出題数	配点（1問）
法令等 （出題数46問）	基礎法学	5肢 択一式	40問	4点
	憲法			
	行政法 ・行政法総論 ・行政手続法 ・行政不服審査法 ・行政事件訴訟法 ・国家賠償法 ・地方自治法			
	民法			
	商法・会社法			
	憲法	多肢 選択式	3問	8点（空欄 4×2点）
	行政法			
	行政法	記述式	3問	20点
	民法			
		小計	46問	244点
業務に関し必要な 基礎知識 （出題数14問）	一般知識	5肢 択一式	14問	4点
	行政書士法等業務 に関連する諸法令			
	個人情報保護・ 情報通信			
	文章理解			
		小計	14問	56点
		総計	60問	300点

■行政書士試験には足切りがあるゾ！

行政書士の業務に関し、必要な法令等科目の足切り点が50%以上で、行政書士の業務に関し必要な基礎知識科目の足切り点が40%以上で、かつ試験全体の60%であれば合格です。記述式問題は、「部分点狙い」でいきましょう。

■毎年約4000人以上が合格！

▼過去5年間の合格者数および合格率

年　　度	申込者数	受験者数	合格者数	合格率
令和元年度	52,386	39,821	4,571	11.5%
令和2年度	54,847	41,681	4,470	10.7%
令和3年度	61,869	47,870	5,353	11.2%
令和4年度	60,479	47,850	5,802	12.1%
令和5年度	59,460	46,991	6,571	14.0%

■ 試験結果の発表と通知

①試験結果は、合格者の受験番号が（財）行政書士試験研究センター事務所の掲示板に公示（掲示）されます。なお、公示後、受験者には合否通知書が郵送されます。

　また、（財）行政書士試験研究センターのホームページにも合格者の受験番号が登載されます。

②得点は、合否通知書に付記されて知らされます。

■ 試験問題・正解等の公表

①試験問題は、著作権に関する問題を除いて、試験の翌日以降に（財）行政書士試験研究センターのホームページに掲載されます。
②正解・正解例等は、合格発表日以降に（財）行政書士試験研究センターのホームページに掲載されます。

本書の特徴

■過去30年間、約2000問を徹底的に分析！

　本書は、「過去30年間に出題された、約2000問」を徹底的に分析し、本試験の傾向を見据えて、解きやすく学習しやすいように「一問一答形式」に整理しました。このことで、「5肢択一形式」ではマスターできない各肢ごとの理由や根拠を考えながら、問題を解くことができます。

　本書では、勉強を始めたばかりのビギナーから、受験経験、学習経験のあるシニアまで、効率的に学習できるように、書籍版1172問（期間限定付属電子書籍版1455問）の問題を「4段階」のランクに分けました。それぞれのランクごとにワンポイントやアドバイスを掲げましたので、密度の濃い学習ができます。

問題のランク	ワンポイント・アドバイス
よく出る問題	この問題を落としちゃダメ。徹底的に復習すべし！
しっかり基礎	合格にすべり込みセーフ。一歩出遅れるとアウトっていうきわどい問題。二度と間違わないよう、間違いの原因をさぐろう！
これで合格	安心、余裕をもって合格するためには、このランクの問題まで征服しておきたい。
ポイントアップ	解ければ自信をもってよい問題。でも時間がなければ「捨て問」にしてもよい問題。

　参考までに、各科目の本試験出題数と本書に掲載した問題数を紹介します。たくさん出題される科目はより多く問題を取り上げました。
　また、各科目の4ランクごとの問題数を掲げます。これによって、みなさんの学習の進み具合と相談して問題にチャレンジすることができます。勉強を始めたばかりの人は、「よく出る問題」は徹底的に復習しましょう。

▼試験科目と本書収録の問題数*

試験科目	憲法	行政法	民法	商法	基礎法学	基礎知識*
本試験出題数*	6問	22問	11問	5問	2問	14問
本書	第1章	第2章	第3章	第4章	第5章	第6章
よく出る問題	84問 (96問)	155問 (176問)	125問 (131問)	69問 (82問)	24問 (29問)	89問 (96問)
しっかり基礎	78問 (90問)	96問 (118問)	108問 (125問)	49問 (62問)	13問 (19問)	61問 (84問)
これで合格	17問 (41問)	28問 (44問)	27問 (49問)	19問 (36問)	7問 (7問)	20問 (40問)
ポイントアップ	15問 (15問)	18問 (24問)	27問 (35問)	19問 (19問)	6問 (6問)	19問 (26問)
掲載問題数	194問 (242問)	297問 (362問)	287問 (340問)	156問 (199問)	50問 (61問)	189問 (246問)
合計　1173問 (1450問)*						

※「基礎知識」は2023年までは「一般知識」として出題
※本試験の出題数は2024年1月現在

ここまで本書を征服したあなたには、もう合格しかありません。

　受験経験のある人は基礎固めが大切です。したがって、「しっかり基礎」レベルの問題までは解けるようにしましょう。

　試験1か月前（10月頃）には、「これで合格」レベルの問題をラクラク解けるように学習の完成度を高めます。

　試験まで「あと1か月」を切ったら、「ポイントアップ」の問題を手掛けてみましょう。このランクの問題は「捨て問」にしてもよい問題ですから、気楽な気持ちで解いてください。

*本書では紙面の都合により問題と解答の一部を付属の電子書籍に収録しました。
　上表の（ ）内は付属の電子書籍中に収録した問題数です。

効果的な学習方法

　確かに、学習に王道（安直な方法）はありません。しかし、合理的な方法はいくらでもあります。

■法令科目（択一式）

・条文で要件・効果を確認する。原理・原則をおさえる

　どの法律科目を学習する場合にも同じことがいえますが、まずそれぞれの法律の全体構造をおさえます。

　次に、それぞれの法律相互の関係をおさえます。例えば、行政法は、応用憲法といわれるように、憲法とかなり密接に関係します。

　また、一見関係がないような行政法と民法との間にも少なからぬ（行政法は民法理論を借りているという）関係があります。このような関係をチェックしていきます。

　そして条文がある科目では、条文で「要件・効果」を確認するとともに、各科目の原理・原則をおさえるようにします。

　これが理解の早道になります。

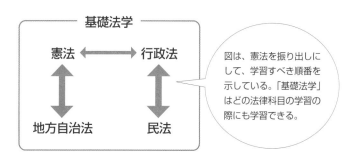

図は、憲法を振り出しにして、学習すべき順番を示している。「基礎法学」はどの法律科目の学習の際にも学習できる。

■法令科目（記述式）

●ただひたすら「書く練習を」

　本書では記述式の問題は扱いませんが、記述式は1問の配点が20点と高いため、それなりの準備が必要です。知識面では、記述式は択一式の延長上に位置づけられますので、記述式特有の知識のマスターは要求されません。

　法律の文章は「書き慣れ」が必要です。書いて書いて書きまくってください。そして、書いた答案は添削を受けるのが有益です。

■業務に関し必要な基礎知識

●なんたって、新聞、テレビ等のニュースをチェック

　行政書士の業務に関し必要な基礎知識の学習は、行政書士法、文章理解と情報通信、個人情報保護などが中心となります。

　行政書士の業務に関し必要な基礎知識は6問得点しなければなりませんので、得点が計算できる「文章理解」は得意科目にしておくべきです。

　ふだんから文章を読む習慣を身につけることが合格への鍵の一つです。

　社会科学や情報通信、個人情報保護の分野に強くなるためにも、ふだんから新聞を読む習慣や、テレビなどのニュース番組を見る習慣を身につけましょう。

　また、令和6年度の試験から行政書士の業務に関し必要な基礎知識として「行政書士法等行政書士の業務と密接に関連する諸法令」も出題されることになりました（総務省告示335号）。

　これらについては、法令科目の学習と同じように重要条文の「要件・効果」をしっかり学習しましょう。

受験のこころがまえ

　さあ試験本番！　でも緊張をして学んだものを出せなかったら意味がありません。

　ここでは、試験に臨むにあたって、持っている力をすべて出すためのちょっとしたコツを伝授しましょう。

ギリギリに着くと大変！

　試験会場には少なくとも試験開始の1時間前には到着しているぐらいにしましょう。

　試験会場までの交通手段とルートをあらかじめ確認しておくと安心できますね。

わかりやすい問題からやってみよう！

　受験生の悩みは「難しくて解けない！」よりも「時間がない」のほうが多いんです。

　難しい問題はあなただけが難しいのではありません。簡単な問題から点をとっていきましょう。これは本書のテーマです。

前日はゆっくり休んで！

　体調をととのえることです。3時間で60問の試験は想像以上にハードで、体力勝負になります。

　試験当日、体調不良で実力が発揮できなければ、勉強した意味がありませんね。

時には心を落ちつかせろ！

1問2分30秒を目安にしよう！

　模擬試験などを受けて、1問にかける時間を設定しておきましょう。せっかく、勉強してきたのに時間切れじゃもったいないです。

　模擬試験を受けて、1問ごと、10問ごとの時間配分を確認しましょう。

出かけるときは忘れずに！（その①）

- 鉛筆（芯は「B」）…緊張してぽきぽき折ってもよいくらいの本数。削る時間がもったいないです。シャーペンはマークシートに反応しない場合があります。
- 消しゴム…3個ほど。机の上から落ちたら拾う時間が惜しい。
- 十分なお金…電車が止まったらタクシーを飛ばす必要があります。

出かけるときは忘れずに！（その②）

　これを征服したという達成感が合格への自信につながります。本書を持って会場に向かおう。

消しゴム
3つ！

鉛筆は
10本！

折れにくい
Bがオススメ！

1

憲法

やっぱり「憲法」から始めようぜ！

試験場で考えるような「現場思考」型の問題が出題されることが少なくないのですが、憲法の出題にはちがいありません。そこで上諭、前文から条文を丁寧に読み、これまで出題された判例を学習しておきましょう。どれだけ多くの問題を解いたかが合否を決めます。

■目標点数は18点（満点28点）

学習の ポイント

　憲法は5肢択一式5問・多肢選択式1問のうち、人権の分野と統治の分野から3問ずつ出題される傾向にあります。

　5肢択一式では条文と判例から、多肢選択式では判例から出題されることが多いです。

　かつて、憲法は満点科目でしたが、最近では難問が出題されています。特に「法的思考力」を問う、「現場思考型」の問題が少なくありません。

法的思考力を付けるためには

①条文については、関連条文・参照条文をチェックし、立法趣旨を考えます。法的思考力といっても、所詮は条文が出発点なのです。

②判例については、「事案⇒争点⇒判旨」の順にチェックします。「現場思考型問題」には、基礎知識の応用で対処できます。日頃の学習の際、「類似の制度が存在しないか」などを考えながら学習するのが効果的です。

1 出題者の意図は？

　かつて公表された行政書士試験研究センターのねらいに、「法令等科目について、法令の知識を有するかどうかのみならず、法令に関する理解力、思考力等の法律的素養を身に付けているかをより一層問うこととする」というのがありました（以下、「試験研究センターの出題方針」とする）。

　この試験研究センターの出題方針を受けて、憲法の出題では、たんに条文知識や判例知識の量や正確さだけを求める問題ではなく、むしろ、憲法上の制度・原理原則（立憲主義とか議院内閣制など）の理解を前提とした、現場思考型の問題が出題される傾向にあります。

2 間違える理由を知ろう！

　間違いの理由や原因は、「勉強不足」っていってしまえば、身も蓋もありませんが、この間違いの理由や原因を探り、それを克服することが合格につながります。まず、多く挙げられる理由は、「問題文をよく読まなかった」。次に、「ひっかけ問題」にひっかかってしまったということがあります。要するに、条文の理解があいまいであったり、判例の理解が不十分であったりしたわけです。

試験問題は一字一句たりともムダな記述はない。
線を引きながら、あるいは図を描きながら読むべし！

　本書の問題を解いたときに、間違えてしまった問題があれば、次のように問題番号のところにマークしておきます。

問題をよく読まなかった	⇒	Y
条文の理解が不十分だった	⇒	J
判例がわからなかった	⇒	H

重要な概念	立憲主義の意味
	二重の基準論の意味
	議院内閣制の意義、具体化されている規定
間違いやすい点	国会の権能と議院の権能の違い
	内閣と内閣総理大臣の権能の違い
	国会単独立法の原則と国会中心立法の原則とそれぞれの例外

② 重要な概念・間違いやすい点の学習ポイント

・「わが輩は猫である。」という程度の短文で、定義とか意味をノートにまとめておく。

例：二重の基準とは、……である。

・類似の制度があるものは、一覧表を作って、対比して整理する。

例：国会の権能と議院の権能

　2回目、3回目と解いていくうちに、このマークを減らすようにしましょう。このように、なぜ間違えたのか、その理由を知ることによって自分の性格も分析できます。たとえば、そそっかしい人は問題文をじっくり、しかも速く読む習慣を身につければいいわけです。

3 ひっかけ問題に注意！

　そもそも「ひっかけ問題」のどこでひっかかるのかというと、憲法の問題であれば、条文の文言であったり、判例の結論であったりするわけです。もちろん、条文の文言や判旨を丁寧に読んで整理しておけば、何の問題もないわけですが、出題者はどのあたりで「ひっかけ」てくるのかを意識しておいたほうが、合理的に学習をすることができます。

ひっかけどころ	ひっかけるやり方	正　解	ひっかける…と
条文の文言	主語を変える	内閣は～	内閣総理大臣は～
		国会は、～	衆議院は、～
	数字を変える	30日以内に	40日以内に
	揚げ足をとる	～できる。	～しなければならない。
判例の文言	判旨の結論を変える	合憲である。	違憲の疑いがある。
制度	意味、制度名を取り換える	国会単独立法	国会中心立法

4 やまかけポイントはここ！

　政治と密接に関連する憲法の世界。これが試験問題に反映される傾向にあります。いわゆる時事ネタに注意です。

　たとえば、憲法改正であれば、憲法96条の改正手続「各議院の総議員の3分の2以上の賛成」という点、条約（安保条約などと関連して）であれば、憲法73条3号ただし書の条約締結手続「事前に、時宜によっては事後に」という点を整理する、というふうにやまをかけます。

5 捨て問はこれだ！

　はっきりいって、本書には「捨て問」はありません。ただ、限られた学習時間の中で、時間をうまく使って学習していくためには、本書の「ポイントアップ」の問題は捨て問と考えてよいでしょう。

　みなさん一人ひとりの学習進度（深度）にもよりますが、問題作成者からみれば、具体的には以下の問題が該当するでしょう。

分　野	人権編	統治編	その他の統治編
ポイントアップ問題番号	5	3	1

1 ①人権編
よく出る問題

問題 1
○○○
日本国憲法が国民に保障する基本的人権は、侵すことのできない永久の権利として、過去および現在もしくは将来の国民に与えられる。

問題 2
○○○
日本国憲法に定める基本的人権の各条項は、日本国籍を有する自然人たる国民についてのみ認められるものであり、法人である会社は政治的行為をする自由は有しない。

問題 3
○○○
強制加入の公益法人である税理士会が、税理士法の改正などを働きかけるために、政治団体に寄付をすることを決定し、各会員から特別会費を徴収する旨の決議を行うことは、法人の「目的の範囲内」の行為である。

問題 4
○○○
未決勾留で監獄（刑事施設）に拘禁されている者に対して、新聞等の閲読の自由を制限することは、一定の制約の下に、許される場合がある。

問題 5
○○○
公務員の政治的行為を禁止する国家公務員法の規定は、職種・職務権限・勤務時間の内外、国の施設の利用の有無等にかかわりなく、一律に規制するものであって許されない。

問題 6
○○○
日本国憲法の基本的人権の規定は、もっぱら国または公共団体と個人との関係を規律するものであり、私人相互の関係を直接規律することを予定するものではない。

問題 7
○○○
何人も、承諾なしにみだりにその容貌・姿態を撮影されない自由を有するが、警察官による撮影は、証拠保全の必要性があれば、当然に許される。

問題 8
○○○
学籍番号、氏名、住所および電話番号のような個人情報については、プライバシーに関する情報として法的保護の対象となる、とするのが判例である。

ひっかけ問題

1 ✗ 日本国憲法が国民に保障する基本的人権は、「現在及び将来の国民」に与えられる（11条後段）。

2 ✗ 人権規定は性質上可能な限り内国の法人にも適用されるから、会社は自然人たる国民と同様に、国や政党の特定の政治政策を支持、推進し、また反対するなどの政治的行為をなす自由を有する（八幡製鉄政治献金事件／最判昭45.6.24）。

3 ✗ 判例は、政党や政治団体への寄付は会員の個人的な政治思想や判断にもとづき自主的に決定すべき事柄であるから、公的な性格を持つ税理士会が政治団体に寄付することは、会の目的の範囲外の行為である（南九州税理士会事件／最判平8.3.19）、とする。

4 ○ 判例は、新聞・図書の閲読を許すことにより監獄内の規律・秩序の維持上、放置できない程度の障害が生じる相当の蓋然性がある場合に限り、禁止または制限できる（よど号ハイジャック新聞記事抹消事件／最判昭58.6.22）、とする。

5 ✗ 判例は、政治活動禁止規定について、禁止目的が正当で、目的と禁止との間に合理的関連性があり、禁止により得られる利益に対し、失われる利益は間接的・付随的な意見表明の自由の制約であり、利益の均衡を失していない限り、合憲である（猿払事件上告審／最判昭49.11.6）、とする。

6 ○ 最高裁判所は、私人相互の関係について本肢のように判示し、人権規定は私人間には直接適用ないし類推適用されるものではない（三菱樹脂事件／最判昭48.12.12）、とする。

7 ✗ 現に犯罪が行われ、証拠保全の必要性、緊急性があり、かつ、その撮影方法が一般に許される限度を超えない場合には許される（京都府学連事件／最判昭44.12.24）。

8 ○ 判例は、大学が講演会の主催者として学生から参加者を募る際に収集した参加申込者の学籍番号、氏名、住所および電話番号に関する個人情報は、参加申込者のプライバシーに関する情報として法的保護の対象となる（早稲田大学江沢民講演会名簿提出事件／最判平15.9.12）、とする。

問題 9 ○○○

市が、弁護士会からの弁護士法による照会に応じ、前科等のすべてを漫然と報告することは、それが重罪でない場合には、憲法13条に違反し、違法な公権力の行使に当たる。

問題 10 ○○○

前科等にかかわる事実は、公表されることを受忍しなければならない公的な事実であるから、前科を公表された者はプライバシーの権利の侵害を理由にその事実を公表した者に損害賠償請求をすることはできない。

問題 11 ○○○

相続財産について非嫡出子に嫡出子の2分の1の法定相続分しか認めないとする民法900条4号ただし書前段（平成25年改正前）の規定は、もはや嫡出子と嫡出でない子の法定相続分を区別する合理的根拠は失われているから、憲法14条に違反する。

問題 12 ○○○

旧所得税法におけるサラリーマンの給与所得税の徴収における給与所得控除や源泉徴収制度等は、自営業者の事業所得税などに比べて著しく不平等であるから、憲法14条に違反する、とするのが判例である。

問題 13 ○○○

思想および良心の自由には、国家権力により内心の思想の告白を強制されないという意味での沈黙の自由の保障は含まれていない。

問題 14 ○○○

民間私企業であっても、労働者の採否決定にあたり、特定の思想・信条を有する者について、それを理由として雇い入れを拒むことは、判例の趣旨に照らして許されない。

問題 15 ○○○

謝罪広告を新聞紙等に掲載すべきことを加害者に命ずることは、単に事態の真相を告白し、陳謝の意を表明するにとどまる程度のものであれば、憲法19条に反しない。

9 ✕ 市区町村長が漫然と弁護士会の照会に応じ、<u>犯罪の種類、軽重を問わず</u>、前科などのすべてを報告することは、公権力の違法な行使に当たる（前科照会事件／最判昭56.4.14）。

10 ✕ <u>当該事実を公表する理由よりも公表されない利益が優越する場合</u>に公表されたときには、精神的苦痛の<u>賠償を請求することができる</u>（ノンフィクション「逆転」事件／最判平6.2.8）、とする。

11 ◯ 判例は、民法900条4号ただし書前段の規定は、立法府の裁量権を考慮しても、嫡出子と嫡出でない子の法定相続分を区別する<u>合理的な根拠は失われていた</u>というべきであるから、遅くとも平成13年7月当時において、憲法14条1項に違反していた（非嫡出子に対する相続分差別／最決平25.9.4）、とする。

12 ✕ 判例は、所得税法（昭和40年改正前）が給与所得について、事業所得と異なり、必要経費につき実額控除の代わりに概算控除の制度を設けた目的は正当である。また、給与所得控除の額は必要経費との対比で相当性を欠くとはいえず、具体的に採用されている<u>給与所得制度も合理性を有する</u>（サラリーマン税金訴訟／最判昭60.3.27）、とする。

13 ✕ 憲法19条の思想および良心の自由の一内容として、思想および良心の告白を強制されないという<u>沈黙の自由も保障される</u>と一般に解されている。

ひっかけ問題
14 ✕ 判例は、企業は、経済活動の一環として<u>契約締結の自由</u>を有するから、特定の思想・信条を有する者について、そのことを理由として雇い入れることを拒んでも、当然に違法とすることはできない（三菱樹脂事件／最判昭48.12.12）、とする。

15 ◯ 謝罪広告が、<u>単に事態の真相を告白し、陳謝の意を表明するにとどまる程度</u>のものであれば、判決によって謝罪を強制することは、良心の自由（19条）に<u>違反しない</u>（謝罪広告事件／最判昭31.7.4）。

問題
16
○○○
市が主催し神式に則り挙行された市体育館の起工式（地鎮祭）は、社会の一般的慣習に従った儀礼を行うというもっぱら世俗的なものとは認められず憲法20条3項にいう宗教的活動に当たる。

問題
17
○○○
報道の自由は、憲法21条の精神に照らし、十分尊重に値するが、取材の自由は、表現の自由を規定した憲法21条の保障のもとにある、とするのが判例である。

問題
18
○○○
報道の自由は、表現の自由を規定した憲法21条の保障の下にあるが、新聞記者に取材源に関する証言拒絶権までも保障したものではない。

問題
19
○○○
県青少年保護条例により、県知事が指定した書籍を有害図書として自動販売機への収納を禁止することは、一切の表現の自由を保障した憲法21条に違反する。

問題
20
○○○
判例によれば、「検閲」とは、行政権が主体となって、思想内容等の表現物を対象とし、その全部または一部の発表の禁止を目的として、対象とされる一定の表現物について網羅的一般的に、発表前にその内容を審査したうえ、不適当と認めるものの発表を禁止することを指すとされているから、税関検査は検閲に該当しない。

問題
21
○○○
教科書として出版しようとする書籍につき、文部科学省で内容を審査し、不合格とされれば教科書として出版できないため、このような検定は憲法で禁止されている検閲に当たる。

問題
22
○○○
メーデーの式典のために公共の用に供されている公園の広場の利用申請がなされた場合、その利用目的からこれを不許可とすることは憲法21条2項にいう検閲に当たる。

16 ✕　判例は、20条3項の禁止する「宗教的活動」は、宗教とのかかわり合いが相当の限度を超えるものであって、その<u>目的</u>が宗教的意義を持ち、その<u>効果</u>が宗教に対する援助、助長、促進または圧迫、干渉などになるような行為に限られるから、<u>地鎮祭は禁止された宗教的活動に当たらない</u>（津地鎮祭事件／最判昭52.7.13）、とする。

ひっかけ問題

17 ✕　判例は、報道機関の報道は、国民の「知る権利」に奉仕するものであるから、事実の<u>報道の自由も憲法21条の保障</u>のもとにあり、<u>取材の自由も憲法21条の精神に照らし、十分尊重に値する</u>（博多駅テレビフィルム提出命令事件／最判昭44.11.26）、とする。

18 ◯　逮捕状の発行に関する情報が事前に新聞に掲載され、その記事に関与した記者が情報漏えいに関して裁判所に召喚されたが、記者は証言を拒否したため証言拒絶罪で起訴された事件で、最高裁判所は<u>証言義務を犠牲にしてまで取材源の秘匿を認めることはできない</u>、と判示した（石井記者事件／最判昭27.8.6）。

19 ✕　判例は、有害図書の自動販売機への収納禁止は、青少年の健全な育成を阻害する有害環境を浄化するための規制に伴う<u>必要やむをえない制約</u>であり、憲法21条1項に違反しない（岐阜県青少年保護育成条例事件／最判平元.9.19）、とする。

20 ◯　判例（税関検査事件／最判昭59.12.12）で示された「検閲」概念は、本肢のとおりである。税関検査は、<u>事前に発表そのものを禁止するものではない</u>ことなどから、検閲に当たらない。

21 ✕　判例は、教科書検定に不合格とされても、一般書籍としての出版が禁止されるわけではないから、<u>教科書検定は、検閲に当たらない</u>（第一次家永教科書検定事件／最判平5.3.16）、とする。

22 ✕　公園の広場の利用申請に対する不許可処分は、他の場所での集会等を禁止するものではないから<u>検閲には当たらない</u>。

1 ①人権編
よく出る問題

問題 23
検閲の禁止および通信の秘密の保障は絶対的なものであり、たとえ犯罪捜査の目的のためであっても、公権力によって差し押さえや押収をすることは許されない。

問題 24
学問の自由は、単に学問の研究の自由ばかりでなく、その結果を教授する自由も含むが、普通教育においては、教師が児童生徒に対して強い影響力、支配力を有していることなどから、教師に完全な教授の自由を認めることはできない、とするのが判例である。

問題 25
「大学の自治」は、大学での研究教育を十分に達成するために、大学の内部組織・運営を大学の自主的な決定に委ね、外部勢力の干渉を排除することにあり、いかなる場合であっても、警備公安活動のために警察官が大学構内に立ち入ることは、大学の自治を侵害することになる。

問題 26
小売市場の開設の許可制は、中小企業保護政策の一方策として一応の合理性が認められ、規制の手段・態様も著しく不合理であることが明白であるとは認められないから合憲である。

問題 27
薬局の適正配置規制は、主として国民の生命および健康に対する危険の防止という消極的・警察的目的のための規制措置であるから、一定の害悪発生の危険性を前提として規制の手段・程度はその害悪を防止するための必要最小限度のものでなければならない。

問題 28
共有森林についてその持分価額2分の1以下の共有者に対して、民法所定の分割請求権を否定している森林法の規定（昭和62年改正前）は、森林の細分化を防止して森林経営の安定を図る等の立法目的からみて明らかに不合理、かつ不必要な規則であるとまでいえないから、憲法29条2項に違反しない。

問題 29
ため池の堤とうを使用する財産上の権利を有する者に対しため池の決壊などの災害を未然に防止するため、ため池の堤とうに農作物を植える行為を禁止する条例を制定することは憲法29条2項に違反する。

ひっかけ問題

23 ✕
検閲は絶対的に禁止される（21条2項前段）が、通信の秘密の保障は絶対的ではなく、合理的な規制に服する（21条2項後段）。制限の例として、刑事訴訟法上の郵便物等の押収（100条、222条）などがある。

24 ◯
判例は、普通教育における教師の教授の自由について、私学教育の自由および教師の教授の自由も限られた範囲において認められるとして、教師には完全な教授の自由は認めていない（旭川学テ事件／最判昭51.5.21）。

25 ✕
学生の集会などでも、真に学問的な研究またはその結果の発表のためのものでなく、実社会の政治的社会的活動に当る行為をする場合には、大学の有する学問の自由と自治は享有しないことになる（東大ポポロ事件／最判昭38.5.22）。

26 ◯
判例は、小売市場開設の許可制は零細な小売商の過当競争による倒産防止という社会経済的目的から出たものであるから、方策が合理的であり、当該措置が著しく不合理であることの明白である場合に限ってこれを違憲とすべきとし、本事例では合憲とした（小売市場距離制限事件／最判昭47.11.22）。

27 ◯
薬事法距離制限事件において判例は、本肢と同様の基準を示した上、距離制限は22条1項に反するとしている（薬事法距離制限判決／最判昭50.4.30）。

28 ✕
判例は、森林法の立法目的と規制手段との間には合理的関連性がないなどの理由から、旧森林法186条による分割請求の制限は、立法目的との関係において、合理性と必要性のいずれも肯定することができないことが明らかであり、憲法29条2項に違反する（森林法事件／最判昭62.4.22）、としている。

29 ✕
判例は、本条例による制約は、ため池の堤とうを使用する財産権を有する者が当然に受忍しなければならない責務というべきである（奈良県ため池条例事件／最判昭38.6.26）、とする。したがって、ため池の堤とうに農作物を植える行為を禁止する条例は29条2項に違反しない、として条例による制限を認めている。

問題
30
○○○
土地収用法における損失の補償内容については、収用の前後を通じて被収用者の有する財産価値と等しくなるような価格（近傍類地を取得できる価格）にしなければならない、とするのが判例である。

問題
31
○○○
何人も、いかなる奴隷的拘束およびその意に反する苦役に服せられない。

問題
32
○○○
密輸事件の被告人への附加刑として、密輸に関係のある船舶、貨物などで、被告人以外の第三者の所有物を没収する場合、当該第三者に対し、告知、弁解、防御の機会を与えずに没収しても、憲法に違反しない。

問題
33
○○○
憲法に規定する法定手続の保障は、直接には刑事手続に関する保障であるが、行政手続についても当然にその保障が及ぶから、行政処分の際に必ずその相手方にあらかじめ告知、弁解、防御の機会を与えなければならない。

問題
34
○○○
刑事被告人は、自己に不利益な供述を強要されないが、自己に不利益な唯一の証拠が本人の自白である場合でも、有罪とされ、または刑罰を科せられることがある。

問題
35
○○○
捜索または押収のための令状を発する権限は裁判官だけが有するが、逮捕のための令状を発する権限であれば、裁判官（令状裁判官）のほか、検察官（令状検察官）も有する。

問題
36
○○○
憲法38条１項の趣旨は、自己が刑事上の責任を問われるおそれのある事項について、何人も供述を強要されないことを保障したものであるが、氏名は原則として不利益な事項に該当しないから、氏名の供述は拒否できない。

問題
37
○○○
有権者の自由な意思に基づく投票を確保するため、憲法はすべての選挙における投票の秘密を保障していることから、選挙権のない者または代理投票をした者の投票について、その投票が何人に対してなされたかは、議員の当選の効力を定める手続において取り調べてはならない、とするのが判例である。

30 ◯ 判例は、土地収用法にもとづく損失補償について本肢のように判示し、金銭賠償の場合には、被収用者が近傍において被収用地と同等の<u>代替地を取得するに足りる金額</u>でなければならない（土地収用法に基づく収用／最判昭48.1.18）、とする。

ひっかけ問題

31 ✕ 18条前段は、「いかなる」とあることから、<u>奴隷的拘束は、絶対的に禁止</u>されるが、「犯罪による処罰」の場合には、苦役に服させることが許される（18条後段）。なお、「その意に反する苦役」とは、本人の意思に反して課せられる労役をいう（18条）。

32 ✕ 判例は、所有物を没収される<u>第三者</u>に、<u>告知、弁解、防御の機会を与えることが必要</u>であり、その機会を与えないで行われた没収は憲法31条、29条に<u>違反</u>する（第三者所有物没収事件／最判昭37.11.28）、とする。

33 ✕ 判例は、行政処分の相手方に事前の告知、弁解、防御の機会を与えるかどうかは、行政処分により制限される権利利益の内容、性質、制限の程度、達成しようとする公益の内容、程度、緊急性などを総合較量して決定すべきであり、<u>常に必ずその機会を与える必要はない</u>（成田新法事件／最判平4.7.1）、とする。

34 ✕ <u>何人も</u>、自己に不利益な供述を強要されない（38条1項）が、自己に不利益な唯一の証拠が<u>本人の自白</u>である場合には、有罪とされ、または刑罰を科せられない（同条3項）。

ひっかけ問題

35 ✕ 逮捕令状は「司法官憲」が発すると規定されている（33条）が、「<u>司法官憲</u>」とは「<u>裁判官</u>」だけを意味する。

36 ◯ 氏名を供述しただけでは刑罰を科せられることの根拠にならず、<u>氏名は原則として不利益な事項には該当しない</u>（京成電鉄氏名黙秘事件／最判昭32.2.20）から、供述を拒否できない。

37 ◯ 判例は、選挙権のない者または代理投票をした者の投票についても、その<u>投票が何人に対してなされたか</u>は、議員の当選の効力を定める手続において<u>取り調べてはならない</u>（最判昭25.11.9）、とする。

①人権編

しっかり基礎

問題
1
○○○
国民は、日本国憲法が国民に保障する自由及び権利を濫用してはならず、原則として公共の福祉のためにこれを利用する責任を負う。

問題
2
○○○
日本に在留する外国人のうちでも、永住者等であってその居住する区域の地方公共団体と特に緊密な関係を持っている者に条例によって普通地方公共団体の長、その議会の議員等に対する選挙権を付与することは、憲法上禁止されない。

問題
3
○○○
社会保障上の施策において在留外国人をどのように処遇するかについては、国はその政治的判断によって決定することができ、限られた財源の下で福祉的給付を行うにあたって、日本国民を在留外国人より優先的に扱うことも許される。

問題
4
○○○
わが国に在留する外国人には、憲法上わが国に在留する権利や引き続き在留することを要求する権利を保障されているものではなく、法務大臣の裁量の範囲内で在留期間の更新を受けることができるにすぎない。

問題
5
○○○
わが国に在留する外国人に対しては、正当な理由もなく国家機関が指紋の押なつを強制しても、憲法13条に反するとはいえない。

問題
6
○○○
喫煙の自由は憲法13条の保障する基本的人権の一つであり、刑務所に未決勾留により拘禁されている者に対して喫煙を禁止することは許されない。

問題
7
○○○
労働基本権の保障は公務員に及ぶが、公務員は法律により主要な勤務条件が定められ、身分が保障されているほか、適切な代償措置が講ぜられているから、労働基本権の制限は憲法に違反しない。

問題
8
○○○
就業規則の中で女子の定年年齢を男子より低く定めた部分は、もっぱら女子であることのみを理由として差別したことに帰着するものであり、性別のみによる不合理な差別を定めたものとして、憲法14条の規定により無効である。

ひっかけ問題

1 ✕ 「原則として」とする部分が誤り。国民は、「常に」公共の福祉のために利用する責任を負う（12条後段）。

2 ✕ 外国人の地方選挙の参政権について、法律上、普通地方公共団体の長、議会の議員に対する選挙権を付与する措置を講ずることは、憲法上禁止されていない（定住外国人の地方参政権／最判平7.2.28）。しかし、「条例」により選挙権を付与することは認められていない。

3 ○ 社会保障上の施策において、限られた財源の範囲内で自国民を在留外国人より優先させ、在留外国人を支給対象者から除くことなどは、立法府の裁量の範囲内に属する事柄であるから合理的であり違憲とはいえない（塩見訴訟／最判平元.3.2）。

4 ○ 最高裁判所は、わが国に在留する外国人の「在留の権利」について、憲法上保障されているとはいえないと判示している（マクリーン事件／最判昭53.10.4）。

5 ✕ 判例は、国家機関が正当な理由もなく指紋の押なつを強制することは憲法13条の趣旨に反して許されず、不当に指紋の押なつを強制されない自由の保障は在留外国人にも及ぶ（指紋押捺拒否事件／最判平7.12.15）、とする。なお、判例は、この自由も公共の福祉による制限を受け、「外国人指紋押なつ制度」を合憲とする。

6 ✕ 判例は、未決勾留により拘禁されている者に対し喫煙を禁止することは、必要かつ合理的な制限であり、憲法13条に違反するものとはいえない（最判昭45.9.16）、とする。

7 ○ 判例は、本肢のような理由を提示して、公務員の労働基本権制限は合憲とした（全農林警職法事件／最判昭48.4.25）。

ひっかけ問題

8 ✕ 最高裁判所は、間接適用説の立場をとり、憲法14条に違反し無効とするのではなく、民法90条の規定により無効である（日産自動車事件／最判昭56.3.24）、と判示した。

問題 9
○○○

幸福追求権（憲法13条）から導き出される人権として、最高裁判所が認めたものには、プライバシー権の他に、環境権、アクセス権がある。

問題 10
○○○

小説の登場人物として同定される人物であって公的立場にない者が、公共の利益にかかわらないプライバシーにわたる事項を公表された場合には、一定の要件のもとで名誉、プライバシー等の侵害を理由に、人格権に基づき、当該小説の公表の差止めを求めることができる。

問題 11
○○○

患者が輸血を伴う医療行為を拒否するとの明確な意思を有している場合、医師らが患者に対してほかに救命手段がない事態が生じたときには輸血するとの方針を説明せずに輸血を行ったとしても、救命のためにやむを得なかった緊急措置であるから、患者の意思決定をする権利を侵害したとはいえず、人格権侵害には当たらない。

問題 12
○○○

尊属殺人に対する刑を通常の殺人の刑より加重して規定することは、一種の身分制道徳の見地に立つものであって、封建的家族制度を排し、家庭生活における個人の尊厳を確立することを建前とする憲法の趣旨に照らして許されないから、憲法14条に違反する、とするのが判例である。

問題 13
○○○

東京都が、管理売春を理由に売春取締条例に基づき罰金刑を科すことは、都道府県ごとに取扱いが異なることになり、憲法の定める平等原則に反する。

問題 14
○○○

衆議院議員総選挙において、甲選挙区と乙選挙区とにおける議員定数と選挙人口の比率が約5対1という割合である場合は、議員定数配分規定は違憲であるが、甲選挙区の選挙のみ瑕疵を帯びる。

問題 15
○○○

民主主義憲法に反する危険思想として、国民の多数者によって否定されている思想であっても、憲法19条の思想および良心の自由の保障を受ける。

問題 16
○○○

信仰上の理由による剣道実技の履修拒否を、代替措置について何ら検討することもなく、原級留置処分さらに退学処分にした高専校長の措置は、考慮すべき事項を考慮しておらず、または考慮された事実に対する評価が明白に合理性を欠き、その結果、社会通念上著しく妥当性を欠く処分である。

ひっかけ問題

9 ✕　最高裁判所は、京都府学連事件において実質的にプライバシー権を認めたが、<u>環境権やアクセス権について認めてはいない</u>。

10 ◯　公表されることにより、その精神的苦痛が倍加されて、平穏な日常生活や社会生活を送ることが困難となるおそれがある。加えて、そうした重大な損失は、当該小説の読者が新たに加わるごとに増加するため、<u>事後的には回復困難</u>である場合には、名誉、プライバシー、名誉感情の侵害を理由に、<u>人格権</u>に基づき、当該小説の<u>公表の差止め</u>を求めることができる（「石に泳ぐ魚」事件／最判平14.9.24）。

11 ✕　判例は、エホバの証人の信者であった者に対し、本肢のように医師が承諾なく輸血を行った事案につき、医師らはかかる説明をせずに手術を施行し、輸血をしたのであるから、医師らは当該説明を怠ったことにより、<u>患者の自己決定する権利を奪い</u>、同人の<u>人格権を侵害</u>した（最判平12.2.29）、とする。

12 ✕　判例は、刑法旧200条の規定は、尊属に対する罪を特に重くすること自体は不合理な差別には当たらないが、科刑が通常殺人罪に比べて<u>著しく均衡を失しており</u>、この点から平等原則に違反する（尊属殺重罰規定違憲判決事件／最判昭48.4.4）、とする。

13 ✕　憲法が地方公共団体に<u>条例制定権</u>を認める以上、地域によって差別が生じることは当然予期されることであり、各条例で売春取締の取扱いに<u>差異が生じても違憲ではない</u>（東京都売春取締条例違反事件／最判昭33.10.15）。

14 ✕　最高裁判所の判例によれば、選挙区割りおよび議員定数の配分規定は不可分一体をなし、<u>全体として違憲</u>となる（最判昭51.4.14）。

15 ◯　反憲法的思想、反民主主義的思想であっても、人の精神活動が<u>内心の領域にとどまる限り</u>他の利益と抵触することはないから、憲法19条の保障を受ける。

16 ◯　代替措置について何ら検討することもなく原級留置処分さらに退学処分をした高専校長の措置は、<u>社会通念上著しく妥当性を欠く処分</u>である（エホバの証人剣道受講拒否事件／最判平8.3.8）。

問題
17

地方公共団体が靖国神社に玉串料を奉納する行為は、習慣化した社会的儀礼にすぎないものであるから、地方公共団体と靖国神社との係り合いが相当とされる限度を超えたとはいえず、憲法20条3項にいう宗教的活動には当たらない。

問題
18

小学校の校舎増築のため、敷地内にあった遺族会所有の忠魂碑を他の場所に移転・再建するために、遺族会に補助金を支出するとともに、移転のための市有地を無償で貸与したA市の行為は、政教分離原則に反し違憲となる。

問題
19

報道機関が取材した物を犯罪捜査の証拠として押収したとしても、適正迅速な捜査を遂行する上での必要性と、押収により報道の自由が妨げられる程度および将来の取材の自由が受ける影響とを比較衡量した上でなおやむを得ないと認められる場合には、当該押収行為は憲法に違反しない、とするのが判例である。

問題
20

憲法は裁判の公開を制度として保障しており、このことを直接の根拠として傍聴人に対して法廷においてメモを取ることが憲法上権利として保障されている。したがって、法廷においてメモを取ることは、その見聞する裁判を認識、記憶するためになされるものである限り、尊重に値し、故なく妨げられてはならない。

問題
21

新聞社の広告に名誉毀損などの違法性がない場合であっても、名誉を毀損されたとする者には、言論の自由によって当該広告に対し反論する機会が与えられてしかるべきであるから、当該新聞社に対する反論文掲載請求権が成立する。

問題
22

公安条例が集団示威運動の際に、単なる届出制ではなく、許可を必要とする許可制を定めてかかる運動を事前に抑制していることは、一切の表現の自由を保障する憲法21条に違反する、とするのが判例である。

17 ✕ 地方公共団体が<u>玉串料などを奉納</u>することは、県と靖国神社等の係り合いはわが国の社会的・文化的諸条件に照らし相当とされる限度を超えるものであり、<u>憲法20条3項および89条に違反</u>する (愛媛県玉串料違憲判決／最判平9.4.2)。

18 ✕ 忠魂碑は戦没者の慰霊・顕彰のための記念碑で宗教的施設ではなく、遺族会も憲法20条1項の宗教団体ではなく、89条の宗教上の組織・団体でもないから、市のかかる行為は違憲ではない、とするのが判例である (箕面忠魂碑訴訟／最判平5.2.16)。さらに判例は、教育長が参列し玉串をささげ焼香したことは、職務にかかわる社会的儀礼行為であり<u>目的効果基準</u>に照らし宗教的活動に当たらない、とする。

19 ◯ 判例は、適正迅速な捜査の遂行と、取材の<u>自由</u>とを<u>比較衡量</u>し、報道機関の取材ビデオテープに対する捜査機関の差押処分を憲法21条に違反しない (日本テレビビデオテープ差押事件／最決平元.1.30)、とする。

ひっかけ問題

20 ✕ 判例は、傍聴人に対して<u>法廷</u>において<u>メモを取ることを権利として保障しているものでない</u> (法廷メモ事件／最判平元3.8)、とする。しかしながら、法廷においてメモを取ることは、尊重に値し、<u>故なく妨げられてはならない、としている</u> (同判例)。

21 ✕ 判例は、反論権の制度は、公的事項に関する批判的記事の掲載を躊躇させるなど、民主主義社会においてきわめて重要な意味をもつ新聞などの表現の自由に重大な影響を及ぼすから、不法行為が成立する場合は別として、<u>具体的な成文法がない</u>以上、<u>反論文掲載請求権を認めることはできない</u> (サンケイ新聞反論権訴訟／最判昭62.4.24)、とする。

22 ✕ 判例は、集団示威運動などにつき、一般的な許可制を定めてこれを事前に抑制することは憲法の趣旨に反するが、<u>特定の場所・方法</u>につき、<u>合理的かつ明確な基準</u>の下で、予め許可を受けさせることは憲法に違反しない (新潟県公安条例事件／最判昭29.11.24)、とする。

問題 23
○○○

有権者と身近に接する戸別訪問を一律に禁止している公職選挙法の規定は、合理的で必要やむをえない限度を超えるものであるから、憲法21条に違反する、とするのが判例である。

問題 24
○○○

日本放送協会（NHK）が、政見放送における発言部分が公職選挙法（品位を損なうような言動を禁止する）に違反するとして、その内容を削除して放送したことは、憲法の禁止する検閲に当たる。

問題 25
○○○

表現行為に対する事前抑制は、事後の制裁よりも広汎にわたりやすく、濫用のおそれがある上、実際上の抑止的効果が事後の制裁の場合より大きいと考えられるから、検閲を禁止している憲法21条の趣旨に照らし許されない。

問題 26
○○○

公衆浴場の適正配置規制は、主として保健衛生の確保を目的としてなされているが、自家風呂の普及に伴い、もはや公衆浴場が日常生活上必要不可欠な厚生施設であるとはいえないから、立法目的を達成するための必要かつ合理的な範囲を超える制限であり、憲法に違反する。

問題 27
○○○

租税の適正かつ確実な賦課徴収を図るという国家の財政目的のための職業の許可制（酒類販売業免許制）については、その規制の必要性と合理性が極めて高いことが明白でなければならず、立法府の判断にも厳格な合理性が要求される。

問題 28
○○○

司法書士法が登記に関する手続の代理等の業務を司法書士以外の者が行うことを禁止していることは、公共の福祉に合致した合理的な規制であり、合憲である。

問題 29
○○○

外国旅行の自由は、憲法上保障された権利であるが、「旅行」は、「移住」とは異なる概念であるから、憲法22条ではなく、幸福追求権の一部として、憲法13条により保障される。

23 ✕ 判例は、戸別訪問の禁止規定は、戸別訪問の弊害を防止することによって<u>選挙の自由と公正を確保</u>する趣旨であり、合理的で必要やむをえない限度を超えるものではないから、憲法21条に違反しない（戸別訪問の禁止／最判昭56.6.15）、としている。

ひっかけ問題

24 ✕ 日本放送協会は行政機関ではなく、また行政機関の指示によるものでなく、自らの判断で削除してテレビジョン放送したのであるから、かかる行為は<u>検閲に当たらない</u>（政見放送削除事件／最判平2.4.17）、とするのが判例である。

25 ✕ 判例は、<u>表現行為に対する事前差止</u>は、原則として許されないが、その表現内容が真実ではなく、またはそれがもっぱら公益を図る目的のものでないことが明白であって、かつ被害者が重大にして著しく回復困難な損害を被るおそれがあるときに限って、<u>例外的</u>に事前差止めが<u>許される</u>（北方ジャーナル事件／最判昭61.6.11）、とする。

26 ✕ 公衆浴場の適正配置規制は、保健衛生の確保と自家風呂をもたない国民にとって必要不可欠な厚生施設の確保という消極・積極の２つの目的があり、当該２つの目的を達成するための<u>必要かつ合理的な範囲の手段</u>であるから、<u>憲法22条１項に違反しない</u>（最判平元.3.7判決）。

27 ✕ 判例は、酒類販売業免許制について、「厳格な合理性」の基準ではなく、<u>立法府の判断が著しく不合理であることが明白な場合</u>に限り違憲とする「明白性の原則」を適用している（酒類販売業免許制事件／最判平4.12.15）。

28 ◯ 判例は、登記制度が国民の権利義務等社会生活上の利益に重大な影響を及ぼすものであることにかんがみ、司法書士以外の者が登記申請書類を作成する業務を行うことを禁止し、これに違反した者を処罰することにしているのは、<u>公共の福祉に合致した合理的な規定</u>であるから、憲法22条１項に違反しない（司法書士登記業務の独占／最判平12.2.8）、とする。

29 ✕ 判例は、22条２項の「外国に移住する自由」には<u>外国へ一時旅行する自由を含む</u>（帆足計事件／最判昭33.9.10）、とする。

問題
30
○○○

法令により財産権を制限する場合に、その法令に財産権の制限を受けた者に対する補償に関する規定を欠くときには、その法令は違憲無効となる、とするのが判例である。

問題
31
○○○

農地改革における農地の買収価格は、社会経済の状況に照らして合理的と認められる相当な額で足り、必ずしも市場価格と完全に一致することを要しない、とするのが判例である。

問題
32
○○○

「私有財産は、正当な補償の下に、公共のために用いることができる。」というのが憲法29条3項の規定であるから、特定の者の利益ために他人の財産権を収用したりするのは憲法に違反する、とするのが判例である。

問題
33
○○○

日本国憲法上、「国民は、法律の定める手続によらなければ、その生命若しくは自由を奪われ、又はその他の刑罰を科せられない。」と規定されている。

問題
34
○○○

審理の著しい遅延の結果、迅速な裁判を受ける被告人の権利が害されたと認められる異常な事態が生じた場合、これに対処すべき具体的規定がなくても、当該被告人に対する手続の続行を許さず、その審理を打ち切るという非常救済手段をとることも許される、とするのが判例である。

得点アップ プラスα

外国人の人権

　外国人においては、表現の自由などは認められていますが、日本の政治に参加する選挙権や外国に旅行する自由は認められていません。

30 ✕　法律によって個人の財産権が侵害・剥奪された場合、その法律に補償規定が存在しなくても、直接憲法29条3項にもとづき補償を請求する余地がないわけではないから、その法律は違憲無効ではない、とするのが判例である（河川附近地制限令事件／最判昭43.11.27）。

31 ◯　判例は、農地改革事件での「正当な補償」について、必ずしも常に収用される土地の価格と完全に一致することを要しない（農地改革事件／最判昭28.12.23）、とする。

32 ✕　財産権の収用の目的が「公共のため」であれば、たまたま特定の者が利益を受ける結果となったとしても、29条3項に違反しない、というのが判例である（最判昭29.1.22）。

ひっかけ問題

33 ✕　適正手続の保障は、日本国憲法上、「国民は…」ではなく「何人も…」となっている（31条）。

34 ◯　判例は、審理の著しい遅延の結果、迅速な裁判の保障条項によって憲法が守ろうとする被告人の諸利益が著しく害されると認められる異常な事態が生ずるに至った場合には、審理を打ち切るという非常の救済手段を用いることが憲法上要請される（高田事件／最判昭47.12.20）、とする。

最判と最決

「最判」とは、「最高裁判所の判決」を略したもので、「最決」とは、「最高裁判所の決定」を略した言い方です。裁判は、裁判機関（裁判所または裁判官）などの違いによって、判決、決定、命令に区別されます。

判決、決定は裁判所の裁判であるのに対して、命令は裁判官による裁判です。

1

①人権編

これで合格

問題 1
○○○

司法書士会は強制加入団体であるから、被災した他県の司法書士会に復興支援拠出金を寄付するために会員から特別の負担金を徴収する旨の決議は、当該司法書士会の「目的の範囲外」の行為である。

問題 2
○○○

地方公務員の管理職試験の受験資格に、国籍要件を加え、外国人に昇進を許してもさしつかえない管理職について受験の機会を奪うことは憲法22条、14条に違反する違法な措置である。

問題 3
○○○

憲法が保障する基本的人権は絶対無制約なものであるから、私立学校が教師の雇用に際して条件とした校内での政治活動をしないとする特約は、無効である。

問題 4
○○○

スピード違反車を自動撮影する自動速度監視装置による運転者の容貌の写真撮影は、現に犯罪が行われている場合になされ、犯罪の性質、態様から緊急に証拠保全する必要があり、その方法も一般的に許容される限度を超えない相当のものであるから、憲法13条に違反しない。

問題 5
○○○

社会保障関連の甲法と乙法2本の法律において、それぞれ受給資格を満たしている者について、社会保障の全般的公平を図る見地から、併給調整をすることを定めた法律の規定は、法の下の平等原則に反する、とするのが判例である。

問題 6
○○○

公務員が禁錮以上の刑罰を受けた場合、それが公務員の職務内容に関するか否か、または執行猶予が付されたか否かを問わず、直ちに公務員の地位を失うとする制度は、私企業労働者との均衡を著しく失し、法の下の平等に反する。

問題 7
○○○

最高裁判所裁判官の国民審査は、罷免の可否がわからず何の記載もなされていない白票に「罷免を可としない」という法律上の効果を付与していることから、思想および良心の自由を侵害している。

---

1 ✕ 判例は、被災した地域の司法書士会に復興支援拠出金を寄付するために特別の負担金を徴収することは、<u>権利能力の範囲内</u>であり、同会がいわゆる強制加入団体であることを考慮しても特段の事情がある場合を除き、多数決原理に基づき自ら決定することができる（群馬司法書士会事件／最判平14.4.25）、とする。

2 ✕ 判例は、職員が管理職に昇任するための資格要件として日本の国籍を有する職員であることを定めたとしても、合理的な理由にもとづいて日本国籍を有する職員と在留外国人である職員とを区別するものであり、憲法14条1項に違反しない（国民主権と外国人の公務就任権／最判平17.1.26）、とする。

ひっかけ問題

3 ✕ 自己の自由意思により、校内において政治活動をしないことを条件として教員として学校に雇われた場合には、その契約は<u>無効とはされない</u>（十勝女子商業事件／最判昭27.2.22）。

4 ◯ <u>自動速度監視装置</u>による運転者の<u>容貌の写真撮影</u>は憲法13条に違反しない（最判昭61.2.14）。

5 ✕ 判例は、併給禁止規定により公的年金受給者とそうでない者との間に児童福祉手当の受給に関し差別が生じても、広汎な<u>立法裁量</u>を前提として判断すると、<u>差別は不合理なものとはいえない</u>（堀木訴訟／最判昭57.7.7）、とする。

6 ✕ 禁錮以上の刑に処せられた者の失職を定めた<u>地方公務員法の規定は、目的に合理性があり</u>、法律上このような制度が設けられていない私企業労働者に比べて地方公務員を不当に差別したものとはいえない（最判平元.1.17）。

7 ✕ 判例は、国民審査は最高裁判所裁判官の<u>解職の制度</u>であるから、罷免の可否不明により何ら記載のない白票を「積極的に罷免を可としない」の数に入れても思想及び良心の自由を侵害するものではない（最判昭27.2.22）、とする。

問題 1 ○○○
日本に在留する外国人には、憲法22条1項を根拠として一時的に海外旅行のため出国し、再びわが国に入国する自由が認められている。

問題 2 ○○○
人権規定のうち、投票の秘密、奴隷的拘束・苦役からの自由、児童の酷使禁止に関する争いについては、私人間であっても憲法が直接適用されるが、労働基本権に係る争いには直接適用されることはない。

問題 3 ○○○
調査書（高校入試の際のいわゆる内申書）への記載による生徒に関する情報の開示は、情報の公開にあたり、当該生徒の教育上のプライバシーの権利を侵害したことになる。

問題 4 ○○○
都市の美観風致の維持を目的として、条例で屋外広告物の掲示の場所、方法などを規制することは、表現の自由に対し許された制限とはいえない。

問題 5 ○○○
事業の健全化は事業者の経営判断に委ねられるものであるから、自動車運送事業の経営について届出制をとることは格別、これを免許制にすることは職業選択の自由を保障した憲法22条に反する。

問題 6 ○○○
憲法32条は、「何人も、裁判所において裁判を受ける権利を奪われない。」として、裁判を受ける権利を保障しているが、この権利は、訴訟法で定める管轄権を有する具体的な裁判所において裁判を受ける権利を保障したものである。

問題 7 ○○○
選挙に関する犯罪により一定以上の刑に処せられた者に対して、選挙権を所定の期間停止することは、国民の参政権を奪うことになり憲法に違反するが、被選挙権については所定の期間停止することとしても憲法に違反しない、とするのが判例である。

1 ✕ 判例は、帰国が絶対的な権利として保障されている日本国民と異なり、外国人の海外旅行は、日本からの出国と、権利として保障されない日本への再度の入国にすぎないとし、在留外国人には<u>海外旅行の自由</u>は、憲法22条により保障されていない（森川キャサリン事件／最判平4.11.16）、とする。

2 ✕ 労働基本権（28条）は、その趣旨・目的および法文に鑑みて、私人間に<u>直接適用</u>される人権である。

3 ✕ <u>内申書の記載</u>による生徒情報の開示は、入学選抜に関する特定小範囲の人々に対するものであり、情報の開示に当たらないから、<u>教育上のプライバシーの権利を侵害せず</u>、憲法13条に違反しない（麹町中学校内申書事件／最判昭63.7.15）。

4 ✕ 条例による屋外広告物に係る制限は、公共の福祉のため、表現の自由に対して許された<u>必要かつ合理的な制限</u>である、とするのが判例である（大阪市屋外広告物条例事件／最判昭43.12.18）。

5 ✕ 判例は、免許制は事業の適正な運営や公正な競争を確保するために<u>必要な制限</u>であるから、憲法22条に違反しない（白タク営業の禁止／最判38.12.4）、とする。

6 ✕ 憲法32条は、国民が憲法又は法律に定められた裁判所においてのみ裁判を受ける権利を有し、裁判所以外の機関によって裁判をされることはないことを保障したものであり、訴訟法で定める<u>管轄権を有する具体的裁判所において裁判を受ける権利を保障したものではない</u>（町長選挙罰則事件／最判昭24.3.23）。

7 ✕ 判例は、選挙犯罪は<u>選挙の公正</u>を害する犯罪であり、かかる犯罪の処刑者は現に選挙の公正を害したのであるから、これを一定期間公職の選挙から排除するのは相当であって、不当に国民の参政権を奪うものではない（最判昭30.2.9）、とする。したがって、判例によれば、選挙権を停止することも憲法に違反しない。

1 よく出る問題

問題 1
○○○

衆議院で可決された法律案について、参議院が異なる議決をしたときは、必ず両院協議会が開催される。

問題 2
○○○

予算および法律案については、衆議院に優越が認められているから、先に衆議院に提出しなければならない。

問題 3
○○○

衆議院が可決した予算を受け取った後、参議院が30日以内に議決しないときは、衆議院で出席議員の3分の2以上の多数で再可決すれば、予算として成立する。

問題 4
○○○

条約の性質から、その承認には両議院の議決の一致が必要とされるから、参議院が衆議院と異なった議決をした場合には、両議院の協議会において意見が一致しないときには、当該条約を承認することはできない。

問題 5
○○○

内閣総理大臣の指名について、衆議院と参議院が異なった議決をした場合、両議院の協議会を開いても意見が一致しないときは、衆議院で出席議員の3分の2以上の多数で再可決すれば、衆議院の議決のみで内閣総理大臣が決定される。

問題 6
○○○

両議院の議事は、憲法に特別の定めのある場合を除いて、出席議員の過半数で決するが、懲罰によって議員を除名する場合、また法律案について衆議院で再可決する場合および憲法改正を発議する場合は、いずれも出席議員の3分の2以上の賛成を必要とする。

問題 7
○○○

各議院の意思は表決によって決せられるが、憲法上、表決は憲法に特別の定めのある場合を除いては総議員の過半数で決し、可否同数のときは議長の決するところによるとされている。

1 ✕ 法律案の議決の場合、両院協議会を開催するかどうかは、<u>衆議院が任意に決定</u>できる（59条3項）。

2 ✕ 予算は、先に衆議院に提出する必要があるが（<u>衆議院の予算先議</u>／60条1項）、憲法上、法律案、条約の承認については、衆議院に先議権は認められていない。

3 ✕ 予算の議決について、衆議院の<u>再可決は不要</u>である（60条2項）から、当初の衆議院の議決だけで予算が成立する。

4 ✕ 条約承認の議決は、予算の議決に関する衆議院の優越（60条2項）の規定が準用されるため（61条）、両院協議会の意見が一致しないときは<u>衆議院の議決が国会の議決</u>となる。

5 ✕ 内閣総理大臣の指名について、衆議院の<u>再可決は不要</u>である。両院協議会を開いても意見が一致しないときは、衆議院の議決がそのまま国会の議決となる（67条2項）から、内閣総理大臣が決定される。

6 ✕ 「<u>憲法改正</u>」の発議に必要な賛成は「<u>各議院の総議員</u>」の3分の2以上である（96条1項）。なお、懲罰によって議員を除名する場合（58条2項ただし書）、法律案について衆議院で再可決する場合（59条2項）は「出席議員の3分の2以上」の賛成である。

7 ✕ 表決数は「総議員の過半数」ではなく、原則として「<u>出席議員の過半数</u>」で決せられる（56条2項）。可否同数のときは議長が決するとされている。

問題
8
○○○

国会議員は、発言・表決についての免責特権を有する旨が憲法上明記されているが、当該規定を根拠に地方議会の議員も国会議員と同様の特権を憲法上保障されていると解されていない。

問題
9
○○○

議院内閣制の下では、国会の召集や衆議院の解散は、内閣が決定し、内閣総理大臣が内閣を代表して行う。

問題
10
○○○

臨時会は、内閣が必要と認めるとき、いずれかの議院の総議員の4分の1以上の要求があるとき、衆議院議員の任期満了により総選挙が行われたときおよび参議院議員の通常選挙が行われたときに召集される。

問題
11
○○○

衆議院が解散されたときは、解散の日から30日以内に、衆議院議員の総選挙を行い、その選挙の日から40日以内に国会を召集しなければならない。

問題
12
○○○

参議院の緊急集会は、衆議院解散中に、内閣や参議院議員の発議によって開催されるものであり、両議院の同時活動の原則の例外にあたる。

問題
13
○○○

両議院は、それぞれの議員の資格に関する争訟を裁判するが、議員はその裁判に不服があっても、通常の裁判所に出訴することができないと解されている。

問題
14
○○○

日本国憲法は「国会は、罷免の訴追を受けた裁判官を裁判するため、衆議院議員で組織する弾劾裁判所を設ける。」と規定している。

8 ○ 国会議員の免責特権は、「両議院の議員」に限られ、地方議会の議員に国会議員と同様の免責特権は保障されない（最判昭42.5.24）。また、国務大臣にも免責特権は及ばないが、国務大臣が同時に国会議員である場合に、議員として行った発言に限り免責されると解されている。

9 ✕ 国会の召集や衆議院の解散は、天皇の国事行為（7条2号、3号）であり、内閣は助言と承認を行う。

10 ○ 臨時会は、内閣が必要とするとき（53条前段）、いずれかの議院の総議員の4分の1以上の要求があるとき（53条後段）に召集しなければならない。また、国会法では、衆議院の任期満了による総選挙、参議院議員の通常選挙が行われたときは、その任期の始まる日から30日以内に召集するとされている（国会法2条の3）。

ひっかけ問題

11 ✕ 衆議院が解散されたときは、解散の日から40日以内に、衆議院議員の総選挙を行い、その選挙の日から30日以内に国会を召集しなければならない（54条1項）。

12 ✕ 緊急集会の発議権は、内閣のみが有し（54条2項ただし書）、参議院議員に発議権はない。なお、両院同時活動の原則の例外にあたる。

13 ○ 議員が資格争訟の裁判（55条）の結果に不服であっても三権分立と議院の自律性の尊重から、通常の裁判所に救済を求めることはできない、と解されている。

ひっかけ問題

14 ✕ 国会に設置される弾劾裁判所は「両議院の議員」で組織される（64条1項）。

問 題
15
○○○

憲法の平和主義の原則により、内閣総理大臣はもちろん、その他の国務大臣の少なくとも過半数は文民でなければならない。

問 題
16
○○○

内閣の閣議での議決は、慣習上、全会一致であることが要求され、意見が一致しない場合には、内閣は総辞職しなければならない。

問 題
17
○○○

衆議院が、国務大臣の所管事項に関して責任を追及するために不信任決議案を提出した場合、かかる決議案が可決された場合には、当該国務大臣は辞職しなければならない。

問 題
18
○○○

内閣総理大臣が欠けた場合であっても、相当期間内に国会であらたな内閣総理大臣が指名されることが確実であるときは、内閣は総辞職する必要はない。

問 題
19
○○○

内閣は、衆議院が解散されると同時に総辞職しなければならないが、あらたに内閣総理大臣が任命されるまで引き続きその職務を行う。

問 題
20
○○○

内閣は、政令を制定する権限を有しているから、特に法律の委任がなくても政令に罰則を設けることができる。

問 題
21
○○○

内閣が条約を締結する場合、当該条約と国内法との矛盾抵触を避けるために、必ず国会の事前の承認を経ることとされている。

15 ✕ 内閣総理大臣およびすべての国務大臣は、文民でなければならない（66条2項）。

16 ✕ 慣習上、内閣の議決は全会一致を必要とするが、閣議において意見が一致しない場合には、内閣総理大臣は、意見を異にする国務大臣を罷免することができるから（68条2項）、内閣は総辞職する必要はない。

17 ✕ 憲法66条3項にいう「責任」は、法的責任ではなく政治的責任に過ぎないと解されるので、不信任決議案が可決された場合でも、当該国務大臣の辞職という法的効果は生じない。

ひっかけ問題

18 ✕ 内閣総理大臣が欠けたときは、内閣は総辞職しなければならない（70条）。

19 ✕ 内閣が総辞職をするのは、衆議院議員総選挙の後に初めて国会の召集があったときであって、解散のときではない（70条）。なお、総辞職をした場合、内閣は、あらたに内閣総理大臣が任命されるまで引き続きその職務を行う（71条）。

20 ✕ 内閣は、憲法および法律の規定を実施するために、政令を制定することができるが（73条6号本文）、政令には、特に法律の委任がある場合を除いては、罰則を設けることができない（73条6号ただし書）。罰則を定めるには、法律の委任が必要である。

ひっかけ問題

21 ✕ 内閣が条約を締結する場合、必ず国会の事前承認が必要ではなく、「事前に、時宜によっては事後」に、国会の承認を経ることが必要とされている（73条3号）。

問題
22
○○○

内閣総理大臣は、大赦、特赦、減刑、刑の執行の免除および復権を決定する権能を有する。

問題
23
○○○

憲法上、天皇のすべての国事行為には、内閣の助言と承認が必要とされ、内閣総理大臣が内閣を代表して責任を負う。

問題
24
○○○

法律が、国会の両議院による議決を経て、適法な手続によって公布されている以上、裁判所は両議院の自主性を尊重して、法律制定の際の議事手続の瑕疵について審理しその有効無効を判断すべきではない。

問題
25
○○○

具体的な権利義務や法律関係に関する紛争であっても、その前提として宗教上の教義に関する判断などが必要であり、事柄の性質上法令の適用により終局的に解決するのに適しないものは、裁判所の審判の対象となり得ない。

問題
26
○○○

条約の合憲性については、その締結権を有する内閣およびこれに対して承認権を有する国会の判断に従うべく、終局的には、主権を有する国民の政治的判断に委ねられるべきものであるから、裁判所の司法審査の対象となることはない。

問題
27
○○○

憲法81条の違憲審査権は、最高裁判所のみが有するものと解されるから、下級裁判所は具体的訴訟事件に法令を適用して裁判をする場合であっても、法令が憲法に適合するか否かの判断はできない。

問題
28
○○○

国会は唯一の立法機関であるから、国民の人権保障のための立法をすべきであるのにもかかわらず、立法を怠った場合には、当該国会の立法の不作為は違憲審査の対象となる。

22 ✕ 「大赦、特赦、減刑、刑の執行の免除および復権」(恩赦)を決定するのは、内閣総理大臣ではなく「内閣」である (73条7号)。

23 ✕ 天皇の国事に関するすべて行為には、内閣の助言と承認が必要であり、「内閣」がその責任を負う (3条)。

24 ◯ 判例は、法律は両院による議決を経て、適法な手続によって公布されている以上、裁判所は両院の自主性を尊重すべく同法制定の議事手続に関する事実を審理してその有効無効を判断すべきではない (警察法改正無効事件/最判昭37.3.7)、とする。

25 ◯ 最高裁判所は、宗教上の教義に関する紛争は裁判の対象となるかが争われた事案で、本肢のように判示した (板まんだら事件/最判昭56.4.7)。

26 ✕ 条約の合憲性については、一見極めて明白に違憲無効であると認められない限りは、裁判所の司法審査権の範囲外であるとするのが判例である (砂川事件/最判昭34.12.16)。したがって、審査の対象となる余地はある。

27 ✕ 憲法81条は、最高裁判所が違憲審査権を有する終審の裁判所であることを明らかにした規定であって、下級裁判所が違憲審査権を有することを否定する趣旨ではない (下級裁判所の違憲審査権/最判昭25.2.1)。

28 ✕ 国会議員の立法行為 (立法不作為も含む) は、容易に想定しがたい例外的な場合でない限り、国賠法1条の適用上、違法の評価を受けない (在宅投票制度事件/最判昭60.11.21) から、原則として、立法不作為は違憲審査の対象とならない。

問題 29
○○○

家庭裁判所は家事事件や少年事件を扱う特別裁判所であるが、その特殊な職務上の性格からやむを得ず設置された裁判所であるから、憲法が認めた例外として許される。

問題 30
○○○

最高裁判所の裁判官は、内閣の指名にもとづいて天皇が任命し、下級裁判所の裁判官は、最高裁判所の指名した者の名簿にもとづいて内閣が任命する。

問題 31
○○○

最高裁判所の裁判官の任命は、その任命後初めて行われる衆議院議員総選挙または参議院議員通常選挙の際、国民の審査に付される。

問題 32
○○○

最高裁判所の裁判官は、国民審査において投票者の過半数がその裁判官の罷免を可とするときは、罷免される。

問題 33
○○○

下級裁判所のすべての裁判官は、裁判により、心身の故障のために職務をとることができないと決定された場合には罷免される。

問題 34
○○○

最高裁判所の裁判官は、裁判により、心身の故障のために職務を執ることができないと決定された場合および公の弾劾による場合以外で罷免されることはない。

問題 35
○○○

すべての裁判官は、その良心に従い独立してその職務を行い、憲法および法律にのみ拘束される。

29 ✕　家庭裁判所は司法権を行う<u>通常裁判所</u>の系列に属する下級裁判所として裁判法により設置されたものであり、憲法（76条2項）にいう特別裁判所ではない（家庭裁判所事件／最判昭31.5.30）。

30 ✕　内閣の指名にもとづいて天皇が任命するのは最高裁判所の「<u>長たる裁判官</u>」（6条2項）だけであり、「その他の裁判官」は、内閣が任命する（79条1項）。下級裁判所の場合は本肢のとおりである（80条1項）。

31 ✕　国民審査は、「<u>衆議院議員総選挙の際</u>」に行われる（79条2項）。「参議院議員の通常選挙」の際には行うことができない。

ひっかけ問題

32 ✕　「投票者の過半数」ではなく「<u>投票者の多数</u>」である（79条3項）。ここでいう「投票者の多数」とは、有効投票の過半数の意である。

33 ◯　下級裁判所のすべての裁判官は、「<u>裁判により</u>、心身の故障のために職務を執ることができないと決定された場合」には罷免される（78条前段）。この罷免の「裁判」を「分限裁判」といい、裁判官分限法3条にもとづき、高等裁判所と最高裁判所が行う。

34 ✕　最高裁判所の裁判官は、心身の故障のために職務を執ることができないと裁判で決定された場合および公の弾劾による場合（78条前段）以外に<u>国民審査</u>により罷免される場合がある（79条2項・4項）。

35 ◯　76条3項の規定は、裁判官に対するあらゆる不当な干渉や圧力を排除し、裁判官の<u>職権の独立</u>を図る趣旨である。

1 しっかり基礎

問題 1

憲法41条からすれば、国会だけが国の立法機関であるが、地方公共団体の議会も法律の範囲内で条例を制定することができる。

問題 2

内閣に法律案の提出権を認めることは、憲法41条の「国会単独立法の原則」に違反する。

問題 3

国会は国の唯一の立法機関であるから、特定の地方公共団体のみに適用される法律であっても、国会の議決だけで制定することができる。

問題 4

国会の会期の延長については、両議院一致の議決が求められることから、両議院の議決が一致しない場合または参議院が議決しない場合であっても、衆議院の議決をもって国会の議決とすることはできず、会期は延長されない。

問題 5

両議院は、各々その会議の記録を保存し、出席議員の5分の1以上の要求があれば、これを公表し、かつ一般に頒布しなければならない。

問題 6

会期中の議員に対する逮捕許諾権は、憲法の定める不逮捕特権の例外であるから、その行使には当該議員の所属する議院の議決のみでは足りず、国会の議決が必要となる。

問題 7

衆議院および参議院の議員は、原則として、国会の会期中逮捕されないが、この特権の例外として、院外における現行犯罪の場合やその所属する議院の許諾がある場合は逮捕される。

1 ○ 地方公共団体には、自主立法権が認められているから、法律の範囲内で条例を制定できる（94条）。

2 ✕ 一般的には、内閣の法律案提出権は、国会単独立法の原則に違反しないと解されている。なお、内閣法5条は内閣の法律案提出権を認めている。

3 ✕ 特定の地方公共団体のみに適用される法律（地方特別法）は、国会単独立法の原則の例外として、当該地方の住民投票による同意が要件とされている（95条）。

4 ✕ 国会法は、国会の会期延長には原則として両議院一致の議決が必要であるとしつつ（国会法12条1項）、衆議院の優越を認め、両議院の議決が一致しないとき、または参議院が議決をしないときは、衆議院の議決によるとしている（国会法13条）。したがって、延長が認められることになる。

5 ✕ 両議院は、各々その会議の記録を保存し、秘密会の記録の中で特に秘密を要すると認められるもの以外は、これを公表し、かつ一般に頒布しなければならず（57条2項）、出席議員の5分の1以上の要求があれば、各議員の表決は、これを会議録に記載しなければならない（57条3項）。

6 ✕ 会期中の議員に対する逮捕許諾権を行使するためには、当該議員の所属する議院の議決で足り（50条）、国会の議決（両議院一致の議決）は必要とされていない。

7 ○ 両議院の議員は、法律の定める場合を除いて、国会の会期中は逮捕されない（50条）。ここでいう「法律の定めがある場合」とは、院外における現行犯の場合と所属する議院の許諾がある場合（国会法33条）である。

問題
8
○○○
国会議員に不逮捕特権が認められるのは国会の会期中に限られるから、国会閉会中に開催される緊急集会中の参議院議員については、不逮捕特権が認められない。

問題
9
○○○
国会議員が議院で行った発言が、故意または過失により国民個人のプライバシーを侵害する場合、当該国会議員は国民に対して責任を負うとするのが判例である。

問題
10
○○○
日本国憲法では、明文で「両議院の議員は、法律の定めるところにより、国庫から相当額の報酬を受ける」と規定されている。

問題
11
○○○
各議院の議員が同時に他の議院の議員となることは、憲法上明文で禁じられているが、各議院の議員が普通地方公共団体の議会の議員を兼ねることを禁止している法律は存在しない。

問題
12
○○○
参議院の緊急集会は、国会の権能を代行するが、内閣が開催を求めるものであって、天皇が国事行為として召集するものではない。

問題
13
○○○
両議院は、それぞれ院内の秩序を乱した議員を懲罰することができるが、この場合の議決は出席議員の3分の2以上の多数決によることが必要である。

問題
14
○○○
両議院は、それぞれの会議その他の手続に関する事項を規則で定めることができるので、両議院の協議会に関する事項も議院規則で定めることになり、法律で定めることはできない。

ひっかけ問題

8 ✕ 不逮捕特権は、参議院の<u>緊急集会</u>の場合にも認められる（国会法100条）。

9 ✕ 判例は、本件発言は国会議員として職務上なされたことが明らかだから、仮に違法だとしても、国会議員個人は<u>責任を負わない</u>（国会議員名誉毀損発言事件／最判平9.9.9）、とする。

ひっかけ問題

10 ✕ 国会議員が国庫から相当の額を受けるのは「報酬」ではなく「<u>歳費</u>」である。歳費は国会議員に支給される<u>給与</u>であり、報酬とは性質が異なる。憲法は49条で国会議員の歳費受領権について規定している。

11 ✕ 各議院の議員は、他の議院の議員との兼職は<u>憲法上禁止</u>されている（48条）が、普通地方公共団体の議会の議員との兼職についても、<u>法律上禁止</u>されている（地方自治法92条1項）。

12 ◯ 緊急集会は<u>内閣が求める</u>（54条2項ただし書）のであって、天皇の国事行為とされていない（7条2号）。

13 ✕ 議員の懲罰には、公開議場における戒告、公開議場における陳謝、一定期間の登院禁止、除名の4種類がある（国会法122条）。このうち、議員を<u>除名</u>する場合には、出席議員の3分の2以上の多数決によることが必要である（58条2項ただし書）。

14 ✕ 両議院は、その自主運営権の一つとして議院規則制定権を有する（58条2項前段）。もっとも、両議院の協議会については、憲法が「<u>法律の定める</u>ところにより」（59条3項、60条2項、67条2項）としているから、両院協議会に関する事項を法律で定めることができる。

問題
15
○○○

両議院はそれぞれ、国政調査権の行使にあたっては、証人の出頭
および証言ならびに記録の提出の要求ができるほか、捜索、押収
などの強制力の行使が認められている。

問題
16
○○○

内閣総理大臣その他の国務大臣は、両議院の一に議席を有して
いなくても、何時でも議案について発言するため議院に出席す
ることができる。

問題
17
○○○

内閣の組織については、三権分立制度の趣旨および議院内閣制
の趣旨に基づいて、憲法の委任を受けて内閣が自ら政令で定め
ることができる。

問題
18
○○○

内閣総理大臣その他の国務大臣は、文民でなければならないと
する憲法の規定は、日本国憲法が議院内閣制を採用している根
拠の一つとなる。

問題
19
○○○

民間から任命された国務大臣が失言を追及され辞職した結果、
国務大臣の過半数が参議院議員だけになったとしても、それは
憲法違反とはならない。

問題
20
○○○

内閣は、首長たる内閣総理大臣その他の国務大臣で組織される
が、各大臣はそれぞれ行政事務を分担管理しなければならない
から、行政事務を分担管理しない大臣を置くことは認められな
い。

問題
21
○○○

憲法では、行政権の行使について、内閣が国会に対し連帯責任を
負うとする原則を採用しているから、国会が国務大臣の単独責
任を追及することはできない。

15 ✕
それぞれの議院が国政調査権により要求できるのは、①証人の出頭、②証言、③記録の提出に限られており（62条）、明文の規定のない捜索や押収などの<u>強制力の行使は認められない</u>と解されている。

16 ◯
内閣総理大臣その他の国務大臣は、両議院の一に議席を有するか有しないかにかかわらず何時でも議案について発言するため<u>議院に出席</u>することができる（63条前段）。

ひっかけ問題

17 ✕
内閣は、法律（<u>内閣法</u>）の定めるところにより組織される（66条1項）のであるから、内閣の組織について、内閣が政令で定めることはできない。

18 ✕
内閣総理大臣などが文民であることを要求する憲法（66条2項）の趣旨は、<u>政治が軍事に優先</u>し、軍事を統制すべきという原則を意味するものであるから、政府と議会の権力の分立や連帯責任に関する事項を示しているわけではない。したがって、66条2項は議院内閣制の根拠とはならない。

19 ◯
憲法上、国務大臣の<u>過半数</u>は、「国会議員」でなければならないと規定されているだけで（68条1項）、参議院議員が過半数を占めても許容される。

ひっかけ問題

20 ✕
内閣法は、行政事務を分担管理しない、いわゆる<u>無任所大臣</u>も設置できると規定している（3条2項）。

21 ✕
憲法では内閣の<u>連帯責任の原則</u>を定めている（66条3項）が、特定の国務大臣に対して、その<u>所管事項</u>について、単独の責任を追及できる。例えば、国務大臣に対する不信任決議も憲法上許される。もっとも、個別の国務大臣に対する不信任決議は、直接辞職を強制する法的効力はもたない。

問題
22
○○○

衆議院議員の任期満了に伴う総選挙の後、再び同一人が内閣総理大臣に任命される見込みがある場合でも、内閣は総選挙後初めての国会召集の際、総辞職しなければならない。

問題
23
○○○

国会の会期中に衆議院が解散されると、当然に会期は終了となるが、参議院に審議中の案件がある場合には、同時に緊急集会が開催されることになる。

問題
24
○○○

最高裁判所は、苫米地事件判決（最判昭35.6.8）で、衆議院の解散が行われるのは、衆議院で内閣の不信任の決議案を可決しまたは信任の決議案を否決した場合に限定されない、と判示している。

問題
25
○○○

内閣は、憲法を尊重し擁護すべき義務を負っているので、ある法律について違憲の疑いがあると判断した場合であっても、これを理由に当該法律の執行を拒否することができない。

問題
26
○○○

内閣総理大臣に故障があり、内閣総理大臣を臨時に代理する者が選任された場合でも、当該臨時代理者は国務大臣を任免することができない。

問題
27
○○○

法律および政令には、すべて主任の国務大臣が署名し、内閣総理大臣が連署することが必要であり、これはその執行責任を明確にする趣旨のものであるから、署名・連署を欠く法律または政令が無効とされることはない。

問題
28
○○○

司法的救済という観点により、裁判の対象となるのは、当事者間の具体的な権利義務や法律関係の存否に関する紛争に限られないから、裁判所は、具体的事件の解決に関係なく法律、命令の合憲性を審査することができる。

22 ◯ 衆議院議員の任期満了の場合でも、総選挙の後に初めて国会が召集されたときは、内閣は総辞職する必要がある（70条）。たとえ、同一人が内閣総理大臣に任命されることが確実な場合であっても、内閣は総辞職して新国会の信任を得なければならない。

ひっかけ問題

23 ✕ 衆議院が解散されたときは、参議院は、同時に閉会となる（54条2項）。審議中の案件がある場合には、同時に緊急集会が開催されるわけではない。

24 ✕ 最高裁は、苫米地事件で、衆議院の解散は直接国家統治の基本に関する高度の政治性を有する行為にあたるとして、裁判所の審査権は及ばないとした（最判昭35.6.8）。すなわち、最高裁は解散事由について言及していない。

25 ◯ 三権分立の下、内閣は法の執行を行うのがその役割であり、内閣に法律が合憲か違憲かを判断する権限はない。内閣が、ある法律を違憲と判断した場合でも、その執行は忠実に行う必要がある（73条1号）。

26 ◯ 国務大臣の任免権は内閣総理大臣の専権であるから、内閣総理大臣の臨時代理者には、国務大臣の任免権はない。

27 ◯ 憲法74条の趣旨は、法律および政令の執行責任を明確にすることにあり、署名または連署が法律および政令の有効要件とするものではないから、これらを欠いても無効とされない。

28 ✕ 裁判所は具体的な争訟事件が提起されないのに将来を予想して憲法およびその他の法律命令などの解釈に対して存在する疑義論争に関し抽象的な判断を下すような権限を行使できるものではない（警察予備隊訴訟／最判昭27.10.8）。

問題 29

裁判官も、私人としては一般市民として表現の自由が保障されているから、個人的意見の表明であれば、積極的に政治運動をすることも許容される。

問題 30

国家試験における合格、不合格の判定は、学問または技術上の知識・能力・意見等の優劣等を内容とする行為であり、法律の適用により終局的に解決ができない紛争であるから、裁判の対象とならない。

問題 31

地方議会の議員の議会への出席停止の懲罰および除名処分は、議員の身分の喪失に関する重大事項であるから、単なる内部規律の問題ではなく、司法審査の対象となる。

問題 32

大学での単位授与（認定）行為は、それが一般市民法秩序と直接の関係を有するものであると肯定するに足りる特段の事情がない限り、純然たる大学内部の問題として大学の自主的・自律的な判断に委ねるべきであるから、司法審査の対象とならない、とするのが判例である。

問題 33

憲法81条によれば「一切の法律、命令、規則又は処分」が裁判所の違憲審査権の対象と規定しているが、ここでいう処分は行政機関が行った処分に限られ、裁判所の判決は含まれない、とするのが判例である。

問題 34

天皇は日本国の象徴であり、日本国民統合の象徴であることからすれば、民事裁判の証人や被告になることはない。

問題 35

行政機関は終審として裁判を行うことができないが、行政委員会が前審として審判をすることは禁止されない。

ひっかけ問題

29 ✕ 裁判官が積極的に政治運動をしたことは、裁判所法49条所定の懲戒事由である職務上の義務違反に該当する（寺西判事補戒告事件／最判平10.12.1）。

30 ◯ 国家試験の合否判定は、法律上の争訟とはいえず、司法審査の対象とならない（技術士国家試験の合否判断と司法審査事件／最判昭41.2.8）。

ひっかけ問題

31 ◯ 地方議会議員の当該議会への出席停止処分や除名処分は、司法審査の対象となる（出席停止処分につき最判令2.11.25、除名処分につき最判昭35.10.19）。すなわち、最高裁判所は「出席停止の懲罰は、議会の自律的な権能に基づいてされたものとして、議会に一定の裁量が認められるべきであるものの、裁判所は、常にその適否を判断することができるというべきである」として、先の判例（最判昭35.10.19）を変更している（最判令2.11.25）。

32 ◯ 大学の単位の授与（認定）行為について、最高裁判所は本肢のように判示している（富山大学事件／最判昭52.3.15）。なお、専攻科修了の認定に関する争いは司法審査の対象となる（同判例）。

33 ✕ 判例は、裁判は一般的抽象的規範を制定するものではなく、個々の事件について具体的処置をつけるものであるから、その本質は一種の処分である（裁判所の裁判と憲法81条事件／最判昭23.7.8）、とする。

34 ◯ 本肢のように、天皇の象徴性を理由に民事裁判権は及ばないとされている（天皇の民事裁判権／最判平元.11.20）。

35 ◯ 76条2項後段の規定から、行政機関が前審として裁判することは認められる。行政委員会の審判については裁判所に出訴することができるので、違憲とはいえない。

1 これで合格

問題
1
○○○
国会議員は、議案の発議権を有するが、予算を伴う法律案を発議する場合を除き、発議するには議員5人以上の賛成が必要である。

問題
2
○○○
両議院の議員が、議院で行った演説・討論または表決について、院外で責任を問われないとされている場合の責任は、一般の国民ならば当然に負うべき刑事上の処罰や民事上の損害賠償の責任であり、所属する政党が除名などの制裁を加えることは許される。

問題
3
○○○
両議院の会議は、本会議および委員会ともに公開が原則であるが、いずれも出席議員の3分の2以上の多数の決議があればこれを秘密会とすることもできる。

問題
4
○○○
日本国憲法では「会期中に議決に至らなかった案件は、後会に継続しない。」と規定しているが、各議院の議決で特に付託された案件は、後会に継続するのが慣例となっている。

問題
5
○○○
国政調査権は、議院が保持する諸権能を実効的に行使するために認められた補助的権能ではなく、国会が国権の最高機関であることに基づき国権の発動をするための独立の権能である。

問題
6
○○○
内閣総理大臣が自らの親族が犯した犯罪に対する道義的責任をとって辞職した場合、内閣は総辞職する必要はない。

1 ✕

ひっかけ問題

議員が議案を発議するには、<u>衆議院</u>では議員20人以上、<u>参議院</u>では議員10人以上の<u>賛成</u>が必要である（国会法56条1項）。ただし、予算を伴う法律案の発議の場合には、衆議院では議員50人以上、参議院では議員20人以上の賛成が必要とされる。

2 ◯

免責特権（51条）では、<u>刑事上</u>の処罰や<u>民事上</u>の損害賠償の責任（そのほかに懲戒責任も含む）が免責されるのであり、政党が所属する議員の行為について除名などの制裁を加えることは許される。

3 ✕

ひっかけ問題

両議院の会議は<u>公開が原則</u>であるが、特別多数の議決で秘密会にできる（57条1項）。しかし、委員会は非公開が原則であるから（国会法52条1項）、秘密会にする場合は、過半数の議決で足りる（同法同条2項、同法50条）。

4 ✕

「会期中に議決に至らなかった案件は、後会に継続しない。」（<u>会期不継続の原則</u>）との規定は、国会法の規定である（国会法68条本文）。なお、常任<u>委員会</u>および特別委員会は、各議院の議決で特に<u>付託</u>された案件は、閉会中でも審査できる（同法同条ただし書、同法47条2項）。

5 ✕

国政調査権は、議院が保持する立法権、予算審議権、行政に対する監督権等を実効的に行使するために認められた<u>補助的権能</u>であるとするのが一般的な見解である。

6 ✕

内閣総理大臣が辞職した場合は、それがいかなる理由によるものであっても「内閣総理大臣が<u>欠けたとき</u>」（70条）にあたり、内閣は総辞職しなければならない。

問題
1
○○○

常会の会期を除いて、臨時会および特別会の会期は、それぞれ召集される際に、両議院一致の議決で定められる。

問題
2
○○○

日本国憲法は「各議院は、その議員の辞職を許可することができる。ただし、閉会中は議長においてこれを許可することができる。」と規定している。

問題
3
○○○

内閣は、憲法および法律の規定を実施するために、政令を制定することができるが、憲法の規定を直接実施するための政令を制定することは認められていない。

問題
4
○○○

内閣が締結することを職務とする条約は、国家間の合意をいい、「条約」という名称を有するものに限られず、また、文書による合意か口頭による合意かを問わない。

問題
5
○○○

国家権力の行使とはかかわり合いがなく、国が私人と対等な立場で締結する私法上の契約は、違憲審査の対象とならない、とするのが判例である。

1 ○ 常会の会期は、<u>国会法</u>で「150日間」と定められている（10条）が、臨時会および特別会の会期は、「両議院一致の議決でこれを定める。」（同法11条）と規定している。

ひっかけ問題

2 × 各議院の議員の<u>辞職の許可</u>については、憲法ではなく「国会法（107条）で本肢のように規定されている。

3 ○ 73条6号本文により執行命令（法律の規定を実施するための（命令）は認められるが、憲法を直接実施するための政令は認められないと解されている。

4 × 条約は署名や批准書の交換によって成立し、憲法7条1号で天皇により公布されることを予定していることから、条約は「<u>文書</u>」によることが必要である。

5 ○ 判例は、<u>私法上の契約</u>は、公権力の行使とはいえないから、「国務に関するその他の行為」（98条1項）に該当しないとしつつ、違憲審査の対象とすることを否定している（百里基地訴訟／最判平元6.20）。

問題
1

地方税の課税客体や税率について、法律で直接定めないで条例に委任することは租税法律主義に反し無効となる。

○○○

問題
2

従来、非課税であったパチンコ球遊器を、通達により課税することを認めることは、形式的には法律によらないで課税することになるとしても、租税法律主義に反して許されないわけではない。

○○○

問題
3

予算の議決に際し、国会は原案を減額修正することはできるので、増額修正することも認められる余地がある。

○○○

問題
4

予算は先に衆議院に提出しなければならないから、予算を伴う法律案についても、先に衆議院に提出しなければならない。

○○○

問題
5

わが国では、予見不可能な予算の不足に充てるため、国会の議決によって予備費が設けられるが、内閣は予備費の支出については事後に国会の承諾を得なければならない。

○○○

問題
6

災害など国に緊急の事態が発生したときは、内閣は予算によることなく政令を定めて財政上必要な緊急処分をすることができる。

○○○

問題
7

皇室の特殊性から皇室の財産のすべては国有財産とされているから、皇室の費用はすべて予算に計上して国会の議決を経なければならない。

○○○

問題
8

特定の地方公共団体に適用される特別法は、その地方公共団体の議会の同意を得なければ、国会は当該法律を制定することができない。

○○○

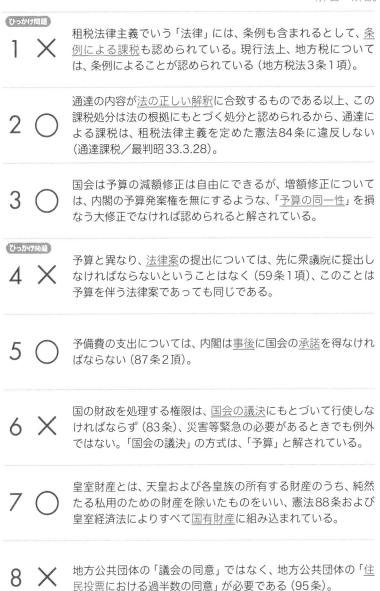

ひっかけ問題

1 ✕ 租税法律主義でいう「法律」には、条例も含まれるとして、条例による課税も認められている。現行法上、地方税については、条例によることが認められている（地方税法3条1項）。

2 ◯ 通達の内容が法の正しい解釈に合致するものである以上、この課税処分は法の根拠にもとづく処分と認められるから、通達による課税は、租税法律主義を定めた憲法84条に違反しない（通達課税／最判昭33.3.28）。

3 ◯ 国会は予算の減額修正は自由にできるが、増額修正については、内閣の予算発案権を無にするような、「予算の同一性」を損なう大修正でなければ認められると解されている。

ひっかけ問題

4 ✕ 予算と異なり、法律案の提出については、先に衆議院に提出しなければならないということはなく（59条1項）、このことは予算を伴う法律案であっても同じである。

5 ◯ 予備費の支出については、内閣は事後に国会の承諾を得なければならない（87条2項）。

6 ✕ 国の財政を処理する権限は、国会の議決にもとづいて行使しなければならず（83条）、災害等緊急の必要があるときでも例外ではない。「国会の議決」の方式は、「予算」と解されている。

7 ◯ 皇室財産とは、天皇および各皇族の所有する財産のうち、純然たる私用のための財産を除いたものをいい、憲法88条および皇室経済法によりすべて国有財産に組み込まれている。

8 ✕ 地方公共団体の「議会の同意」ではなく、地方公共団体の「住民投票における過半数の同意」が必要である（95条）。

問題
9
○○○

天皇は、憲法の定める国事に関する行為のみを行い、いかなる場合であっても国政に関する権能を有しない。

問題
10
○○○

内閣が総辞職した場合には、助言と承認を行う内閣は存在しないことになるから、天皇は内閣の助言と承認を得ることなく、あらたな内閣総理大臣を任命することができる。

問題
11
○○○

憲法の改正に必要な国会の発議について、両議院の意見が一致しない場合には衆議院の議決が国会の議決となる。

問題
12
○○○

憲法の改正について国民の承認を経たときは、内閣総理大臣は、国民の名で、直ちにこれを公布する。

コラム　条文上の和歌・俳句（憲法編）

「学問の　自由はこれを　保障する」
「裁判の　対審及び　判決は　公開法廷　でこれを行ふ」

　以上は、後藤泰一「法解釈と三段論法」（『信州大学法学論集第18号（2012年）』p131）に紹介されていました。こんな感じで条文をとらえてみれば、無味乾燥な条文も少しは味わい深いものになるかもしれません。もちろん、「季語」などなくってもいいんです。「もののあはれ」よりも、「条文、知らなきゃ哀れ」なんですから。

9 ○ <u>象徴天皇制</u>を採る日本国憲法の下では、天皇は国政に関わらないことが明文化されている (4条1項)。

10 ✕ 天皇による内閣総理大臣の任命は国事行為 (6条1項) であり、内閣の助言と承認が必要である。内閣は新たな内閣総理大臣が任命されるまで<u>引き続き</u>その職務を行なう (71条) ので、内閣が存在しないわけではない。

11 ✕ 憲法改正における国会の発議は、<u>両議院対等</u>である。

12 ✕ 日本国憲法の公布は、「<u>天皇</u>」が行う (96条2項)。

得点アップ プラスα

憲法の改正

　憲法改正には、一定の限界が存在するというのが通説です。このうち、改正権は憲法によって作られた権力なので、憲法制定権力 (制憲権) の所在 (国民主権) や、そこから派生する基本原理の変更はできないとする考えが一般的です。

しっかり基礎

問題 1

わが国では、会計年度が開始されるときまでに当該年度の本予算が成立しない場合に備えて、国会の議決によらずに前年度の予算を施行できる暫定予算制度が採用されている。

問題 2

憲法上、予算については、衆議院の先議権および議決の効力に衆議院の優越が認められているので、決算については衆議院の先議権および議決の効力の優越を法律で規定することは、憲法違反となるおそれがある。

問題 3

国会の議決があれば、特定の国有財産については特定の宗教団体のためにのみ利用させることもできる。

問題 4

公金の濫費・ムダ使いを防止して財政赤字を減少させる必要があるから、公の支配に属しない教育などの事業に公金を支出するときは国会の議決が必要である。

問題 5

皇位の継承がなされる場合は、原則として天皇が死亡したときであるが、天皇が治ゆの可能性がない不治の病に罹ったときなど、生前に譲位することが認められている。

問題 6

天皇の国事行為に対する助言と承認は、すべて内閣が行わなければならず、これには例外がない。

問題 7

象徴としての天皇の地位にかんがみ、国事行為は自ら行わなくてはならず、摂政をおく場合を除いて、他の皇族に委任して国事行為を臨時に代行させることはできない。

問題 8

憲法の規定する改正手続に従えば、いかなる内容の改正も行うことが可能であるから、国民主権の原理を変更する憲法改正も可能となる。

問題 9

各議院が資格争訟の裁判で議員の議席を失わせる場合の会議の定足数について、国会法を改正すれば、各議院の総議員の4分の3以上とすることができる。

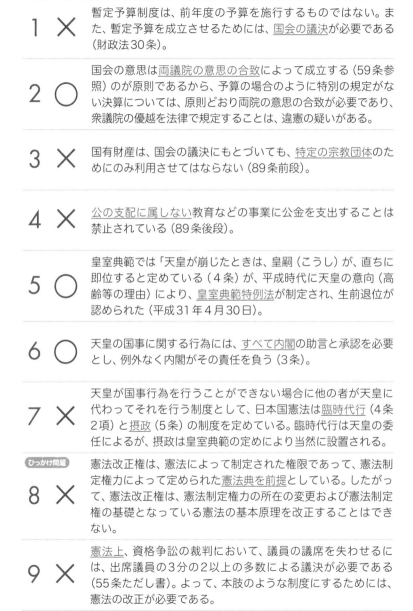

1 × 暫定予算制度は、前年度の予算を施行するものではない。また、暫定予算を成立させるためには、国会の議決が必要である（財政法30条）。

2 ○ 国会の意思は両議院の意思の合致によって成立する（59条参照）のが原則であるから、予算の場合のように特別の規定がない決算については、原則どおり両院の意思の合致が必要であり、衆議院の優越を法律で規定することは、違憲の疑いがある。

3 × 国有財産は、国会の議決にもとづいても、特定の宗教団体のためにのみ利用させてはならない（89条前段）。

4 × 公の支配に属しない教育などの事業に公金を支出することは禁止されている（89条後段）。

5 ○ 皇室典範では「天皇が崩じたときは、皇嗣（こうし）が、直ちに即位すると定めている（4条）が、平成時代に天皇の意向（高齢等の理由）により、皇室典範特例法が制定され、生前退位が認められた（平成31年4月30日）。

6 ○ 天皇の国事に関する行為には、すべて内閣の助言と承認を必要とし、例外なく内閣がその責任を負う（3条）。

7 × 天皇が国事行為を行うことができない場合に他の者が天皇に代わってそれを行う制度として、日本国憲法は臨時代行（4条2項）と摂政（5条）の制度を定めている。臨時代行は天皇の委任によるが、摂政は皇室典範の定めにより当然に設置される。

ひっかけ問題

8 × 憲法改正権は、憲法によって制定された権限であって、憲法制定権力によって定められた憲法典を前提としている。したがって、憲法改正権は、憲法制定権力の所在の変更および憲法制定権の基礎となっている憲法の基本原理を改正することはできない。

9 × 憲法上、資格争訟の裁判において、議員の議席を失わせるには、出席議員の3分の2以上の多数による議決が必要である（55条ただし書）。よって、本肢のような制度にするためには、憲法の改正が必要である。

1 これで合格

問題 1 ○○○	税法違反による罰金と追徴税を併科することは、同一の行為に対して二重に制裁を科すものであるから、憲法39条に定める二重処罰の禁止の原則に違反し許されない。
問題 2 ○○○	国の収入支出の決算について、内閣は会計検査院の検査を受けた後、その検査報告とともに国会に提出し、国会の承諾を受けなければならない。したがって、国会の承認を得ることができなかったときには国の支出はさかのぼって無効となる。
問題 3 ○○○	住民の直接選挙によって選ばれている地方公共団体の長の選任について、地方自治法を改正すれば、当該地方公共団体の議会の議員による間接選挙とすることができる。
問題 4 ○○○	政党による立候補者名簿の届出を不可能とする選挙制度を導入することは、公職選挙法の改正により可能である。

1 ポイントアップ

問題 1 ○○○	すでになされた国の収入支出が適切であったか否かの事後審査である決算の審査については、事後審査であることから国会が修正を加えることは当然にできない。
問題 2 ○○○	地方公共団体の組織および運営に関する事項は、地方自治の本旨にもとづいて、法律で定める。
問題 3 ○○○	条例は法令に違反して制定することはできないから、先に法令が制定されているときには、もはや条例を制定できない、とするのが判例である。したがって、特定事項について定めている法令と条例が併存することはありえない。

ひっかけ問題
1 ✕ 追徴税は刑罰でないから、判例は、法人税法にもとづく追徴税と罰金とを併科することは、憲法39条に違反しない（最判昭33.4.30）、とする。

2 ✕ 国の収入支出の決算について、国会の承諾を受けなければならないとはされていない（憲法90条）。また、各議院の決算についての議決には法的な効果はなく、各議院が決算の承認をしなかったとしても、国の支出がさかのぼって無効となることはない。

3 ✕ 憲法上明文で規定されている直接選挙を法律で間接選挙とすることはできない（93条2項参照）。

4 ○ 憲法では、国会議員の選挙に関する事項は、法律で定めると規定されている（47条）。よって、憲法の改正をすることなく、本肢のような制度を導入することは可能である。

1 ○ 決算の審査は、既になされた国の収入・支出が適切であったか否かの事後の審査であるから、国会はそれに修正を加えることは当然できない。

2 ○ 本肢のように、憲法92条1項は「地方自治の一般原則」を定めている。ここでいう「地方自治の本旨」には、住民自治（民主主義的意義）と団体自治（自由主義的意義）の2つの要素がある。

ひっかけ問題
3 ✕ 判例は法令と条例の併存を認めている。すなわち、特定事項を規律する法令と条例が併存する場合でも、別の目的で法令の目的と効果を阻害しない場合や、同一目的でも、法令が地方の実情に応じて別段の規制を容認する趣旨であるときは、条例は法令に違反しない（徳島市公安条例事件／最判昭50.9.10）、としている。したがって、このような場合には、条例を制定できることになる。

合格したいなら、先ずは自分に勝つこと！

01 憲法

どんな勝負であっても、勝負の前には自分との戦いがある。自分に勝たない限り相手に勝てない。受験もこれと同じ。勉強で手を抜く者に勝ち目はない。合格しようというなら、必ず自分に勝たなければならない。

2

行政法

苦手意識をふりはらえ！

「君も歩けば、行政法に当たる」といわれるくらい、私たちの生活に身近な存在です。こう考えれば、苦手意識もなくなるでしょう。「行政法総論」はできるだけ多くの問題を解きましょう。

それ以外の科目は条文がありますから、「要件・効果」に注意しながら読みましょう。あとは問題を解いて知識の確認をしていきます。

■目標点数は84点（満点112点）

学習の
ポイント

「行政法の一般的な法理論、行政手続法、行政不服審査法、行政事件訴訟法、国家賠償法及び地方自治法」を中心として出題されますが、「行政機関情報公開法」からの出題もあります。5肢択一式で19問、多肢選択式で2問、記述式で1問というのがほぼ固定された出題数です。

記述式対策はここがやま

5肢択一式・多肢選択式では条文と判例を中心とした出題ですが、記述式では、主として「行政事件訴訟法」が素材とされており、「被告・訴えの内容」、「制度名」などをも併せて記述させる傾向にあります。

条文は図を書いて整理

行政法（「一般的な法理論」を除いて）では多くの条文が出てきますから、条文はできるだけ図式化して整理します。これらの条文の整理・原理原則・制度の正確な理解が記述式問題攻略の武器にもなります。

1 出題者の意図は？

　試験研究センターの出題方針を受けて、行政法の出題では、たんに制度の内容に関する知識や条文知識、判例知識の量や正確さだけを求める問題ではなく、むしろ、行政法上の制度・原理原則（行政行為、行政立法、行政裁量など）の理解を前提とした、応用問題が出題される傾向にあります。

2 間違える理由を知ろう！

　「間違いの理由、原因」や勉強方法は、本文27ページの「憲法」での解説と同じですので省略しますが、ここでは以下の点に注意してください。

1 注意すべき箇所など

重要な概念	法律行為的行政行為と準法律行為的行政行為
	行政立法（執行命令と委任命令）
	訴訟要件（特に、処分性）
	原告適格
	審査請求と再調査の請求
間違いやすい点	条件と負担
	権限の代理と委任
	行政上の強制執行と即時強制
	義務づけ訴訟（申請型と非申請型）

2 重要な概念・間違いやすい点の学習ポイント

・制度、概念の定義や意味をノートにまとめておく。

・行政法分野における類似の制度を横断的に理解するため、その相違点に着目して一覧表を作成する。

・訴訟類型とそれぞれの訴訟要件を図表にし、その流れを明確におさえる。

・学習内容（特に許認可に係る事項や不服申立ての制度など）が、行政書士の実務に関連してくることを意識して制度を理解する。

3 ひっかけ問題に注意！

　そもそも「ひっかけ問題」って、どこでひっかけてくるかというと、行政法の問題であれば、行政法上の制度の内容であったり、条文の文言であったり、判例の結論であったりするわけです。もちろん、制度の内容や効果など、条文の文言や判旨を丁寧に読んで整理しておけば、何の問題もないわけですが、出題者はどのあたりで「ひっかけ」てくるのかを意識しておいたほうが合理的に学習をすることができます。

ひっかけどころ	ひっかけるやり方	正　解	ひっかける…と
制度の内容	類似の制度名を出題	不可争力	不可変更力
		負担	条件
		諮問機関は～	参与機関は～
条文の文言	主語を変える	議長は、～	長は、～
	数字を変える	30日以内に	40日以内に
	上げ足をとる	～できる	～しなければならない
判例の文言	判旨の結論を変える	処分性がある	処分性がない

4 やまかけポイントはここ！

なんたって、法改正があった法律の改正点、制度改正がなされた制度は、最大のやまかけポイントです。特に以下の点については、条文でそれらの要件・効果を整理します。

平成11年〜29年	地方自治法改正	多岐にわたる
平成17年	行政事件訴訟法改正	義務付け訴訟、差止訴訟等の訴訟要件
平成17年／26年	行政手続法改正	意見公募手続／処分等の求め
平成26年	行政不服審査法改正	不服申立類型の原則一元化
令和4年／5年	地方自治法改正	認可地縁団体／議会・財務会計

5 捨て問はこれだ！

はっきりいって、本書には「捨て問」はありません。ただ、限られた学習時間の中で、時間をうまく使って学習していくためには、本書の「ポイントアップ」の問題は「捨て問」と考えてよいでしょう。

また、学習時間との兼ね合いでいえば、「行政行為の種類」のほか、超頻出ですが、苦手であれば行訴法の処分性・訴えの利益等に関する判例は思い切って捨てるのも一策。ただ、そのぶん、他の分野や科目で得点する必要があります。学習進度（深度）にもよりますが、問題作成者からみれば、具体的には、以下の問題が該当するでしょう。

分　野	行政組織法	行政作用法・行政強制法	行政救済法	地方自治法
ポイントアップ問題番号	1	1	(9)、(12)※	2

※（ ）内は電子書籍版のみに掲載した問題番号です。

2 ①行政組織法
よく出る問題

問題 1
○○○

行政庁とは、行政主体の意思を決定し外部に表示する権限を有する機関をいい、各省大臣や都道府県知事は行政庁に該当するが、公正取引委員会等の委員会は行政庁に該当しない。

問題 2
○○○

審議会（諮問機関）の答申は、行政庁を拘束しないため、法律上、諮問機関に対する諮問手続が要求されているにもかかわらず、行政庁が諮問手続を経ないで行政処分をした場合でも、行政庁の決定が違法となることはない。

問題 3
○○○

参与機関とは、行政庁の意思決定に参与する権限を与えられた機関をいい、諮問機関の場合と異なり、参与機関の議決は行政庁を拘束する。

問題 4
○○○

行政庁の権限の委任とは、本来の行政庁が欠けた場合や行政庁に事故があって権限を行使できない場合に、法律の定めに従って指定された他の行政機関が本来の行政庁に代わって権限を行使することをいう。

問題 5
○○○

上級行政庁から下級行政庁に対して権限の委任がなされた場合を除き、一般的に権限の委任がなされた場合には、委任行政庁は受任庁を指揮監督できない。

問題 6
○○○

権限の委任は、委任庁と受任庁という行政組織内部での権限配分に関する制度であるから、委任がなされたことを公示する必要はない。

問題 7
○○○

権限の代理がなされた場合、代理庁が本来の行政庁の権限を自己の権限として行使し、その行為の効果は当該代理庁に帰属する。

問題 8
○○○

授権代理は、本来の行政庁が他の行政庁に権限を授権することによって代理関係が生じるので、権限のすべてを授権することは認められない。

1 ✕ 　行政庁には、各省大臣、地方自治体の長、警察署長など一人の自然人からなる<u>独任制</u>の行政庁と、内閣、公正取引委員会など複数の自然人からなる<u>合議制</u>の行政庁がある。

2 ✕ 　諮問機関である審議会の答申は、法的には行政庁を拘束しないが、法律上、審議会への諮問が義務づけられているにもかかわらず、諮問を経ないでなされた<u>行政処分は違法</u>である（伊方原発訴訟／最判平4.10.29）。

3 ○ 　参与機関は権限が強化された諮問機関ともいわれ、行政庁は参与機関の議決には<u>法的に拘束される</u>。参与機関の例としては、電波の配分に関する、総務大臣の処分に参与する場合の電波監理審議会がある（電波法94条）。

4 ✕ 　本来の行政庁が欠けた場合や行政庁に事故がある場合になされるのは、<u>法定代理</u>である。普通地方公共団体の長に事故があるときなどになされる長の職務代理（地方自治法152条）や内閣総理大臣の臨時代理（内閣法9条）などがその例である。

5 ○ 　権限の委任がなされると、当該権限は受任庁に移動するから、委任行政庁は受任庁を指揮監督できない。しかし、上級行政庁から下級行政庁に対して委任がなされる場合は、上級行政庁の<u>指揮監督権</u>により下級行政庁を指揮監督できる。

6 ✕ 　権限の委任は、法律で定めた<u>権限の所在を変更</u>させるものである。そのため、法律の根拠が必要であり、権限の移動が生じるので、対外的に<u>公示</u>する必要がある。

7 ✕ 　権限の代理がなされた場合、当該権限は代理庁に移動しないので、代理行為の効果は本来の行政庁（<u>被代理庁</u>）に帰属する。

8 ○ 　授権代理の場合、授権できるものは本来の行政庁の<u>権限の一部</u>に限られる。全部代理（権限の全部を代理させる）は本来の行政庁の存在意義が失われる。

問題
9
○○○
上級行政機関は、下級行政機関に対する指揮命令権を有するので、下級行政機関が権限を行使しない場合には特別の法律の根拠がなくても、当該権限を代執行できる。

問題
10
○○○
直接公共の目的に供用される有体物である道路、公園などは公物といえるが、官公署の建物や敷地のように行政主体の公用に供されるものは公物とはいえない。

問題
11
○○○
私人がその所有する土地を道路用地として公のために提供し、市町村がこれを借り受けて道路に整備して公の目的に供用した場合には、当該土地は公物といえる。

問題
12
○○○
国家行政組織法の目的は、内閣の統轄の下における行政機関で内閣府、デジタル庁および復興庁以外のものの組織の基準を定め、国の行政事務の能率的な遂行のために必要な国家行政組織を整えることにある。

コラム　行政法いろは歌

　逐一、出典は紹介しませんが、行政法学者（敬称略）による「いろは歌」なるものがあります。ここに行政法の特徴がありますし、行政法学習の楽しさ・難しさを垣間見ることができます。

・六法で学習してはもらえぬ行政法（高木光）
・六法にいれてもらおう行政法（石川敏行）
・六法に入り切らない行政法（石川敏行）

9 ✕　下級行政機関の権限は、法律によって認められている権限である。したがって、上級行政機関が当該権限を代執行できるとすると、下級行政機関の法律上の権限を奪うことになる。そのため、上級行政機関が下級行政機関の権限を代執行するためには、法律上の根拠が必要である。

10 ✕　直接公共の目的に供用される有体物である道路、公園、河川など（公共用物）は公物といえる。また、官公署の建物のように行政主体の公用に供される公用物も公物にあたる。

11 ○　行政主体が当該有体物に対して支配権（管理権）を有し、その物を公の目的に供用すれば、私人の所有物であっても公物となりうる（私有公物）。

12 ○　「国家行政組織法」1条、2条は、「復興庁設置法附則」により読み替えがなされ、「内閣府およびデジタル庁以外」は「内閣府、デジタル庁及び復興庁以外」となる。

得点アップ プラスα

公物の時効取得

　公物の時効取得は認められませんが、黙示の公用廃止であっても、公用が廃止された物については、時効取得ができます（判例）。

しっかり基礎

問題
1
○○○

補助機関とは、行政庁その他の行政機関の権力行使を補助し、行政目的を実現するために必要最小限の実力行使を行う行政機関をいう。

問題
2
○○○

府または省には外局としての庁または委員会が置かれることがあるが、内閣府の外局である委員会の長には、国務大臣をあてることができる。

問題
3
○○○

外局とは、特殊な事務を処理するために、府・省に置かれる行政機関をいい、庁と委員会の2種類がある。外局の設置・廃止は法律により規定される。

問題
4
○○○

消費者庁および消費者委員会ならびに復興庁は内閣府の外局であるが、出入国在留管理庁は、外務省の外局である。

問題
5
○○○

普通地方公共団体が国の地方行政機関を設ける場合には国会の承認を得なければならないが、その運営に要する経費は当該地方公共団体が負担しなければならない。

問題
6
○○○

専決は、権限を有する行政庁が、補助機関に事務処理の決裁の権限を委ねるものであり、対外的には当該補助機関の名で権限が行使される。

問題
7
○○○

法律による行政の原理から、上級行政機関は、下級行政機関の不当な行為に対しては職権で取り消すことはできず、取消命令を発することができるにすぎない。

1 ✕ 補助機関とは、行政庁およびその他の行政機関の職務を補助するために、日常的な事務を遂行する機関をいう。本肢の内容は、執行機関である。

2 ◯ 内閣府に置かれる外局のうち、国家公安委員会の長には国務大臣があてられる（内閣府設置法49条2項）。

3 ◯ 外局とは、特殊な事務を処理するために、府・省に置かれる行政機関のことをいい、庁と委員会の2種類がある（国家行政組織法3条3項、内閣府設置法49条1項）。外局の設置・廃止は法律による（国家行政組織法3条2項、内閣府設置法49条3項）。

4 ✕ 消費者庁は内閣府の外局である（消費者庁及び消費者委員会設置法2条1項）が、消費者委員会は内閣府に置かれる委員会である（同法6条1項）。復興庁は復興庁設置法により内閣に置かれている。出入国在留管理庁は、入国管理法の改正（平30法102）によって設置された法務省の外局である。

5 ✕ 地方支分部局（国家行政組織法9条）など、地方公共団体が国の地方行政機関を設ける場合には国会の承認が必要である（地方自治法156条4項前段）。そして、国の地方行政機関の設置・運営に要する経費は国が負担しなければならない（同条項後段）。

6 ✕ 専決は、行政主体内部における事務処理の委任（内部委任）であり、外部に対する関係では、行政庁の名で行われる。

7 ✕ 行政の系統的・統一的行使という観点から、上級行政機関はその系統下にある下級行政機関に指揮監督権を有する。そのため、下級行政機関の行った違法または不当な処分につき取消権を有する。

2 ①行政組織法
これで合格

問題 1 ○○○

国家行政組織法は、内閣の統轄の下における行政機関で内閣府を含む行政組織の基準を定め、国の行政事務の能率的な遂行のために必要な国家行政組織を整えることを目的とする。

問題 2 ○○○

複数の行政機関の間で、特定の行政事務の所掌について疑義がある場合、国家行政組織法では主任の大臣の間における権限についての疑義に関する機関訴訟を認め、司法的解決を可能にしている。

問題 3 ○○○

省の官房、局および部の設置および所掌事務の範囲は政令で定めることができるが、官房および局の数については法律で上限が定められている。

問題 4 ○○○

権限の委任がなされ、これに基づく受任庁の行政処分に対してその相手方が抗告訴訟を提起する場合、委任庁の所属する行政主体を被告としなければならない。

問題 5 ○○○

上級行政機関の違法な権限の行使によって、下級行政機関の権限が侵害された場合であっても、法律に明文の規定がないかぎり、訴訟を提起して争うことができない。

問題 6 ○○○

公物は、必ずしも有体物に限らないので、無体物や無体財産であっても財産権の対象となり、管理が可能であれば、公物となりうる。

2 ①行政組織法
ポイントアップ

問題 1 ○○○

上級行政機関が下級行政機関に対して発する訓令は、その権限や所掌事務の方針・処理の基準などを定めているものであるが、当該訓令を受けた職員の死亡または転勤・退職などにより当然に失効する。

1 ✕　内閣府の組織の基準は、<u>内閣府設置法</u>に定められており、国家行政組織法には定められていない。

2 ✕　国家行政組織法は機関訴訟などの訴訟を認めていない。<u>内閣法</u>が、「主任の大臣の間における権限についての疑義は、内閣総理大臣が、閣議にかけて、これを裁定する」（7条）と定めている。

3 ○　省の内部部局（官房・局・部・課など）の設置および所掌事務の範囲は政令で定めることができる（国家行政組織法7条4項）。また、省に置かれる官房および局の数は、<u>内閣府設置法</u>17条1項の規定に基づき置かれる官房および局の数とあわせて、97以内とされている（国家行政組織法23条）。

4 ✕　権限の委任に基づいて受任庁が委任庁の権限を行使した場合、処分の相手方は、<u>受任庁</u>の所属する行政主体を被告として処分の取消の訴えを提起しなければならない。

5 ○　行政機関相互間における権限の存否または権限の行使に関する紛争は機関訴訟にあたり、<u>法律の明文の根拠</u>がない限り認められない（行政事件訴訟法6条、42条）。

6 ✕　公物とは、<u>個々の有体物</u>のことをいうから、無体物（電波など）や無体財産（知的財産／ノウハウなど）は公物とはいえない。

1 ✕　訓令の<u>名あて人は下級行政機関</u>であるから、当該下級行政機関の構成員に変更があってもその効力は左右されない。したがって、訓令を受けた職員の死亡または転勤・退職等により失効することはない。

2

②行政作用法・強制法

よく出る問題

問題
1
○○○

国家公務員と国とは、公法上の勤務関係が成立しているから、民間企業と労働者との雇用関係と異なり、国は当該公務員の生命健康等を危険から保護する義務を負わない。

問題
2
○○○

個室付特殊浴場の営業計画を阻止するために、地元の町が児童福祉施設の設置の必要もないのに、当該施設の設置を申請し、県知事が当該営業を阻止するために町の申請を認可した処分は、行政権の濫用に当たり違法である。

問題
3
○○○

防火地域または準防火地域内にある耐火構造の外壁を有する建築物であれば、その外壁を隣地境界線に接して設けることができる旨の建築基準法65条の規定は、民法234条1項（境界線から50センチメートル以上の距離を保たせる）の特則を定めたものである、とするのが判例である。

問題
4
○○○

委任命令とは、上位の法令の執行を目的とし、上位の法令において定められている国民の権利や義務の内容の実現のための手続に関する命令であり、執行命令とは、新たに国民の権利や義務の内容自体を定める命令である。

問題
5
○○○

通達は国民の法的地位に直接影響を与えるものではないから、通達を発出する行為は、「公権力の行使」に当たるとはいえず、通達の取消訴訟を提起できないばかりか、通達によって損害を受けたとしても国家賠償を請求できない。

問題
6
○○○

判例は、政令の公布の時期について、一般希望者が当該政令を掲載した官報を閲覧または購読しようとすればできた最初の時点と解すべきであるとする。

問題
7
○○○

告示は、行政機関がその意思決定や一定の事実を広く国民に周知させるための公示方法であるから、法的拘束力を有することはなく、およそ法規たる性質を認めることはできないと解されている。

1 ✕ 　判例は、国は公務員に対し、国が公務遂行のために設置すべき場所、施設などの設置管理または公務員が遂行する公務の管理などにあたって、公務員の生命健康などを危険から保護するよう配慮すべき義務を負っている（最判昭50.2.25）、とする。

2 ◯ 　判例は、個室付浴場営業の規制を主たる動機・目的とする児童遊園設置の認可申請に対する認可処分は、行政権の濫用に相当する違法性がある（最判昭53.6.16）、とする。

3 ◯ 　判例は、防火地域または準防火地域における耐火構造の建物の接境建築を認める建築基準法65条の規定は、民法234条1項の特則を定めたものであるから、建築基準法65条が適用される場合は、民法234条1項の適用は排除される（最判平元.9.19）、とする。

ひっかけ問題

4 ✕ 　法規命令のうち、執行命令は、国民の権利や義務の内容の実現のための手続に関する命令であり、委任命令は、新たに国民の権利や義務の内容自体を定める命令である。

5 ✕ 　通達自体の取消訴訟は一般的には認められないが、下級審では、通達の処分性を肯定している判例（東京高判平23.1.28）がある。また、通達の作成、発出などをした担当者の行為が職務上の注意義務に違反する違法なものであることを認めた判例（最判平19.11.1）がある。

6 ◯ 　判例は、法令は一般国民の知り得べき状態に置かれたときに公布されたものと解すべきであり、それは一般の希望者が法令の掲載された官報を閲覧・購入しようと思えばできた最初の時点である（最判昭33.10.15）、とする。

7 ✕ 　告示は、行政機関がその意思決定や一定の事実を国民に知らせる形式である（内閣府設置法5条6項、国家行政組織法14条1項）が、その中にも命令の性質を有すると解されている告示がある（文科相が告示する学習指導要領につき最判平2.1.18）。

問題 8

銃砲刀剣類所持等取締法による委任に基づき、銃砲刀剣類登録規則（命令）は日本刀のみについて鑑定基準を定めたため、行政機関は外国刀剣の登録申請を拒否したが、かかる拒否処分は当該委任の趣旨を逸脱し無効である。

問題 9

国家公務員法は、国家公務員が政治的行為を行うことを禁止し、違反した者には罰則を定めているが、この禁止する政治的行為の具体的内容をなんら規定することなく、すべて人事院規則の定めに委ねているのは、委任立法の限界を超えるものであり、憲法31条に違反する。

問題 10

監獄法は、被勾留者と外部の者との接見の内容を命令に委任していたが、その委任を受けた監獄法施行規則が被勾留者と14歳未満の者との接見を原則として禁止することは、監獄法の委任の範囲を超え、無効である、とする判例がある。

問題 11

都市再開発法に基づく第二種市街地再開発事業の事業計画の決定・公告は、施行地区内の土地の所有者などの法的地位に直接的な影響を及ぼすものであって、抗告訴訟の対象となる行政処分にあたる。

問題 12

土地区画整理事業計画は、いわば当該事業の青写真たるにすぎず、公告の段階では事件の成熟性を欠くため、特定個人に直接向けられた具体的な行政処分とはいえない、とする判例がある。

問題 13

地方公共団体の施策が、特定の者に当該施策に適合する活動を要請したとしても、当該施策が変更され得ることは当然予想すべきであるから、当該地方公共団体が予告なく当該施策を中止した場合であっても、当該施策への信頼に対しては、なんら法的な保護は与えられない。

8 ✕ 判例は、規則の定めた鑑定基準につき行政庁の<u>専門技術的裁量</u>を認めつつ、日本刀のみを登録の対象とした規則は、法14条1項の趣旨に沿う<u>合理性を有する鑑定基準</u>を定めたものというべきであり、これをもって法の委任の趣旨を逸脱する無効のものということはできない（サーベル事件／最判平2.2.1）、とする。

9 ✕ 判例は、人事院規則は、国家公務員法に基づいて国家公務員が職責を果たす上で必要と認められる政治的行為の制限を規定したものであり、国家公務員法の<u>委任の範囲も逸脱していないの</u>で、憲法31条に違反していない（最判昭33.5.1）、としている。

10 ◯ 判例は、法の容認する自由を<u>命令で制限</u>するものとして、監獄法施行規則（命令）は<u>監獄法の委任の範囲</u>を超え無効である（最判平3.7.9）、とする。なお、監獄法は、現在では「刑事収容施設及び被収容者等の処遇に関する法律（平成17法50）」となり、被収容者の処遇も改善されている。

11 ◯ 再開発事業計画の決定は、土地収用法上の<u>事業認定と同一の効</u><u>果</u>が生じるのであって、施行地区内の土地の所有者などの法的地位に直接的な影響を及ぼすから、抗告訴訟の対象となる<u>行政</u><u>処分</u>に当たる（大阪阿倍野市街地再開発事件／最判平4.11.26）。

ひっかけ問題

12 ✕ 最高裁判所は、従来の判例（最判昭41.2.23）を変更し、施行地区内の宅地所有者などの法的地位に直接的な影響を生ずるなどの理由で当該事業計画の決定に<u>処分性を認めている</u>（最判平20.9.10）。

13 ✕ 地方公共団体が損害を補償するなどの代償的措置を講ずることなく施策を変更することは、やむをえない客観的事情によるものでない限り、当事者間に形成された<u>信頼関係を不当に破壊</u>するものとして違法と評価されるから、地方公共団体には<u>不法</u><u>行為責任</u>が生じる（宜野座村工場誘致事件／最判昭56.1.27）。

問 題
14
○○○

行政行為のうち、命令的行為に分類される下命は、一定の作為、給付または受忍の義務を命じる行為であり、その例として農地法による農地の権利移動の許可がある。

問 題
15
○○○

講学上の許可は、行政法規により課せられた一般的禁止を特定の場合に解除する行為であり、その例としては、電気事業やガス事業の許可、公有水面埋立の免許がある。

問 題
16
○○○

許可が必要とされる行為を許可を受けずに行った場合は、強制執行または処罰の対象とされることがあるだけではなく、当該行為は、私法上も当然に無効となる。

問 題
17
○○○

認可が必要とされる行為を認可を受けないで行った場合は、違法な行為となり、法令の定めるところにより行政上の強制執行が行われ、行政罰が科される。

問 題
18
○○○

行政行為には公定力が認められているから、当該行政行為に重大かつ明白な瑕疵がある場合でも、正当な権限を有する機関が当該行政行為を取り消すまでは、有効なものとして通用する。

問 題
19
○○○

違法な行政行為によって損害を被った国民が、国家賠償を請求する場合、あらかじめ当該違法な行政行為の取消訴訟を提起することなく、国家賠償請求訴訟において行政行為の違法性を主張することができる。

問 題
20
○○○

行政行為の不可変更力とは、行政行為ののち、不服申立期間または出訴期間が経過した後は、行政行為の相手方は当該行政行為の効力を争うことはできなくなる効力をいう。

14 ✕ 行政行為は、種々の観点から分類されるが、私人が本来的に有する自由を制限ないし解除する「命令的行為」の典型は下命・許可であり、農地法による農地の権利移動の許可は「形成的行為」である認可の例である。

15 ✕ 電気事業やガス事業の許可、公有水面埋立免許は、講学上の「特許」である。特許とは、特別の権利や能力を設定する行為（設権行為）をいう。

16 ✕ 許可制に違反した取引行為であっても、それが公序良俗違反に当たるような場合を除き、当然に無効とはならない。例えば、精肉販売業の許可を受けていない業者から客が精肉を購入した場合でも、その売買契約は有効とされる（最判昭35.3.18）。

17 ✕ 認可が必要とされていても、認可を受けないで法律行為をすることが禁止されているわけではない。したがって、禁止違反として強制執行がなされたり、処罰されるという問題は一般には生じない。

18 ✕ 行政行為のすべてに公定力が認められているわけではなく、重大かつ明白な瑕疵がある行政行為には公定力は認められていない（最判昭31.7.18）。

19 ◯ 国家賠償請求は金銭による賠償を求めるものにすぎず、行政行為の効果を争うものではないから、あらかじめ取消訴訟を提起することなく、国家賠償請求訴訟を提起できる（最判昭36.4.21）。

20 ✕ 行政行為の後、不服申立期間または出訴期間が経過した後は、行政行為の相手方は当該行政行為の効力を争うことはできなくなる効力は、「不可争力」である。不可変更力とは、一度行った行政行為（争訟裁断作用）について、行政庁は自ら変更できないとする効力をいう。

問題 21
○○○

審査請求を受けて裁決した審査庁が一度下した裁決を自ら変更した裁決は、不可変更力に違反し違法であるが、それが当然無効である場合以外は、そのあらたな裁決は適法に取消されない限り有効である。

問題 22
○○○

行政行為によって命ぜられた義務を相手方が履行しない場合には、行政庁は、裁判判決などの債務名義によらなければ、義務者に対し強制執行を行い、義務の内容を実現することができない。

問題 23
○○○

負担とは、行政行為に付加して、相手方に特別の義務を命じる附款であり、その負担が履行されなくても、すでに発生している行政行為の効果が当然に失われることはない。

問題 24
○○○

法律による行政の原理の観点から、行政庁に裁量が認められているだけで、附款を付すことができる旨の明文の規定がない場合には附款を付すことはできない。

問題 25
○○○

附款と本体である行政行為とが不可分一体の関係にある場合であっても、当該附款が違法であれば、当該附款のみの取消訴訟を提起することができる。

問題 26
○○○

国家公務員に懲戒事由がある場合、懲戒処分を行うかどうか、懲戒処分を行うとすればどのような処分を選ぶかは、懲戒権者の自由裁量行為であり、裁判所の審査の対象となる余地はない、とするのが判例である。

問題 27
○○○

町長が条例で定める要件に違反して、無権限で昇給などにより給与の調整をした場合、その後、条例が改正されて当該行為をなす権限が町長に与えられたときには、町長の調整は初めから適法となる。

21 ○ 不可変更力が発生している行政行為（裁決など）を変更した裁決は、<u>不可変更力に反して違法</u>となるが、違法な行政行為であっても、当然無効な場合を除いて<u>公定力が発生する</u>から、変更した裁決自体は無効とならない（裁決再議事件／最判昭30.12.26）。

22 × 行政庁は、行政行為によって命ぜられた義務を相手方が履行しない場合に、<u>裁判所の判決を得る</u>ことなく、<u>法律に基づき</u>自ら義務者に対して強制執行し、行政行為の内容を実現することができる（自力執行力）。

23 ○ 負担により課される義務の不履行があっても<u>行政行為の効力に影響しない</u>。ただし、行政行為の撤回や行政上の強制執行、行政罰の対象になることはある。負担の例として、運転免許に付された「眼鏡等」の記載がこれに当たる。

24 × 法律に違反しない限度であれば、行政庁に<u>裁量</u>が認められている場合には、裁量の範囲内で附款を付すことができる。必ずしも明文の規定を必要としない（最判昭38.4.2）。

25 × 附款と本体である行政行為とが不可分一体の関係にある場合は、附款の瑕疵は附款のみならず<u>行政行為全体の瑕疵</u>となることから、附款だけの取消訴訟は提起できない。

ひっかけ問題

26 × 判例は、懲戒権者の裁量権の行使に基づく処分が社会観念上著しく妥当性を欠き、<u>裁量権を濫用</u>したと認められる場合に限り、裁判所は審査できる（最判昭52.12.20）、とする。

27 ○ 町長が昇給などの要件を考慮しないで行った職員の給与の調整は、その後の条例の改正により<u>当該瑕疵は治ゆされた</u>ことになり、町長の調整は遡（さかのぼ）って適法となる（最判平5.5.27）。

問題
28
○○○

「公文書の開示等に関する条例」に基づいてなされた公文書の非
開示決定において、非開示決定通知に付記すべき理由として、非
開示の根拠規定を示してさえいれば理由付記としては充分であ
るから適法な処分となる。

問題
29
○○○

バス事業の免許申請について、運輸審議会が適正な公聴会審理
を行わないで免許申請を拒否したという審理手続の不備は、公
聴会審理を要求する法の趣旨に違背するという重大な違法性が
あるから、当該審議会の決定自体に瑕疵がある、とするのが判例
である。

問題
30
○○○

理由の付記が充分になされないまま、租税の更正処分がなされ
たが、その後、処分の名あて人からなされた審査請求の裁決で理
由を追完すれば、理由不備の瑕疵は治ゆされる、とするのが判例
である。

問題
31
○○○

農地買収処分が、法令に違反して買収すべきでない者から買収
した場合であっても、当該買収処分を取り消せば、買収農地の払
い下げを受けるべき私人の利益が害されるから、行政庁は、当該
処分を職権によって取り消すことはできない。

問題
32
○○○

行政行為に瑕疵がある場合には、処分庁および処分庁を監督す
る上級行政庁が職権で当該行政行為を取り消すことができる。

問題
33
○○○

審査請求に対する裁決のように、争いを公権的に裁断する行政
行為が違法であっても、当該行政行為を行った行政庁は職権で
取り消すことができない。

問題
34
○○○

行政行為の撤回とは、有効に成立した行政行為の効力を、行政行
為の成立当初の瑕疵を理由に失わせることをいい、道路交通法
違反を理由とする運転免許の取消しは、行政行為の撤回ではな
く、職権取消しに当たる。

28 ✗ 「公文書の開示等に関する条例」に基づいてなされた公文書の非開示決定は、根拠規定を示しただけでは原則として<u>理由付記としては不十分</u>であり違法な処分となる（最判平4.12.10）。

29 ✗ 判例は、仮に公聴会審理が行われたとしても、免許の申請人が審議会の判断を左右するほどの<u>有効な資料</u>を提出する可能性はないなどの理由をあげ、運輸審議会の審理手続における不備は、重大な違法とするには足りず、決定自体に瑕疵があるということはできない（群馬中央バス事件／最判昭50.5.29）、とする。

30 ✗ 判例は、審査請求の裁決で理由が追完されても、<u>理由付記の趣旨</u>である処分の慎重、合理性を担保してその恣意を抑制するとともに、処分の相手方に争訟の便宜を与えるという要請は満たされないので、<u>瑕疵は治ゆされない</u>（最判昭47.12.5）、とする。

31 ✗ 判例は、農地買収処分が、法定の要件に違反して行われ、買収すべきでない者から農地を買収したような場合には、その<u>処分を職権によって取消して</u>当該農地を旧所有者に復帰させることが、<u>公共の福祉の要請に沿う</u>所以（ゆえん）である（最判昭43.11.7）、とする。

32 ◯ 職権取消しの権限を有する行政庁について、処分庁のほかに、<u>処分庁を監督する上級行政庁</u>が取消権を持つと解されている。

33 ◯ 紛争裁断作用としての行政行為である裁決には、<u>不可変更力が認められる</u>から、たとえ誤りがあったとしても、処分行政庁は、職権によって取消しまたは変更することは許されない。

34 ✗ 行政行為の<u>成立当初の瑕疵</u>を理由に行政行為の効力を失わせるのは、行政行為の<u>職権取消し</u>である。また、運転免許の取消しは、道交法の法文上は「取消し」であるが、交通違反を理由に事後的に免許の効力を失わせるものであるから、撤回に当たる。

問題
35
○○○
監督権限のある上級行政庁は、監督権の行使として、法令に特別の定めがなくても、下級行政庁の瑕疵ある行政行為を当然に撤回することができる。

問題
36
○○○
相手方の被る不利益を考慮しても、なお行政行為を撤回すべき公益上の必要性が高いと認められる場合には、法令上直接明文の規定がなくても撤回することができる。

問題
37
○○○
行政手続法1条では、行政手続法の「目的」として、行政運営における公正の確保と透明性の向上を図るとともに、行政手続を国民に説明する責務があることを明記している。

問題
38
○○○
行政手続法がその対象とするのは、処分、行政指導、届出、命令等制定手続に限定されており、行政上の強制執行、行政調査、行政計画、行政契約などに関する手続については対象とされていない。

問題
39
○○○
行政手続法は行政手続に関する一般法であるから、行政手続法が規定する手続事項について、他の法律に特別の定めがある場合には、その特別の定めが優先して適用される。

問題
40
○○○
行政手続法で「申請」とは、法令に基づき、行政庁の許認可等その他の自己に対し何らかの利益を付与する処分を求める行為であって、当該行為に対して行政庁が諾否の応答をすべきこととされているものをいう。

問題
41
○○○
行政手続法で「処分」とは、行政庁の処分その他公権力の行使に当たる行為をいい、行政不服審査法や行政事件訴訟法にいう「処分」とは同じ内容ではない。

35 ✕ 撤回は、法律に特別の規定がない限り<u>処分庁のみ</u>が行うことができる。上級行政庁（監督庁）が下級行政庁の行政行為を当然に撤回できるわけではない。

36 ◯ 判例は、撤回について法令上明文の規定がなくても、相手方の被る不利益を考慮しても、なお行政行為を撤回すべき<u>公益上の必要性が高い</u>と認められる場合には撤回できる（実子斡旋指定医取消事件／最判昭63.6.17）、とする。

ひっかけ問題

37 ✕ 行政手続法１条には、「行政運営における<u>公正の確保と透明性の向上</u>」を図ることは明記されているが、説明責務（アカウンタビリティ）については明記されていない。説明責務が明記されているのは、行政機関の保有する情報の公開に関する法律である。

38 ◯ 行政手続法がその対象とするのは、<u>処分</u>（申請に対する処分および不利益処分）、<u>行政指導</u>、<u>届出</u>、<u>命令等制定手続</u>に限定されている（１条１項）。

39 ◯ 行政手続法は行政手続に関する<u>一般法</u>であるから、処分、行政指導および届出に関する手続ならびに命令等を定める手続に関し、他の法律に特別の定めがある場合は、<u>特別の定めが優先</u>して適用される（１条２項）。

40 ◯ 申請は、行政庁の<u>諾否を要求する</u>点で「届出」と区別される（２条３号）。申請の要件に該当すれば、「申請」という用語を使用していなくても、行政手続法にいう「申請」に当たる。

41 ✕ 行政手続法が定める「処分」の定義（２条２号）は、行政不服審査法１条や行政事件訴訟法３条２項に定める<u>処分概念と同じ</u>内容である。

問題 **42**
○○○

行政手続法で「不利益処分」とは、原則として、行政庁が、法令に基づき、特定の者を名あて人として、直接に、義務を課し、またはその権利を制限する処分をいう。

問題 **43**
○○○

行政手続法で「届出」とは、行政庁に一定の事項の通知をする行為で、法令により直接に当該通知が義務付けられているものをいう。

問題 **44**
○○○

行政手続法で「法令」とは、法律、命令（告示を含む）、条例および地方公共団体の執行機関の規則（規程を含む）をいう。

問題 **45**
○○○

行政手続法で「命令等」とは、内閣または行政機関（国の行政機関に限る）が定める、法律に基づく命令（処分の要件を定める告示を含む）または規則、審査基準、処分基準、行政指導指針をいう。

問題 **46**
○○○

外国人の出入国、難民の認定または帰化に関する処分および行政指導やもっぱら人の学識技能に関する試験または検定の結果についての処分については、行政手続法は適用されない。

問題 **47**
○○○

国の行政機関が行う行政指導には、行政手続法が適用されるが、地方公共団体の機関が行う行政指導（条例を根拠とするものに限る）には行政手続法は適用されない。

問題 **48**
○○○

行政庁は、申請に関する審査基準を定める場合には、許認可等の性質に照らしてできる限り具体的なものとして定め、かつ、当該基準を公にするよう努めなければならない。

42 ○ 特定の者を名あて人としない<u>一般処分</u>は、不利益処分から除かれる（2条4号本文）。また、<u>事実上の行為</u>や<u>名あて人の同意</u>を要件としてなされる行為なども、不利益処分から除外されている（同条4号イ以下）。

43 ✕ 行政庁に一定の事項の<u>通知をする行為</u>には、いわゆる「申請」も含まれる。したがって、届出の定義から「申請に該当するもの（行政庁に諾否の応答を求めるもの）を除く」必要がある。

44 ○ 一般に「法令」というときには、「法律、命令」を意味するが、行政手続法では、これを広義にとらえ「法律、命令、地方公共団体の<u>条例</u>、<u>規則</u>」をも含めている（2条1号）。

45 ✕ 「命令等」を定める主体は、「内閣」または「行政機関」であり（2条8号）、この行政機関には<u>地方公共団体の行政機関も入る</u>（同条5号）。したがって、行政手続法にいう「行政機関」の定義からは、国会、裁判所、内閣、地方議会が除かれることになる。

46 ○ 外国人に関する事項がすべて、適用除外ではなく、「外国人の<u>出入国</u>、<u>難民の認定</u>又は<u>帰化</u>に関する処分及び行政指導」に限定されている（3条1項10号）。もっぱら人の学識技能等に関する事項についても適用が除外されている（同条同項11号）。

47 ✕ 国の行政機関が行う行政指導には、行政手続法が適用される（33条以下）が、地方公共団体の機関が行う行政指導は、根拠の如何にかかわらず、<u>一律に適用除外</u>とされている（3条3項）。

（ひっかけ問題）

48 ✕ 申請に対する許認可等の審査基準については、できるだけ具体的に設定し、行政上特別の支障があるときを除き、公にしておく義務がある（5条）。これは努力義務ではなく、<u>行為義務</u>である。

問題
49
○○○

行政庁は、申請がその事務所に到達してから当該申請に対する処分をするまでに通常要すべき標準的な期間を定めるよう努めなければならない。

問題
50
○○○

行政庁は、申請が行政庁の事務所に到達したときには遅滞なく審査を開始しなければならず、申請書を返戻することは認められていない。

問題
51
○○○

申請に対する処分で、申請者以外の者の利害を考慮すべきことが当該法令上、許認可等の要件となっている場合、行政庁は、公聴会の開催などの適当な方法で、当該申請者以外の者の意見を聴く機会を設けるよう努力しなければならない。

問題
52
○○○

行政庁は、許認可を拒否する処分をする場合、理由を示さずに拒否すべき差し迫った必要があるときには、処分後相当の期間内に申請を拒否した理由を示せばよい。

問題
53
○○○

都道府県知事による飲食店営業許可の取消しは、今後営業ができなくなるという重大な不利益処分であるから、行政手続法上、あらかじめ、都道府県知事は処分基準を設定し、公にしておかなければならない。

問題
54
○○○

行政庁は、聴聞に際し、聴聞期日までに相当な期間をおいて、不利益処分の名あて人に、聴聞期日の意見陳述権や証拠書類等の提出権が認められていることを聴聞通知書に記載して教示しなければならない。

問題
55
○○○

聴聞の期日における審理は、主宰者が公開することを相当と認めるときを除き、公開しない。

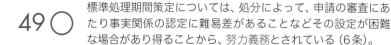

49 ◯ 標準処理期間策定については、処分によって、申請の審査にあたり事実関係の認定に難易差があることなどその設定が困難な場合があり得ることから、<u>努力義務</u>とされている（6条）。

50 ✕ 行政庁は、申請の審査を開始した結果、形式上の要件に適合しない申請については、<u>補正を求める</u>こともできる（7条）。したがって、申請書を返戻することもあり得る。

51 ◯ 公聴会の開催などは行政庁の<u>努力義務</u>であり（10条）、開催が必要かどうか、実施の方法の判断については当該行政庁の裁量に委ねられている。

ひっかけ問題

52 ✕ 行政庁は、許認可等の拒否処分をする場合は、申請者に対し、原則として、<u>同時に</u>、当該処分の理由を示さなければならない（8条1項本文）。処分後に理由を示せばよいとの規定はない。

53 ✕ 不利益処分に関して、行政庁は処分基準を定め、かつ、公にしておくよう努めなければならない（12条1項）とされている。処分基準の設定・公表はいずれも<u>努力義務</u>である。

54 ◯ 聴聞通知書には、聴聞期日の意見陳述権や証拠書類等の提出権が認められている旨、その他不利益処分の原因となる事実を証する<u>資料の閲覧請求権</u>が認められていることを教示しなければならない（15条2項）。

ひっかけ問題

55 ✕ 行政手続法の聴聞は、原則として非公開であるが、公開・非公開の判断をするのは<u>行政庁</u>である（20条6項）。

問題
56
○○○

行政庁または主宰者が、行政手続法の聴聞手続の過程において行った処分または不作為について不服がある者は、行政不服審査法による審査請求をすることができる。

問題
57
○○○

不利益処分の名あて人の防御権を保障するため、公益上、緊急に不利益処分をする必要がある場合、聴聞手続をとることができないときには、簡略な手続である弁明の機会を付与しなければならない。

問題
58
○○○

聴聞手続に参加する者は、聴聞の通知があった時から聴聞が終結する時までの間、行政庁に対して当該事案について行った調査の結果に係る調書の閲覧を求めることができる。

問題
59
○○○

聴聞主宰者は、当事者以外の者で、当該不利益処分に利害関係を有する者が聴聞への参加を要求すれば、聴聞手続への参加を許可しなければならない。

問題
60
○○○

弁明は、行政庁が口頭ですることを認めたときを除き、弁明を記載した書面を提出して行わなければならない。その書面には証拠書類等を添付して提出できる。

問題
61
○○○

弁明の機会を与えられた処分の名あて人には、行政手続法上、代理人選任権や不利益処分の原因となる事実を証する資料の閲覧請求権が認められている。

問題
62
○○○

処分等の求めの申出の対象となる処分又は行政指導は、法令に違反する事実がある場合に、その是正のためになされるべき処分又は行政指導（その根拠となる規定が法律又はこれに基づく命令に置かれているものに限る。）である。

56 ✕ 行政庁または主宰者が行政手続法の<u>聴聞手続の過程</u>において行った処分または不作為については、行政不服審査法による<u>審査請求をすることができない</u>（27条）。

57 ✕ 公益上、緊急に不利益処分をする必要があるために聴聞手続をすることができない場合には、弁明手続も含めた<u>事前の意見陳述手続が省略</u>される（13条2項1号）。

58 ✕ 文書などの閲覧請求権を有するのは、「当事者及び当該不利益処分がされた場合に自己の利益を害されることとなる参加人」（<u>当事者等</u>）である（18条1項）。単なる参加人には認められていない。

ひっかけ問題

59 ✕ 聴聞主宰者は利害関係人の聴聞手続への参加を<u>許可することができる</u>のであり、許可をする義務はない（17条1項）。

60 ◯ 弁明の方式は、行政庁が口頭で弁明することを認めたとき以外は、書面（<u>弁明書</u>）を提出して行う（29条1項）。また、当該弁明書と併せて<u>証拠書類等</u>を提出できる（同条2項）。

61 ✕ 弁明の機会の付与手続では、代理人は選任できる（31条、16条）が、<u>文書閲覧請求権（18条）は認められていない</u>。

62 ✕ 一般に行政指導には<u>法律</u>に根拠があることは要求されていないが、「処分等の求め」の場合の行政指導は、その根拠となる規定が<u>法律</u>に置かれているものに限られる（36条の3第1項）。

しっかり基礎

問題
1
○○○

村道の通行の自由権は、公法関係に由来する権利であっても、日常生活上の種々の権利を行使するのに欠くことのできないものであるから、この権利が妨害されている状態が継続している場合には、村民は妨害排除請求ができる。

問題
2
○○○

信義誠実の原則は、本来、私人間における民事上の法律関係を規律する法の一般原理であるから、租税法律主義の原則が貫かれるべき租税法律関係など、法律による行政の原理が厳格に運用される行政上の法律関係には適用される余地を認めないのが判例である。

問題
3
○○○

法規命令が有効に成立するためには、当該命令を発する主体、内容、手続および形式のすべての点について法の定める要件に適合することが必要であり、さらに当該命令を公布することも必要である。

問題
4
○○○

内閣府令は内閣府の長である内閣総理大臣が主任の行政事務について発する命令であり、省令は各省大臣がその主任の行政事務について発する命令である。他の省との共管事項については、内閣府令として発出しなければならない。

問題
5
○○○

違法な通達の発出によって権利を侵害された国民は、通達の後になされる不利益処分に対して取消訴訟を提起してその処分の違法性を争うのでは救済として十分でない場合には、通達そのものに対して取消訴訟を提起できる、とするのが最高裁判所の確立した判例である。

問題
6
○○○

罰則は最も人権侵害の度合いが高い制裁であるから、政令で罰則を定めることを法律が委任することは、法治国家の最も重要な原理の一つである罪刑法定主義に反し許されない。

---

1 ◯ 地方公共団体が開設している村道を使用する権利が侵害されている場合、村民は、<u>不法行為に基づく損害賠償請求権</u>とともに、<u>妨害排除請求権</u>を有する（最判昭39.1.16）。

2 ✕ 判例は、課税処分について信義則の法理の適用が考えられるのは、納税者間の<u>平等公平</u>という要請を犠牲にしてもなお納税者の信頼を保護しなければ正義に反するといえるような<u>特別の事情</u>が存する場合であるとし、信義誠実の原則が適用されることを示唆している（最判昭62.10.30）。

3 ◯ 法規命令が有効に成立するためには、命令発出の主体、内容、手続、および形式のすべての点について、法の定める要件に適合することを要し、さらに、これを外部に表示（<u>公布</u>）することが必要である。

ひっかけ問題

4 ✕ 他の省との共管事項については、例えば、「内閣府令・総務省令」と並記した「<u>共同省令</u>」（共同命令）が発せられる。内閣府令として発出されるわけではない。

5 ✕ 判例は、通達は、国民にあらたな受忍義務を課するなどこれらの者の権利義務に直接具体的な法律上の影響を及ぼすものではないから、<u>通達の取消を求める訴えを提起することは許されない</u>（墓地埋葬事件／最判昭43.12.24）、とする。

6 ✕ 憲法73条6号ただし書により、委任命令の実効性を担保するために、<u>個別具体的な法律の委任</u>があれば委任命令に罰則を設けることを憲法自身が許容していると解されている。

問題 7 ○○○
法律の委任を受けて制定された委任命令は、当該委任法が廃止されても、委任された趣旨に反しない限り、有効に存続する。

問題 8 ○○○
行政計画の策定には、一般的に法律の根拠は不要であるとされるが、都市計画などの拘束的計画には、国民の権利利益を制限する効果があるから当該計画の策定には法律の根拠が必要とされている。

問題 9 ○○○
都市計画法上の土地利用制限は、長期にわたるものであっても特別の犠牲には当たらず、憲法29条3項に基づく損失補償請求は認められない、とするのが判例である。

問題 10 ○○○
講学上の特許とは、行政庁が私人に特権ないし特別の権利を与える行為であるから、特許の申請が当該審査基準に適合していても、必ずしも特許が与えられるとは限らない。

問題 11 ○○○
講学上の確認は、特定の事実あるいは法律関係の存否に疑いや争いがある場合に公の権威でこれを認定し、対外的に表示する行為であり、不動産登記簿への登記は確認行為である。

問題 12 ○○○
行政行為の拘束力とは、行政行為の内容に応じて相手方およびその他の関係人を拘束する効力であるから、当該行政行為を行った行政庁には拘束力は及ばない。

問題 13 ○○○
課税処分のような金銭の賦課・徴収を目的とする行政処分については、違法な課税処分に対する国家賠償請求訴訟は、課税処分の公定力と抵触することになるから、課税処分の取消訴訟によって取消判決を得ておかなければ、当該訴訟を提起できない。

7 ✗ 命令の根拠である委任法が廃止された以上、別段の規定がない限り、<u>委任命令も失効</u>すると解されている（判例）。

8 ○ 拘束的計画は、国民の権利利益を制限する効果があるため、拘束的計画の策定には<u>法律の根拠が必要</u>とされる（都市計画法7条、環境基本法15条など）。

9 ○ 都市計画決定により、施行地域とされたまま60年以上の長期にわたって放置されていた都市計画制限について、<u>特別の犠牲を課せられたとはいえない</u>などとして、憲法29条3項を根拠とする損失補償を否定した判例がある（最判平17.11.1）。

10 ○ 講学上の特許は排他的独占的な権利を与えるものであるから、行政庁には<u>広い裁量</u>が認められるため、複数の申請者の競願があった場合などには、審査基準を満たしていても、特許が与えられないことがある。

11 ✗ 講学上の確認の定義は正しいが、不動産登記簿への登記は、講学上の<u>公証</u>に該当する。公証は、特定の事実または法律関係の存否を<u>公に証明する</u>行為である。

12 ✗ 行政行為の拘束力の定義は正しいが、拘束力は当該行政行為の相手方その他の関係人（権利の承継人など）だけでなく、当該<u>行政庁にも効力</u>が及ぶ。

13 ✗ 行政処分が金銭の納付を直接の目的としており、その違法を理由とする国家賠償請求を認容すれば、結果的に当該行政処分を取り消した場合と同様の経済的効果が得られるという場合であっても、<u>直ちに国家賠償請求訴訟を提起</u>できる（最判平22.6.3）。

問題
14
○○○
私人からの申請に対して行政庁が許認可を与える場合、許認可処分は申請の内容を行政庁として認めることを意味しているので、当該処分に条件を付すことは許されない。

問題
15
○○○
行政行為について、行政庁が撤回する権利を留保する旨の意思表示を付加することを「撤回権の留保」といい、撤回権を留保した場合には、行政庁は自由に行政行為を撤回することができる。

問題
16
○○○
土地収用法における補償の額は、通常人の経験則および社会通念に従って、客観的に認定されるべきものであって、補償の範囲およびその額の決定について、収用委員会に裁量権は認められない。

問題
17
○○○
温泉法に基づく温泉掘削の許可の判断は、主として専門的・技術的な判断を基礎とする行政庁の裁量権の範囲内にあるが、裁判所は独自に専門家の鑑定を求めることによって、行政庁の判断が適法かどうかを客観的に判断することができる。

問題
18
○○○
個人タクシー事業の免許申請については、法律上、審査、判定の手続、方法などに関する明文の規定がないから、免許を与えるか否かは行政庁の自由裁量に委ねられており、行政庁が具体的な審査基準の設定などの手続もとらずに申請を却下しても違法とはならない、とするのが判例である。

問題
19
○○○
行政庁が行政行為をする際の要件が不確定概念により定められている場合、ある事実が当該要件に該当するか否かの認定については、行政庁に裁量が認められるが、行政行為を行う時期については、行政庁の裁量は認められない。

問題
20
○○○
違法行為の転換とは、例えば、農地買収計画について、当初示された根拠条文では当該買収計画は違法となるが、別の根拠条文による買収計画として適法とすることを認めることをいう。

ひっかけ問題

14 ✕ 許可および認可は、行政庁の意思表示を要素とする法律行為的行政行為であるから、従たる意思表示である<u>附款 (条件など)</u>を付することができる。

15 ✕ 行政庁が行政行為に撤回権の留保を付したとしても、撤回には、<u>実質的な理由が必要</u>とされ、正当な理由もなく撤回権が行使された場合でも、当然に適法とされるわけではない。

16 ◯ 判例は、土地収用法による補償額の決定について、「相当な価格」という不確定概念で規定されているものの、収用委員会に裁量権が認められず、裁判所は<u>証拠</u>に基づき正当な補償額を<u>客観的に認定</u>しなければならない (最判平9.1.28)、とする。

17 ✕ 判例は、温泉法に基づく温泉掘削の許可の判断は、主として専門的・技術的な判断を基礎とする<u>行政庁の裁量権の範囲内</u>にあるから、裁判所が行政庁の判断を違法視できるのは、その判断が裁量権の限界を超える場合に限られる (最判昭33.7.1)、とする。

18 ✕ 判例は、多数の者から少数特定の者を選択して免許の許否を決定するような場合、<u>審査基準を設定</u>し、公正かつ合理的に適用すべきであり、行政庁に完全な自由裁量を認めているものではない (個人タクシー事件／最判昭46.10.28)、とする。

19 ✕ 判例は、要件の認定に裁量の余地があることを認めるだけでなく、処分の選択やその権限行使の時期などは、行政庁の専門的判断に基づく合理的裁量に委ねられている (誠和住建事件／最判平元.11.24) とし、権限行使の<u>時期についても裁量</u>を認めている。

20 ◯ <u>違法行為の転換</u>の例として、自作農創設特別措置法43条 (小作人の請求がある場合) の要件を欠く買収計画を、同法45条 (小作人の請求のない場合) を適用することにより適法な買収計画であるとした判例がある (最判昭29.7.19)。

問題 21
○○○

一連の処分からなる手続を経て終局的な効果を生じる場合、先行処分に瑕疵があり違法であるときは、後続の処分も当然に違法となる、という「違法性の承継」理論は最高裁判所の判例でも正面から肯定されている。

問題 22
○○○

行政庁が瑕疵ある行政行為を職権で取り消すためには、法律による行政の原理から、当該行政行為が授益的処分であるか、侵害的処分であるかにかかわらず、取消しについての法律の根拠が必要である。

問題 23
○○○

行政行為の相手に不利益を与える行政行為については、争訟の裁断行為のように不可変更力を備えている場合であっても、行政庁は自由に撤回することができる。

問題 24
○○○

公有財産の目的外使用を許可していた地方公共団体は、公共のために当該財産を使用する必要が生じた場合でも、国有財産法は類推適用されないから、当該財産が使用期間中であれば、使用許可を撤回できない。

問題 25
○○○

行政行為の取消しも撤回も、その効果は原則として行政行為の成立のときに遡り、初めから行政行為がなされなかったのと同様の状態に復する。

問題 26
○○○

行政庁が、私人に許可を与えるとき、「公益上の必要があると認めるときは、いつでも許可を取り消す」との附款を付した場合には、行政庁はいつでも自由に許可を取消しできる。

問題 27
○○○

農地の買収処分を行ったが、買収農地の一部に宅地が含まれていた場合、これを理由に当該農地買収処分のすべてを職権で取り消すことは、買収農地の払下げを受ける者の権利利益を侵害するため許されない。

21 ○ 従来、下級審では違法性の承継が認められていた（日光太郎杉事件／東京高判昭48.7.13）が、近時、最高裁は正面から<u>違法性の承継を肯定</u>するに至った（最判平21.12.17）。

22 ✕ 行政行為に違法の瑕疵が存在していれば、法律による行政の原理に違反した状態が存在していることになる。したがって、このような場合、瑕疵は速やかに除去されるべきであり、取消しには<u>法律の根拠は不要</u>と解されている。

ひっかけ問題

23 ✕ 行政行為に不可変更力が発生する場合には、たとえ相手にとって不利益な内容を持つ行政行為であっても、行政庁は<u>自由に撤回</u>することはできない。

24 ✕ 判例は、国有財産であれ公有財産であれ、行政財産に相違などはないとして、公平の原則から国有財産法の<u>類推適用</u>を認めている（最判昭49.2.5）。したがって、使用許可を撤回できる（国有財産法24条、19条類推）。

25 ✕ 行政行為の取消しは、行政行為の<u>成立当初から瑕疵</u>がある場合になされるから、その効果は遡及するのが原則である。しかし、行政行為の撤回は、<u>適法に成立</u>した行政行為について、後の事情の変化によって効力を失わせる必要がある場合になされるから、その効果は将来に向かって効力を生ずる。

ひっかけ問題

26 ✕ 附款として、撤回権が留保されていたとしても、<u>実質的な必要性</u>がなければ撤回権の行使は適法とはいえず、行政庁はいつでも自由に撤回権を行使できるわけではない。

27 ○ 判例は、農地買収処分に瑕疵があっても、買収農地の売渡しを受けるべき者の利益を犠牲にしてまで、買収処分の<u>すべてを取り消すことは違法</u>となる（最判昭33.9.9）、とする。

2 これで合格

問題
1
○○○

法令の規定により現金出納の権限が認められていない地方公共団体の長が、当該地方公共団体の名で第三者から金員を借入れた場合には、かかる借入行為の効果は当該地方公共団体に帰属する余地はない。

問題
2
○○○

確定申告書の記載を誤り、本来納付すべき税額を超える額を納税した者は、国税通則法上の更正の請求ができる場合であっても、記載内容の錯誤を主張し、超過した納税額の不当利得返還請求ができる、とするのが判例である。

問題
3
○○○

行政計画の策定手続においては、利害関係を有する住民の意見を聞くなど、計画の策定手続に関係住民を参加させるべきであるから、このような参加手続を経ない計画は、行政手続法に違反し無効である。

問題
4
○○○

行政行為に瑕疵があることが明白かどうかの判断には、処分成立の当初から誤認であることが外形上、客観的に明白であるだけでなく、行政庁に調査すべき資料を見落とすなどの過誤が存在することも考慮される。

問題
5
○○○

行政行為が無効とされるのは、当該行政行為に重大かつ明白な瑕疵がある場合に限られるから、行政行為に重大な瑕疵があり、当事者が甚大な損害を受けた場合でも、その瑕疵が明白でなければ、当該行政行為は無効とされる余地はない。

問題
6
○○○

書面で表示される行政行為は、書面の作成によって成立するから、当該行政行為について行政庁の内部的意思決定とその書面の記載とが相反する場合には、当該書面に表示されたとおりの行政行為があったものとされる。

問題
7
○○○

行政行為に瑕疵がある場合には、その取消しにより公共の福祉に重大な影響を及ぼすことがあっても、瑕疵のない法的状態を回復させるために、権限ある行政庁は瑕疵ある行政行為を取り消すことができる。

1 ✕ 判例は、地方公共団体の長自身が借入金を現実に受領した場合には、<u>民法110条</u>に規定する「代理人がその権限外の行為をした場合」に該当するものとして、同条の<u>類推適用</u>を認めている（最判昭34.7.14）。したがって、当該地方公共団体に効果が帰属する余地がある。

2 ✕ 判例は、税法上の諸制度は、租税債務はできる限り速やかに確定させるべきとする国家財政上の要請に応じるものであるから、特段の事情がない限りは、<u>国税通則法上の更正の請求</u>によるべきであり、かかる方法によらずに錯誤を主張することは許されない（最判昭39.10.22）、とする。

3 ✕ 行政計画の策定手続には、さまざまな利害関係者を参加させ、それらの利害を調整することが必要であるが、行政手続法では行政計画策定手続は<u>適用の対象とされていない</u>（1条参照）。

4 ✕ 行政庁が怠慢により調査すべき資料を見落とした過誤があったかどうかは、処分の外形上、客観的に明白な瑕疵があるかどうかの判断には<u>直接関係を有するものではない</u>（最判昭36.3.7）。

5 ✕ 判例の中には、行政行為の瑕疵が重大かつ明白でなくても、<u>利害関係を有する第三者が存在しない</u>など例外的な場合には、瑕疵が重大であるだけで、当該行政行為を無効と判断しているものがある（課税処分と無効／最判昭48.4.26）。

6 ◯ 行政庁の内部的意思決定と相反する書面が作成された場合、<u>書面への記載</u>（表示行為）が<u>正当の権限</u>がある者によってなされた以上、書面に表示されているとおりの行政行為があったものとされる（最判昭29.9.28）。

7 ✕ 瑕疵ある行政行為の取消しにより公共の福祉に重大な影響を及ぼす場合には、事情判決（行政事件訴訟法31条）や事情裁決（行政不服審査法45条3項）の趣旨を類推して、<u>取消しは制限される</u>ものと解されている。

問題
8
○○○
国または地方公共団体の組織について定める命令等については、行政手続法6章が定める「意見公募手続等」に関する規定はすべて適用されない。

問題
9
○○○
行政代執行が認められない場合には、国または地方公共団体が行政権の主体として、私人に対して行政上の義務の履行を求める訴訟を提起することができる、とするのが判例である。

2 ②行政作用法・強制法

ポイントアップ

問題
1
○○○
父から認知された非嫡出子には児童扶養手当を支給しない旨を定めている政令の規定は、法律による委任の範囲を超えているものとして無効となる、とするのが判例である。

問題
2
○○○
行政代執行は、義務者の義務の不履行を要件として、その者の意に反して行われるので、行政手続法の不利益処分に当たり、行政代執行手続においても、行政手続法上の不利益処分の規定が適用される。

問題
3
○○○
「行政指導の中止等の求め」の制度は、申出を受けた行政機関が必要な調査を行い、行政指導が法律に定める要件に適合しないと認める場合には行政指導の中止等必要な措置をとらなければならないという法律上の義務を負うものである。

問題
4
○○○
不作為義務や非代替的作為義務の不履行に対してなされる直接強制や執行罰については、一般法の根拠は存在しないので、法律または条例による個別の根拠が必要である。

問題
5
○○○
代替的作為義務違反であっても、行政行為によって義務を課し、当該義務が履行されない場合に代執行するという手続をとる時間的余裕がないときには、法律の定めがあれば、即時強制できる。

8 ◯ 国または地方公共団体の組織について定める命令等は、直接には国民の権利義務と関わらないものであるから、6章の規定をすべて適用しないこととされている（4条4項1号）。

9 ✕ 判例は、国または地方公共団体がもっぱら行政権の主体として国民に対して行政上の義務の履行を求める訴訟は、法律上の争訟ではなく、特別の規定がなければ認められない（宝塚市パチンコ条例事件／最判平14.7.9）、とする。

1 ◯ 判例は、児童扶養手当法の委任に基づく児童扶養手当法施行令の「母が婚姻によらずに懐胎した児童」には「父から認知された児童」を含まないとしている部分は、同法の委任の範囲を逸脱した違法な規定として無効である（最判平14.1.31）、とする。

ひっかけ問題
2 ✕ 行政代執行法による代執行は、事実行為であるから、行政手続法の「不利益処分」に当たらない（2条4号イ）。よって、行政手続法は適用されない。

3 ◯ 法律上の制度として位置付けることにより、行政指導の相手方の権利利益の保護に資することになる（36条の2）。

4 ✕ 直接強制や執行罰は、法律を根拠に定めなければならず、条例を根拠に定めることはできないと解されている（行政代執行法1条では、「行政上の義務の履行は、別に法律で定めるものを除いて、行政代執行法による。」と規定されている）。

5 ◯ 代替的作為義務であっても、緊急の必要がある場合、即時強制ができる。例えば、消防法では「消火、延焼の防止などのために緊急の必要があるときは、消防対象物等を使用し、処分」できると規定している（29条3項）。

2 ③行政救済法
よく出る問題

問題 1
○○○

行政不服審査法1条には、簡易迅速かつ公正な手続による国民の権利利益の救済を図ることが規定されているが、行政の適正な運営を確保することまでは規定されていない。

問題 2
○○○

行政不服審査法の定める不服申立てには、審査請求、再調査の請求および再審査請求の三種があるが、それらのいずれも原則としてすべての処分に対して不服申立てができる。

問題 3
○○○

審査請求は、原則として、当該処分庁および不作為庁の最上級行政庁に対して行う。

問題 4
○○○

行政不服審査法では、再調査の請求と審査請求とは自由選択主義がとられているから、処分に対する不服申立てとして再調査の請求が許される場合でも、直ちに審査請求をすることができる。

問題 5
○○○

審査請求が不適法であるが、補正をすることができるときは、審理員は、相当の期間を定めて、その補正を命じなければならない。

問題 6
○○○

行政庁の不作為に対して審査請求した者は、当該審査請求の裁決に不服があるときには、さらに再審査請求をすることができる。

問題 7
○○○

再調査の請求は、原則として、処分があったことを知った日の翌日から起算して3か月以内にしなければならない。

問題 8
○○○

不服申立人の代理人は、各自、本人のために、その不服申立てに関する一切の行為をすることができるが、不服申立ての取下げは特別の委任を受けることが必要である。

ひっかけ問題

1 ✕ 行政不服審査法は、簡易迅速かつ公正な手続による国民の権利利益の救済を図ることを目的として規定するだけではなく、<u>行政の適正な運営を確保</u>することも目的として掲げている（1条）。

2 ✕ 行政庁の処分、不作為については、原則として**審査請求が認められる**（<u>概括主義</u>／2条、3条）。しかし、再調査の請求および再審査請求は、個別法が認める場合に認められるにすぎない（<u>列記主義</u>／5条、6条）。

3 ◯ 審査請求は、当該処分庁および不作為庁の<u>最上級行政庁</u>に対して行うのが原則である（4条4号）。例外として、当該処分庁等に上級行政庁がない場合には、当該処分庁等に対して行うことなどが行政不服審査法に定められている（同条1号から3号）。

4 ◯ 行政不服審査法では、再調査の請求と審査請求とは「<u>自由選択主義</u>」がとられているから、再調査の請求ができるときでも、ただちに審査請求をすることができる（5条1項本文）。

5 ✕ 補正できる場合、<u>審査庁</u>は相当の期間を定めて、その補正を命じなければならないが、補正命令は審査庁が発出する（23条）。

ひっかけ問題

6 ✕ 再審査請求は、行政庁の<u>処分</u>に対する審査請求の裁決に不服がある場合に認められる不服申立てであり、行政庁の不作為に対する審査請求の裁決に不服がある場合には認められない（6条1項）。

7 ◯ 再調査請求は、正当な理由がないかぎり、処分があったことを知った日の翌日から起算して<u>3か月</u>以内にしなければならない（54条1項）。また、処分があった日の翌日から起算して1年を経過したときは、正当な理由のないかぎり、再調査の請求ができない（同条2項）。

8 ◯ 不服申立て（審査請求、再調査請求および再審査請求）は、代理人によってすることができる（12条1項、61条、66条）が、不服申立ての取下げは<u>特別の委任</u>を受けた場合でなければすることができない（12条2項、61条、66条）。

問題
9
○○○
総代は、各自、他の共同不服申立人のために、当該不服申立てに関する一切の行為をすることができるから、特別の委任があれば、不服申立ての取下げをすることができる場合がある。

問題
10
○○○
申請に基づいてなされた処分が手続の違法または不当を理由として裁決によって取り消された場合は、処分庁は、裁決の趣旨に従い、改めて申請に対する処分をしなければならない。

問題
11
○○○
行政庁が審査請求もしくは再調査の請求または他の法令に基づく不服申立てをすることができる処分（口頭で処分する場合を除く）をする場合には、処分の相手方に、当該処分に対して不服申立てができることなどを書面で教示しなければならない。

問題
12
○○○
処分庁が処分の際、必要な教示をしなかった場合、当該処分に不服のある者は、当該処分にかかる行政事務を担当する居住地の最寄りの行政庁に不服申立書を提出できる。

問題
13
○○○
処分庁の上級行政庁または処分庁のいずれでもない審査庁は、必要があると認めるときは、審査請求人の申立てにより、処分庁の意見を聴取したうえで、処分の効力、処分の執行または手続の続行の全部または一部の停止その他の措置をとることができる。

問題
14
○○○
執行停止をした審査庁は、当該執行停止が公共の福祉に重大な影響を及ぼすことが明らかとなったときに限り、その執行停止を取消すことができる。

問題
15
○○○
審査庁が処分庁の上級行政庁であるときは、審査庁は、裁決で当該処分を変更すべきことを命ずることができるが、その際、審査請求人の不利益に当該処分を変更すべきことを命ずることはできない。

ひっかけ問題

9 ✕ 総代は、代理人と異なり、特別の委任があっても、不服申立て（審査請求、再調査請求および再審査請求）の<u>取下げをすることはできない</u>（11条3項、61条、66条）。

10 ◯ 裁決は、<u>関係行政庁を拘束</u>する（52条1項）から、処分庁は、申請を認容した処分または申請を拒否した処分が裁決で取り消されたときには、裁決の趣旨に従った<u>処分のやり直し</u>が求められる（同条2項）。

11 ◯ 行政庁は、口頭で処分する場合を除いて、不服申立て（審査請求、再調査の請求等）ができる処分をする場合には、一定の事項を処分の相手方に<u>書面で教示</u>しなければならない（82条1項）。

12 ✕ 処分庁が処分の際、必要な教示（82条所定の教示）をしなかった場合、当該処分に不服のある者は、<u>当該処分庁に</u>不服申立書を提出することができる（83条1項）。

13 ✕ 処分庁の上級行政庁または処分庁のいずれでもない審査庁は、必要があると認めるときは、審査請求人の<u>申立て</u>により、処分庁の<u>意見を聴取</u>したうえで、処分の効力、処分の執行または手続の続行の全部または一部の停止ができるが、<u>その他の措置をとることはできない</u>（25条3項）。

ひっかけ問題

14 ✕ 執行停止が公共の福祉に重大な影響を及ぼすことが明らかとなった場合のほか、<u>事情が変更したとき</u>にも執行停止を取消すことができる（26条）。

15 ◯ 審査請求に理由がある場合、処分庁の上級行政庁である審査庁は裁決で処分を変更し、事実行為に対しては、処分庁に変更をすべきことを命ずることができるが、審査請求人に<u>不利益になる変更は禁止</u>される（48条）。

問題 16
○○○

行政事件訴訟法では、行政事件訴訟として、抗告訴訟、当事者訴訟、民衆訴訟および機関訴訟の4つの訴訟形態を定めているが、義務付け訴訟と差止め訴訟は、「抗告訴訟」でない。

問題 17
○○○

取消訴訟の対象となる行政庁の処分とは、公権力の主体たる国または公共団体が行う行為のうち、その行為によって、直接国民の権利義務を形成しまたはその範囲を確定することが法律上認められているものをいう、とするのが判例である。

問題 18
○○○

処分の取消訴訟とその処分についての審査請求を棄却した裁決取消訴訟とを提起することができる場合には、裁決の取消しの訴えにおいては、処分の違法を理由として取消しを求めることはできない。

問題 19
○○○

国または公共団体に所属する行政庁が行った処分に対して取消訴訟を提起する場合、当該処分をした行政庁を被告とし、行政庁を特定できない場合には当該事務の帰属する行政主体を被告として提起しなければならない。

問題 20
○○○

都市再開発法に基づく再開発事業計画の決定は、その公告の日から土地収用法の事業認定と同一の法律効果を生じるものであるから、施行地区内の土地所有者などの法的地位に直接的な影響を及ぼすものであり、抗告訴訟の対象となる行政処分に当たる。

問題 21
○○○

競願関係にある申請に関する拒否処分を受けた者が、競願者に対する免許処分を不服とする場合、自己の申請拒否処分の取消しを訴求するだけでなく、競願者に対する免許取消しを訴求する訴えの利益も有する。

問題 22
○○○

新規路線免許により生じる航空機騒音によって、社会通念上著しい障害を受けることとなる空港周辺に居住する住民には、免許の取消しを求める原告適格が認められる。

16 ✕ 4つの訴訟類型（2条）の一つである「抗告訴訟」は、行政庁の公権力の行使に関する不服の訴訟をいい（3条1項）、義務付け訴訟や差止め訴訟は抗告訴訟（<u>法定抗告訴訟</u>）の一形態である。

17 ◯ ひっかけ問題 判例は、3条2項にいう処分とは、公権力の主体たる国または公共団体が行う行為のうち、その行為によって、<u>直接国民の権利義務</u>を形成しまたはその範囲を確定することが法律上認められているものをいう（最判昭39.10.29）、としている。

18 ◯ 原処分の取消訴訟と、原処分に対する審査請求を棄却した裁決の取消訴訟を<u>ともに提起できる場合</u>、裁決の取消訴訟を提起したときには、原処分の違法を理由として裁決の取消しを求めることができない（<u>原処分主義</u>／10条2項）。

19 ✕ 国または公共団体に所属する行政庁が行った処分または裁決に対して取消訴訟を提起する場合、その取消訴訟は、その行政庁の所属する国または公共団体（<u>行政主体</u>）を被告として提起しなければならないのが原則である（11条1項本文）。

20 ◯ ひっかけ問題 判例は、第二種市街地再開発事業について、公告された再開発事業計画の決定は、施行地区内の土地の所有者などの<u>法的地位に直接的な影響</u>を及ぼすものであって、抗告訴訟の対象となる行政処分に当たる（最判平4.11.26）、とする。

21 ◯ 判例は、競願者に対する免許処分が取り消された場合、行政庁は処分前の状態に戻り、改めて両者の申請の拒否を判断しなければならないから、拒否処分を受けた者には<u>競願者に対する免許取消しを求める訴え</u>の利益がある（最判昭43.12.24）、とする。

22 ◯ 判例は、空港周辺に居住していて、免許に係る事業による航空機騒音で著しい被害を受けるおそれのある者は、あらたに付与された路線免許の取消しを求める<u>法律上の利益を有する</u>者として、その取消訴訟の原告適格を有する（最判平元2.17）、とする。

問題
23
○○○

弁済供託は、民法上の寄託契約の性質を有するものであるから、供託官が弁済供託に関する供託金の取戻請求を理由がないと認めて却下した場合でも、却下の取消しを求めて訴訟を提起することはできない。

問題
24
○○○

国の普通財産の売払許可は、国有財産法で定められた手続により、国が優越的地位に立って私人との法律関係を定めるものであるから、抗告訴訟の対象となる行政処分である。

問題
25
○○○

保安林指定解除処分に基づく立木などの伐採に伴う洪水の危険のある者が、当該処分の取消しを求めている場合、代替施設の設置により洪水などの危険が解消されたときには、当該処分の取消しを求める訴えの利益は失われる。

問題
26
○○○

税務署長の更正処分に対して提起した取消訴訟が裁判所に係属している間に、税務署長がさらに増額再更正処分を行った場合であっても、当初の更正処分の取消しを求める訴えの利益は存在する。

問題
27
○○○

取消訴訟は、処分または裁決のあったことを知った日から6か月以内に提起しなければならない。

問題
28
○○○

出訴期間の起算日である、処分または裁決があったことを「知った日」とは、抽象的な知り得べかりし日を指すのであって、当事者が処分の存在を現実に知った日を意味するのではない。

問題
29
○○○

取消訴訟に関連請求に係る訴えを併合して提起する場合、当該取消訴訟の第一審裁判所が高等裁判所であるときは、原則として関連請求に係る訴えの被告の同意を得なければならない。

23 ✕　判例は、弁済供託が寄託契約の性質を有するとしつつ、供託法が供託官の処分に不服がある場合に審査請求を法定していること（1条の4）により処分性を認めているから、却下処分の取消しの訴えを提起することができる（最判昭45.7.15）、とする。

24 ✕　国有財産法の普通財産の払下げは、たとえ申請書の提出、許可の形式をとっていても、私法上の売買であり、行政処分ではないから、抗告訴訟の対象にならない（最判昭35.7.12）。

25 ◯　代替施設の設置により、洪水や渇水の危険が解消され、その防止のため当該保安林を存続させる必要がなくなったと認められるときには、当該処分の取消しを求める訴えの利益は失われる（最判昭57.9.9）。

26 ✕　更正処分の取消訴訟の係属中に、増額再更正処分がなされた場合には、増額再更正処分によって当初の更正処分は消滅してしまうから、以後は増額再更正処分を争うべきであり、当初の更正処分に対する訴えの利益は消滅する（最判昭55.11.20）。

ひっかけ問題

27 ✕　取消訴訟は、正当な理由があるときを除き、処分または裁決の「あったことを知った日」から6か月以内に提起しなければならない（14条1項）。

28 ✕　出訴期間の起算日である、処分または裁決があったことを「知った日」（14条1項）とは、相手方が処分のなされたことを「現実に知った日」をいう（最判昭27.11.20）。

29 ◯　被告の審級の利益を保護するため、原則として、関連請求の被告の同意が必要である（16条2項前段）。もっとも、被告が異議を述べないで、本案について弁論などをしたときには、同意があったものとみなされる（同項後段）。

問題
30
○○○
裁判所は、訴訟の結果により権利を害される第三者があるとき
は、当事者もしくはその第三者の申立てによりまたは職権に
よって、その第三者を訴訟に参加させることができる。

問題
31
○○○
処分の取消訴訟が提起された場合に、処分の執行により生ずる
重大な損害を避けるため緊急の必要があるときは、裁判所は、い
つでも職権で処分の執行停止の決定ができる。

問題
32
○○○
執行停止の申立てを裁判所が拒否する決定をした場合、当該決
定に対して即時抗告できるが、即時抗告がなされても、執行停止
の決定にはなんら影響を与えない。

問題
33
○○○
執行停止の申立てがあった場合には、内閣総理大臣は、理由を付
して、裁判所に対して異議を述べることができ、当該異議があっ
たときは、裁判所は、その理由の当否を審査して、執行停止をす
るか否かを決定することができる。

問題
34
○○○
裁判所がすでに執行停止の決定をしている場合には、内閣総理
大臣は、やむを得ない事由があるときに限り、国会の承諾を得
て、異議を述べることができる。

問題
35
○○○
処分の取消訴訟において、処分が違法で請求に理由がある場合
であっても、一切の事情を考慮したうえで、当該処分を取り消す
ことが公共の福祉に適合しないときは、裁判所は請求棄却の判
決をすることができる。

問題
36
○○○
行政事件訴訟法では、処分または裁決の無効確認訴訟のほか、処
分または裁決の有効確認訴訟、処分または裁決の存在確認訴訟
および処分または裁決の不存在確認訴訟が認められている。

30 ○ 訴訟の結果（取消判決の結果）により権利を害される第三者に訴訟参加が認められている（22条1項）。裁判所が、訴訟参加の決定をするには、あらかじめ、当事者および第三者の意見をきかなければならない（同条2項）。

ひっかけ問題
31 ✕ 処分の取消訴訟における執行停止は、裁判所が執行停止の申立てを受けて、執行停止の決定をするのであって（25条2項本文）、裁判所の職権で執行停止することはできない。

32 ○ 執行停止の申立てに対する決定（認容、棄却、却下）に対して、即時抗告ができる（25条7項）が、即時抗告がなされても執行停止の決定の執行を停止する効力を有しない（同条8項）。

33 ✕ 執行停止の申立てがあった場合には、内閣総理大臣は、理由を付して、裁判所に異議を述べることができる（27条1項、2項）。そして、当該異議があったときは、裁判所は、理由の当否を審査するまでもなく、執行停止をすることができない（同条4項）。

ひっかけ問題
34 ✕ 裁判所が執行停止の決定をした後でも、内閣総理大臣は、やむを得ない場合であれば、異議を述べることができる（27条6項）。その際、国会の承諾は必要ではないが、異議を述べたときには、次の国会に報告しなければならない（同条同項）。

35 ○ 処分または裁決が違法である（本案に理由がある）場合でも、特別な事情のもとで請求を棄却する判決がなされる（事情判決／31条）。事情判決をする場合、判決主文において処分または裁決が違法であることを宣言しなければならない（同条1項後段）。

36 ○ 行政庁の処分もしくは裁決の存否またはその効力の有無の確認を求める訴訟を「無効等確認訴訟」という（3条4項）。処分または裁決の無効の確認訴訟のほか、「等」には、処分または裁決の有効確認訴訟、処分または裁決の存在確認訴訟および処分または裁決の不存在確認訴訟が含まれる。

問題
37
○○○

平成16年の行政事件訴訟法の改正により、申請に対する応答が
ない場合の義務付け訴訟が法定され、不作為の違法確認訴訟と
併合提起することとされているから、不作為の違法確認訴訟の
みを提起することはできない。

問題
38
○○○

法令に基づく申請に対して、相当の期間内に何らの処分もなさ
れない場合、当該申請をした者は義務付け訴訟を提起できると
きであっても、不作為の違法確認訴訟を選択して提起すること
もできる。

問題
39
○○○

形式的当事者訴訟の例としては、土地収用法の損失補償に関す
る訴訟があり、実質的当事者訴訟の例としては、公務員の懲戒免
職処分の無効を前提とする退職手当支払請求訴訟がある。

問題
40
○○○

民衆訴訟は、国または公共団体の機関の法規に適合しない行為
の是正を求める訴訟で、法律上の利益を有する者に限って提起
することができるが、機関訴訟は、自己の法律上の利益にかかわ
らない資格で提起することができる。

問題
41
○○○

行政庁は、取消訴訟を提起することができる処分を書面でする
場合には、当該処分の相手方に対し、当該処分に関する取消訴訟
の被告とすべき者、出訴期間などを書面で教示しなければなら
ないが、当該処分を口頭でする場合には書面または口頭で教示
すればよい。

問題
42
○○○

国家賠償法1条は、加害者が「公務員」であることが必要である
が、ここにいう公務員は、いわゆる公務員法上の公務員に限定さ
れないので、民間人であっても、公権力を行使する権限を与えら
れた者は、公務員に含まれる。

問題
43
○○○

地方公務員による一連の職務上の行為の過程において他人に損
害を生ぜしめた場合、その損害が具体的にどの公務員のどのよ
うな違法行為によるものであるかを特定できなくても、地方公
共団体は損害賠償責任を負う場合がある。

37 ✕ 不作為の違法確認訴訟（3条5項、37条）は、義務付け判決の<u>本案勝訴要件を充たしていない場合</u>には、処分の義務付け訴訟（37条の3）と併合しなくても単独で提起することができる。

ひっかけ問題

38 ✕ 法令に基づく申請に対して、相当期間内に何らの処分もなされない場合、義務付け訴訟に不作為の違法確認訴訟を<u>併合して提起</u>する必要がある（37条の3第3項1号）。不作為の違法確認訴訟と義務付け訴訟のいずれかを選択して提起できるのではない。

---

39 ○ <u>形式的当事者訴訟</u>（4条前段）の典型例として、土地収用法の損失補償に関する訴訟（土地収用法133条）がある。また、<u>実質的当事者訴訟</u>（同条後段）の例として、公務員の懲戒免職処分の無効を前提とする退職手当支払請求訴訟がある（最判平11.7.15）。

---

40 ✕ 民衆訴訟は、国または公共団体の機関の法規に適合しない行為の是正を求める訴訟で、選挙人たる資格その他自己の<u>法律上の利益に関わらない資格</u>で提起するものをいう（5条）。機関訴訟は、国または公共団体の機関相互間における権限の存否またはその行使に関する紛争についての訴訟をいう（6条）。

ひっかけ問題

41 ✕ 行政庁が<u>書面で処分などをする場合</u>には、被告などを教示する義務が課せられている（46条1項）。重要な処分が口頭で行われることは、通常想定されていないということから口頭による処分については教示義務は課せられていない（同条同項ただし書）。

---

42 ○ 国家賠償法にいう「公務員」とは、公務員法上の公務員（身分上の公務員）に限らず、「公権力の行使」に当たる行為を委ねられた<u>民間人も含まれる</u>と解されている（判例）。

---

43 ○ 判例は、被害者が加害者である公務員個人や加害行為を<u>特定できなくても</u>、一定の要件の下で国または公共団体の損害賠償責任を認めている。（最判昭57.4.1）。

問題 44 ○○○

公権力の行使に当たる地方公務員が、その職務を行うについて、故意または重大な過失によって違法に他人に損害を加えたときに限り、当該地方公共団体に損害賠償責任が発生する。

問題 45 ○○○

国家賠償法1条の賠償責任については、国または公共団体は、公務員の選任および公務執行の監督について相当の注意をしたことを立証すれば賠償責任を免れることができる。

問題 46 ○○○

A県の一般職員甲が、公務執行中の警察官であるかのような外観を装い、金品を強奪しようとして他人に傷害を与えた場合、被害者は客観的にみてその外形から警察官と信頼したときには、A県に対して国家賠償請求ができる。

問題 47 ○○○

裁判官の裁判に対する国家賠償の成立については、当該裁判官が違法または不当な目的をもって裁判をしたなど、裁判官がその付与された権限の趣旨に明らかに背いてこれを行使したものと認められるような特別の事情が必要である。

問題 48 ○○○

国家賠償は、手続上の瑕疵により行政行為が違法と認められる場合にも請求することができるが、手続の違法を理由として国家賠償の請求をする場合、あらかじめ当該行政処分について取消しまたは無効確認の判決を得なければならない。

問題 49 ○○○

A県の警察官が不発弾を回収しなかったため、それをたき火にくべた子どもがその爆発で負傷した場合、当該警察官は公権力を行使していないから、不発弾を回収しなかったことによって生じた損害についてA県は損害賠償責任を負わない。

問題 50 ○○○

悪質な不動産業者（宅建業者）と取引をして損害を被ったとする者は、県知事が当該不動産業者に対して免許取消処分や業務停止処分などを行わなかったことを理由にして国家賠償請求ができる。

ひっかけ問題

44 ✕
国家賠償責任が認められるためには、公権力の行使に当たる公務員が職務を行う際、<u>「故意又は過失」</u>によって違法に他人に損害を加えたときであり、「重大な過失」は要求されない（1条1項）。

45 ✕
国家賠償責任は、民法上の<u>使用者責任（715条）と異なり</u>、国または公共団体は、加害公務員に対する選任および監督につき過失のないことを立証しても、賠償責任を免れることはできない。

46 ✕
<u>外形理論（外形標準説）は、「職務行為」該当性の判断</u>に際して使われる理論であり、一般の公務員が警察官に扮して加害行為を行った場合には、適用されない（最判昭31.11.30）。甲の行為に対しては、国家賠償法は適用されない。

47 ◯
裁判官の国家賠償責任が肯定されるためには、当該裁判官が<u>違法または不当な目的で裁判</u>をしたなど、裁判官がその付与された権限の趣旨に明らかに背いて権限を行使したものと認められるような特別の事情のあることが必要である（最判昭57.3.12）。

48 ✕
違法な行政処分により損害を被った場合、国家賠償を請求するにあたっては、あらかじめ行政処分の取消しまたは無効確認の判決を得ておく<u>必要はない</u>（最判昭36.4.21）。

ひっかけ問題

49 ✕
国家賠償法1条1項の「公権力の行使」には、<u>公権力の不行使も含まれる</u>と解されている。判例は、警察官の不作為について、職務上の義務に違反すると判断して違法性を認め、国家賠償責任の成立を肯定している（最判昭59.3.23）。

50 ✕
知事に監督処分権限が付与された趣旨、目的に照らし、その不行使が<u>著しく不合理</u>と認められるときでない限り、当該知事の規制権限の不行使は違法とはならないから国家賠償請求は認められない（最判平元.11.24）。

2 しっかり基礎

問題
1
○○○

わが国の行政不服申立制度は、戦前には訴願法によって規律されていたが、戦後、日本国憲法の施行と同時に訴願法は全面改正され、題名も改めて「行政不服審査法」が成立した。

問題
2
○○○

外国人の出入国または帰化に関する行政庁の処分については、当該処分に不服があっても行政不服審査法による審査請求をすることはできない。

問題
3
○○○

行政不服審査法にいう「処分」であるにもかかわらず、政策的な理由で行政不服審査法の適用が除外されている処分については、他の法令で特殊な不服申立ての制度を設けることができない。

問題
4
○○○

行政事件訴訟法には、取消訴訟の原告適格に関する規定が置かれているが、行政不服審査法には、不服申立適格に関して原告適格と同じ意味の明文の規定は置かれていない。

問題
5
○○○

営業許可の申請を行政庁が放置している場合には、申請人に限らず営業許可に利害関係を有する第三者も行政庁の不作為について審査請求ができる。

問題
6
○○○

法人でない社団または財団が不服申立てをしようとする場合には、当該団体に代表者または管理人の定めがあったとしても、当該団体の構成員が共同して行う（必要的共同不服申立て）以外にすることができない。

1 ✕ 明治23年、行政不服申立ての一般法として制定された訴願法は、<u>昭和37年</u>に廃止され、これに代わって行政不服審査法が制定・施行された。憲法の施行と同時ではない。

2 ◯ 外国人の出入国または帰化に関する処分については、<u>処分の性質上</u>、処分庁の高度な政策的な判断が要求されるから、審査請求ができない旨が規定されている（7条1項10号）。

3 ✕ 行政不服審査法は、不服申立てに関する一般法であり、<u>他の法律による特殊な不服申立て</u>を認めている（1条2項）から、本法の適用が除外されている処分であっても、それとは別に法令で当該処分の性質に応じた不服申立ての制度を設けることはできる(8条)。

4 ◯ 行政不服審査法には、不服申立適格に関して取消訴訟の原告適格（行訴法9条）と同じ意味の<u>明文の規定は設けられていない</u>。もっとも、「処分に不服がある者」(2条)とは、取消訴訟の原告適格と同じ意味に解されている（最判昭53.3.14）。

5 ✕ 不作為について審査請求ができる者は、法令に基づいて当該不作為に関する処分その他の行為を<u>申請した者</u>に限られる（3条）。第三者は利害関係を有していても、審査請求はできない。

6 ✕ 法人でない社団または財団で代表者または管理人の定めがあるものは、当事者能力が認められるから、「<u>その団体の名</u>」で不服申立て（<u>審査請求、再調査請求および再審査請求</u>）をすることができる（10条、61条、66条）。

問題 7

多数人が共同して不服申立てをしようとするときは、3人までの総代を互選することができるが、複数の総代が選任されたときには、共同不服申立人に対する行政庁の通知その他の行為は総代のうち1人に対して行えばよい。

問題 8

処分庁以外の審査庁から指名された審理員は、直ちに、審査請求書または審査請求録取書の写しを処分庁に送付し、相当の期間を定めて、弁明書の提出を求めなければならない。

問題 9

裁決書には、裁決の理由を付記しなければならないが、その理由には、主文が審理員意見書または行政不服審査会の答申書と異なる内容である場合には、異なることとなった理由も付記しなければならない。

問題 10

行政不服審査法では、利害関係人の参加の制度が採用されているから、行政庁の処分または不作為に対する審査請求について、利害関係人は、審査庁の許可を得れば、当該審査請求に参加できる。

問題 11

処分庁の上級行政庁または処分庁である審査庁は、処分、処分の続行または手続きの続行により生じる重大な損害を避けるため緊急の必要があると認めるときに限り、職権により執行停止をすることができる。

問題 12

審査庁は、審査請求人から執行停止の申立てがあったとき、または審理員から執行停止すべき旨の意見書が提出されたときは、速やかに、執行停止するかどうかを決定しなければならない。

7 ◯
多数人が共同して不服申立て（審査請求、再調査請求および再審査請求）をしようとするときには、「3人」までの総代を選任することができる（11条1項、61条、66条）。複数の総代が選任されている場合には、行政庁が共同不服申立人に通知をするときはその総代の一人に通知すれば足りる（11条5項、61条、66条）。

8 ◯
審理員は、処分庁以外の審査庁から指名されたときは、直ちに、審査請求書または審査請求録取書の写しを処分庁に送付し、相当の期間を定めて、弁明書の提出を求めなければならない（29条1項、2項）。また、審理員は処分庁から弁明書が提出されたときは、審査請求人および参加人に送付しなければならない（同条5項）。

9 ◯
裁決の慎重さの確保・公正さの保障という観点から、裁決書に理由付記が必要とされている（50条1項4号）。その理由には、主文が審理員意見書または行政不服審査会の答申書と異なる内容である場合には、異なることとなった理由も付記しなければならない（同条1項4号かっこ書）。

ひっかけ問題

10 ✕
行政不服審査法は、処分または不作為に係る審査請求には参加人の制度を設けているが、利害関係人の参加を許可するのは、「審理員」である（13条1項）。

ひっかけ問題

11 ✕
処分庁の上級行政庁または処分庁である審査庁は、「必要があると認めるとき」に職権で執行停止ができるのであり、「重大な損害を避けるため緊急の必要があると認めるとき」という要件は必要とされていない（25条2項）。

12 ◯
審査庁は、審理員を指名する前でも審査請求人から執行停止の申立てがあれば、速やかに執行停止するかどうかを決定しなければならない（25条7項）。また、審理員は、必要があると認めるときは、執行停止の意見書を審査庁に提出することができる（40条）。

問題
13
○○○

処分についての審査請求が法定の審査請求期間の経過後にされたものであるときは、審査庁による裁決がなされるまでもなく当該審査請求は無効となる。

問題
14
○○○

行政事件訴訟を主観訴訟と客観訴訟に分類すれば、抗告訴訟は主観訴訟に該当し、当事者訴訟のうち、形式的当事者訴訟は主観訴訟に該当するが、実質的当事者訴訟は客観訴訟に該当する。

問題
15
○○○

処分の執行により生ずる著しい損害を避けるため緊急の必要がある場合でも、当該処分について審査請求を前置することが法律で定められているときは審査請求の裁決を経ないで当該処分の取消訴訟を提起することはできない。

問題
16
○○○

関税定率法に基づく税関長からの輸入禁制品に該当する旨の通知は、これにより個人に対し貨物を適法に輸入することができなくなるという法律上の効果をもたらすことになるので、行政処分に当たる。

問題
17
○○○

自動車運転免許証の更新に当たり、一般運転者として扱われ、「優良運転者」である旨の記載のない免許証を交付されて更新処分を受けた者は、当該更新処分の取消しを求める訴えの利益を有する。

問題
18
○○○

質屋営業法に基づき、近隣に新規の質屋営業が許可された場合、そこから生じる利益は反射的利益にすぎないとまではいえないから、既存業者には当該質屋営業の許可処分の取消しを求める原告適格が認められる。

13 ✕ 処分についての審査請求が法定の期間経過後にされたものであるとき、その他不適法であるときは、審査庁は、<u>裁決</u>で、当該審査請求を<u>却下</u>する（45条1項）。裁決がなされないで、無効となるわけではない。

14 ✕ 行政事件訴訟は、国民の権利利益の保護を目的とする主観訴訟と、客観的な法秩序の維持を目的とする客観訴訟とに分類できる。この分類に従えば、抗告訴訟も当事者訴訟（形式的当事者訴訟、実質的当事者訴訟）も<u>主観訴訟に該当</u>する。

ひっかけ問題

15 ✕ 法律によって審査請求前置主義が採られている場合であっても、処分、処分の執行または手続の続行により生ずる<u>著しい損害</u>を避けるため<u>緊急の必要</u>があるときは、裁決を経ないで、処分の取消しの訴えを提起することができる（8条2項2号）。

16 ◯ 判例は、輸入禁制品に該当する旨の通知は、<u>観念の通知</u>であるが、<u>法律に準拠</u>したものであり、これにより当該貨物を適法に輸入できなくなるからとの理由により、処分性を認めている（最判昭54.12.25）。

17 ◯ 判例は、自動車運転免許証の更新にあたり、「優良運転者」である旨の記載のある免許証（ゴールド免許）を取得できない不利益について、当該更新処分の取消しを求める<u>訴えの利益を有する</u>（最判平21.2.27）、とする。

ひっかけ問題

18 ✕ 判例は、質屋営業法の定める質屋営業の許可制度は、一般公衆の利益を保護するためのものであり、既存業者の利益を保護するためのものではないから、他者への営業許可によって受ける既存業者の営業上の不利益は、単なる<u>反射的利益にすぎない</u>として原告適格を否定している（最判昭34.8.18）。

問題 19 ○○○
地方鉄道法による地方鉄道業者の特別急行料金の改定についての認可処分に対して、路線の周辺に居住し、通勤定期券を購入するなどしてその特別急行列車を利用している者には、料金改定の認可の取消しを求める原告適格が認められる、とするのが判例である。

問題 20 ○○○
史跡を研究の対象としてきた学術研究者は、文化財保護法に基づく史跡の保存・活用から受ける利益を有するから、当該史跡の指定解除処分の取消しを求める原告適格が認められる。

問題 21 ○○○
告示による一括指定の方法でなされた、建築基準法42条2項により同条1項の道路とみなされる道路（いわゆる「2項道路」）としての指定も、抗告訴訟の対象となる行政処分にあたる、とするのが判例である。

問題 22 ○○○
運転免許停止処分がなされた旨の記載のある免許証を所持することにより、名誉・信用の低下による不利益が残る場合には、免許停止処分の効果が消滅した後でも、当該処分の取消しを求める訴えの利益は存在する。

問題 23 ○○○
都市計画法による市街化区域内における開発許可は、開発行為に関する工事が完了し、当該工事の検査済証の交付がされた後においては、開発許可の取消しを求める訴えの利益は失われる。

問題 24 ○○○
出訴期間を設けるか否か、どの程度の長さにするかは立法政策の問題であるから、極めて短期の期間が設定されたとしても憲法32条（裁判を受ける権利）に違反しない。

19 ✕ 判例は、通勤定期券を購入して当該特急を利用している場合で あっても、特急料金の改定の認可処分によって自己の権利利益 を侵害され、または必然的に侵害されるおそれのある者に当た るということができず、認可処分の取消しを求める<u>原告適格を 有しない</u>（近鉄特急料金事件／最判平元.4.13）、とする。

20 ✕ <u>最高裁は、処分により影響を受ける者が特定できない</u>ような被 侵害利益については、原告適格を否定する傾向にある。したがっ て、遺跡を研究する学術研究者について、史跡指定解除処分の 取消しを求める原告適格は否定されている（最判平元.6.20）。

21 ◯ 判例は、いわゆる2項道路の指定は、それが<u>一括指定</u>の方法に よる場合であっても、個別の土地に具体的な私権制限を発生さ せ、個人の権利義務に対して直接影響を与えるから、抗告訴訟 の対象となる<u>行政処分</u>に当たる（最判平14.1.17）、とする。

22 ✕ 自動車運転免許の効力停止処分を受けた者が、停止期間を経過 し、かつ当該処分の日から無違反・無処分で1年を経過したと きには、前歴のない者とみなされるから、当該処分の取消しに よって回復すべき<u>法律上の利益を有しない</u>（最判昭55.11. 25）。

23 ◯ 開発許可は、開発行為を適法に行うことができるという法的効 果を有するにすぎないから、<u>開発工事が完了</u>し、<u>検査済証の交 付</u>もなされた後においては、市街化区域内における開発許可の 取消しを求める法律上の利益は消滅する（最判平5.9.10）。 もっとも、市街化調整区域内における開発行為に関する工事が 完了し検査済証が交付された後における開発許可の取消しを 求める訴えの利益は失われない、とする判例がある（最判平 27.12.14）。

ひっかけ問題
24 ✕ 出訴期間が極めて短いなど、<u>著しく不合理</u>で実質上裁判拒否と 認められるような場合であれば、憲法32条に違反することに なるが、そうでない場合には、憲法32条に違反しない（最判昭 24.5.18）。

問題
25
○○○
処分についての審査請求に対する裁決を経た後に取消訴訟が提起されたとき、裁判所は被告である行政庁に対し、その保有する審査請求に関する記録の提出を求めることができる。

問題
26
○○○
行政庁の処分その他公権力の行使に当たる行為について、行政事件訴訟法では民事保全法に規定する仮処分ができない代わりに、執行停止、仮の義務付けおよび仮の差止めという仮の権利保護制度を設けている。

問題
27
○○○
処分を取り消す判決により権利を害されるおそれのある第三者が、当該訴訟に参加できなかったため、判決に影響を及ぼすような防御ができなかった場合には、その取消判決は当該第三者には効力を及ぼさない。

問題
28
○○○
処分の取消訴訟は、公共の利益の実現を目的として発動される行政処分を対象とする訴訟であるから、原告は、いったん訴えを提起した以上、裁判所の許可なく、当該訴えを取り下げることはできない。

問題
29
○○○
差止訴訟の提起があった場合、当該処分がなされることにより生ずる償うことのできない損害を避けるため緊急の必要があるか、または本案について理由があるとみえるときに限り、裁判所は、申立てにより、決定をもって、仮に行政庁がその処分をしてはならない旨を命ずることができる。

問題
30
○○○
当事者間の法律関係を形成する処分に関する訴訟で、法令の規定によりその法律関係の当事者の一方を被告とするものが提起されたときは、裁判所は、当該処分をした行政庁にその旨を通知しなければならない。

25 ○ 処分についての審査請求に対する裁決を経た後に取消訴訟が提起されたときは、裁判所は<u>釈明処分の特則</u>として、被告である<u>行政庁に対して</u>、保有する審査請求に関する記録の提出を求める処分をすることができる（23条の2第2項）。

26 ○ 行政庁の処分その他公権力の行使に当たる行為については、民事保全法に規定する仮処分をすることができない（44条）。その代わりに<u>仮の権利保護</u>手段として、執行停止（25条）、仮の義務付け・仮の差止め（37条の4）の制度が設けられている。

27 ✕ 取消訴訟の<u>取消判決</u>（認容判決）は<u>第三者</u>に対しても効力を有する（32条1項）ため、第三者は、「第三者の訴訟参加」（22条）や「第三者の再審の訴え」（34条）の制度により救済を求めることができる。

28 ✕ 訴えの取下げについては、行政事件訴訟法上、明文の規定がないが、民事訴訟法（261条1項）の準用により、裁判所の許可を必要とすることなく、<u>訴えの取下げが認められている</u>（7条）。

29 ✕ 仮の差止めができるのは、差止めの訴えの提起があった場合で、「償うことのできない損害を避けるため緊急の必要があり、<u>かつ</u>、本案について理由があるとみえるとき」が<u>積極要件</u>（充たさないといけない）である（37条の5第2項）。また、「公共の福祉に重大な影響を及ぼすおそれがある」ことが<u>消極要件</u>（充たしてはいけない）である（同条3項）。

30 ○ 形式的当事者訴訟（4条前段）が提起された場合、当該処分などをした行政庁に処分に関する資料などが保有されていることが多いことから、かかる<u>行政庁を訴訟に参加させる</u>ために裁判所に通知させることにしている（39条）。

問題
31
○○○

争点訴訟とは、私法上の法律関係に関する訴訟で、行政庁の処分もしくは裁決の存否またはその効力の有無を前提として争われるものであり、行政事件訴訟の一類型（公法上の確認訴訟）であり、行政事件訴訟法に明文化されている。

問題
32
○○○

行政事件訴訟法には、誤った教示をした場合や教示がなされなかった場合の救済措置について、直接定めた規定は設けられていない。

問題
33
○○○

行政庁は、処分の相手方以外の利害関係人から、取消訴訟の被告とすべき者、出訴期間について教示を求められたときには、当該事項を教示しなければならない。

問題
34
○○○

公権力の行使に当たる知事が、故意に違法な職務行為を行ったことによる損害については、都道府県と不法行為者である当該知事が連帯して損害賠償責任を負う。

問題
35
○○○

公立中学校の放課後の課外クラブ活動で、顧問教諭の立ち会いがないときに、生徒どうしの喧嘩により傷害を受けた者は、顧問教諭の監視指導義務違反を理由に損害賠償請求ができる。

問題
36
○○○

国家賠償法は、民法の不法行為法の特別法であり、消防署職員の失火については、失火責任に重過失を要求する「失火責任法」の適用が排除されるから、当該職員に重過失がなくても国家賠償の請求が認められる。

問題
37
○○○

公の営造物の利用者が、設置管理者の通常予測しえない異常な方法で使用したことにより事故が生じた場合であっても、当該設置管理者は、それによる損害賠償責任を免れない。

ひっかけ問題

31 ✕　争点訴訟は、行政事件訴訟法に明文化されている（45条）が、行政事件訴訟の一類型ではなく、処分もしくは裁決の存否または効力の有無が争点とされる民事訴訟である。

32 ○　行政事件訴訟法では、行政不服審査法（22条、55条、83条）と異なり、誤った教示をした場合、教示がなされなかった場合などの救済規定は存在しない。

ひっかけ問題

33 ✕　行政不服審査法（82条2項）とは異なり、処分または裁決の相手方以外の利害関係人が教示を求めても、行政庁は教示の義務を負わない。

34 ✕　国家賠償法上の損害賠償責任は、国または公共団体のみが負うものであり、当該公務員は、行政機関としての地位においても、個人としても、損害賠償責任を負わない（最判昭30.4.19）。

35 ✕　判例は、事故の発生する危険性を具体的に予見できるような特段の事情のある場合は格別、そうでない限り、顧問教諭としては、個々の活動に常時立会い、監視指導すべき義務までを負うものではないとして、国家賠償を認めない（最判昭58.2.18）。

ひっかけ問題

36 ✕　公務員の失火による賠償責任については、国家賠償法4条により失火責任法が適用され、当該公務員に重大な過失のあることが必要であるから、加害公務員に重過失がなければ国家賠償の請求は認められない（最判昭53.7.17）。

37 ✕　当該事故が、公の営造物の設置管理者には通常予測できない行動に起因するものであり、通常の用法に即しない行動の結果生じた事故につき、設置管理者は責任を負わない（最判昭53.7.4）。

2 これで合格

問題 1
○○○

主任の大臣または宮内庁長官の不作為に不服があるときには、当該主任の大臣または宮内庁長官に対して審査請求することができる。

問題 2
○○○

不作為についての審査請求が当該不作為に係る処分についての申請から相当の期間が経過しないうちになされた場合には、当該審査請求は理由がないものとして、審査庁は、裁決で、当該審査請求を棄却する。

問題 3
○○○

裁決は、その内容が審査請求人に口頭で言い渡されることによって効力が発生するが、審査請求人と原処分の相手方とが異なる場合には原処分の相手方が了知しうる状態になった時点で効力が発生する。

問題 4
○○○

法律上、審査請求のできない処分であっても、行政庁が誤って審査請求ができる旨を教示した場合には、教示への信頼は保護されるべきであるから、当該処分に対して適法に審査請求ができる。

問題 5
○○○

審査庁は、審査請求に係る処分が違法または不当である場合には、当該処分の全部または一部を取り消すべきであるから、審査請求を棄却することはできない。

問題 6
○○○

取消訴訟を提起する前に、審査請求に対する判断を経ることが要求されている場合、当該審査請求は適法でなければならないから、審査庁が誤って不適法として却下したときでも、再度、適法な審査請求をしなければ取消訴訟を提起できない。

1 ○ 不作為庁が主任の大臣または宮内庁長官である場合には、不作為庁に上級行政庁がない場合に当たり、当該主任の大臣または宮内庁長官に審査請求ができる（4条1項1号）。

2 ✕ 不作為についての審査請求が当該不作為に係る処分についての申請から相当の期間が経過しないうちになされた場合には、当該審査請求は不適法として、却下裁決がなされる（49条1項）。

3 ✕ 裁決は書面で行われ（50条1項）、審査請求人（原処分の相手方以外の第三者が審査請求をして、取消・撤廃・変更の裁決を受けた場合には原処分の相手方も含む）に送達することによって効力が生じる（51条1項）。

4 ✕ 法律上、審査請求のできない処分につき、行政庁が誤って審査請求ができる旨を教示しても、これによって当該処分に対する審査請求が可能になるものではない。

5 ✕ 処分が違法または不当であっても、審査庁は、諸般の事情を考慮したうえ、処分を取り消すことが公共の福祉に適合しないと認めるときは、裁決で、当該審査請求を棄却できる（事情裁決／45条3項前段）。もっとも、裁決の主文で、当該処分の違法または不当を宣言しなければならない（同条項後段）。

6 ✕ 審査請求前置主義がとられている場合には、まず、適法な審査請求を経る必要がある（8条1項ただし書）が、適法な審査請求を審査庁が誤って不適法として却下した場合には、適法な審査請求を経たものとして、取消訴訟を提起できる（最判昭36.7.21）。

2

ポイントアップ

問題
1
○○○

スポーツ庁長官の処分については、当該スポーツ庁長官には上級行政庁がないので、当該処分に不服のある者は当該スポーツ庁の長官に審査請求ができる。

問題
2
○○○

許可申請に関する行政庁の不作為に対してなされた審査請求に理由があるときは、不作為庁である審査庁は、裁決で、当該不作為が違法または不当であることを宣言するとともに、一定の処分をすべきものと認めるときは、当該申請に対して、当該処分をしなければならない。

問題
3
○○○

審査請求後、裁決がなされないまま標準審理期間が経過すれば、当該不作為状態は違法となるから、当該標準審理期間を経過した後に裁決が下された場合には、その裁決も当然違法となる。

問題
4
○○○

審理員は職権で証拠を収集できるだけでなく、審査請求人の主張および証拠の申し出に拘束されずに職権で証拠となり得る事実を探知し、審理の資料とすることができる。

問題
5
○○○

適法な審査請求または再調査請求がなされたときには、処分庁である審査庁は審査請求に対する裁決がなされるまで、または処分庁は再調査請求に対する決定がなされるまで、当該処分の効力、処分の執行または手続の続行を停止しなければならない。

問題
6
○○○

不服申立人は、裁決または決定があるまでは、いつでも書面で不服申立てを取り下げることができる。取り下げられると、不服申立ては初めからなかったものとみなされる。

1 ○ 処分庁が、各省の外局として置かれる庁の長である場合には、当該処分庁には上級行政庁がないので、当該外局の長に審査請求することができる（4条1号）。スポーツ庁は文部科学省の外局である（国家行政組織法別表第一）。

ひっかけ問題

2 ○ 審査請求に理由があるときは、不作為庁である審査庁は、裁決で、当該不作為が違法または不当であることを宣言するとともに、当該申請に対する一定の処分をすべきものと認めるときは、一定の処分をしなければならない（49条3項2号）。いわゆる「義務付け裁決」である。この「一定の処分」には、申請の認容または拒否が含まれる。

ひっかけ問題

3 ✕ 標準審理期間は、審理期間の目安として定められるものとされており、当該期間内に裁決を行う義務を審査庁に課すものではない。したがって、当該期間の経過は当然に違法とはならない。

4 ○ 審理員には、審査請求人の主張および証拠の申し出に拘束されることなく職権で証拠となり得る事実を探知し、審理の資料とすることができるという、「職権探知主義」も認められている（33条〜36条）。

5 ✕ 行政不服審査法では、執行不停止の原則がとられているから、適法な不服申立て（審査請求、再調査請求、再審査請求）がなされたときであっても、係争処分の効力、処分の執行、手続の続行は停止されない（25条1項、61条、66条）。

6 ○ 不服申立人は、裁決または決定があるまでは、いつでも書面により不服申立て（審査請求、再調査請求、再審査請求）を取り下げることができる（27条、61条、66条）。口頭による取下げは無効である。

2

④地方自治法

よく出る問題

問題 1
○○○

地方自治の本旨に基づいて、地方公共団体の運営を確保するものとして、国に属する司法権を除いて地方公共団体に条例違反に対する刑罰権などの自主司法権も認められている。

問題 2
○○○

政令指定都市は、大都市行政の特殊性から政令で定める人口50万人以上を有する市であり、かつ、一定の面積を有することが要件とされているが、中核市は、人口20万人以上を有することが要件であり、一定の面積は要件とされていない。

問題 3
○○○

条例は、当該地方公共団体の区域内においてのみ適用されるのであって、区域外に適用されることはない。

問題 4
○○○

条例の送付を受けた地方公共団体の長は、再議その他の措置を講ずる必要がないと認めるときには、送付を受けた日から20日以内に当該条例を公布しなければならない。

問題 5
○○○

普通地方公共団体の議会の解散請求や長などの解職請求に必要な法定署名数については、有権者総数が40万人以下の場合にはその3分の1、40万人を超え80万人以下の部分については6分の1、80万人を超える部分については8分の1とされている。

問題 6
○○○

市町村条例の制定または改廃の請求者の代表者は、署名簿を当該市町村の長に提出して、署名・押印した者が選挙人名簿に登録された者であることの証明を求めなければならない。

問題 7
○○○

普通地方公共団体の議会は、議員の定数の過半数以上の議員が出席しなければ、会議を開くことができない。

ひっかけ問題

1 ✕ 地方公共団体に司法権は認められていない。条例違反の罰則については、<u>行政刑罰は国の裁判所</u>によって科されるが、秩序罰は地方公共団体の長が<u>行政処分</u>として科す（255条の3）。

2 ✕ 指定都市は、<u>人口要件のみ</u>であり、面積は要件とされていない（252条の19第1項柱書）。なお、中核市も人口要件のみであり、面積は要件とされていない（252条の22第1項）。

ひっかけ問題

3 ✕ 条例は、当該地方公共団体の区域内のみならず、<u>区域外</u>においても適用される場合がある（例：公の施設の条例など、属人的な効力をもつものがある／244条の3第1項・2項参照）。

4 ○ 条例の送付を受けた長は、実際に再議その他の措置を<u>講じた場合</u>には、送付を受けた日から20日以内に公布する義務を負わない（16条2項ただし書）。

5 ○ 直接請求制度は、住民自治に関する重要な住民の権利であるから、大規模な地方公共団体でも当該制度が有効に機能するように議会の<u>解散</u>・長などの<u>解職請求</u>の法定署名数が緩和されている（76条以下）。

ひっかけ問題

6 ✕ 署名の証明などは、当該市町村の長ではなく、選挙人名簿が備え置かれている<u>市町村の選挙管理委員会</u>に提出する（74条の2第1項前段）。なお、この場合、当該市町村の選挙管理委員会は、その日から20日以内に審査を行い、署名の効力を決定し、その旨を証明する（同条同項後段）。

ひっかけ問題

7 ✕ 議会は、原則として議員定数の「<u>半数以上</u>」の議員が出席すれば、会議を開くことができる（113条本文）。

問題
8
○○○
普通地方公共団体の議会の会議は、議長または議員3人以上の発議により、出席議員の3分の2以上の多数で議決したときは、秘密会を開くことができる。

問題
9
○○○
議会の委員会は、議会の議決すべき事件のうちその部門に属する当該普通地方公共団体の事務（予算を除く）に関するものにつき、議会に議案を提出することができる。

問題
10
○○○
議会の議決すべき事件は地方自治法上列挙されているものに限られるが、法定受託事務を除いて、議決事件を条例により追加することが認められている。

問題
11
○○○
都道府県知事および指定都市の市長は、財務等の事務の管理・執行が法令に適合し、かつ、適性に行われることを確保するため、内部統制に関する方針を定め、必要な体制を整備するよう努めなければならない。

問題
12
○○○
普通地方公共団体は、監査委員に常設または臨時の非常勤の監査専門委員を置くことができる。監査専門委員は、監査委員の委託を受けて、監査委員の権限に属する事務に関し必要な事項を調査する。

問題
13
○○○
臨時会の招集の請求があったときは、当該普通地方公共団体の長は、請求のあった日から2週間以内に臨時会を招集しなければならない。

問題
14
○○○
議長または議員からの適法な臨時会の招集請求を受けても法定の期間内に長が臨時会を招集しないときには、議長が自ら臨時会を招集できる。

問題
15
○○○
普通地方公共団体の議会は、条例で定めれば、定例会および臨時会の代わりに通年の会期とすることができる。

8 ◯ 普通地方公共団体の会議は、<u>原則として公開</u>されるが、例外的に秘密会とすることができる (115条1項)。

9 ◯ 委員会における審議や所管事務の調査の結果として、委員会において条例案などを作成することも想定されることから、予算案を除いて、委員会として議案の提出ができる (109条6項)。なお、この議案の提出は、<u>文書で</u>行う必要がある (同条7項)。

ひっかけ問題

10 ✕ 議会の議決事件については、列挙主義がとられている (96条1項) が、国の安全に関する事務など<u>一定の法定受託事務を除き</u>、議決事件を条例により追加することができる (96条2項)。

11 ✕ 内部統制に関する体制の整備については、<u>都道府県と指定都市は義務</u>づけられており、その他の市町村は努力義務である (150条1項、2項)。また、内部統制に関する方針については、公表されることになっている (同条3項)。

12 ◯ 監査専門委員は、非常勤であり (200条の2第4項)、専門の学識経験を有する者の中から、<u>代表監査委員</u>が他の監査委員の意見を聴いて選任することになる (同2項)。

ひっかけ問題

13 ✕ 議長からの招集請求および議員の定数の4分の1以上の者からの招集請求のいずれの場合においても、長による招集時期が法律上明記され、その日数は請求のあった日から<u>20日以内</u>である (101条4項)。

ひっかけ問題

14 ✕ 議長が臨時会を招集できるのは、自ら長に対して招集請求した場合 (101条5項) であり、<u>議員の招集請求</u>があった場合には、請求した者の<u>申出</u>により、<u>臨時会の招集が義務</u>づけられている (同条6項)。

15 ◯ 普通地方公共団体の議会は、<u>条例で</u>定めれば、定例会および臨時会の代わりに、毎年、条例で定める日から翌年の当該日の前日までを会期 (<u>通年の会期</u>) とすることができる (102条の2)。

2 よく出る問題

問題
16
○○○

都道府県知事の被選挙権資格は、年齢満30歳以上の日本国民であれば有することができるが、市町村長のそれは年齢満25歳以上の日本国民で、かつ、当該市町村に住所を有するものでなければならない。

問題
17
○○○

普通地方公共団体の議会において、長に対して再び不信任の議決を行うときには、議員数の3分の2以上の者が出席し、その過半数の同意がなければならない。

問題
18
○○○

長の補助機関として、都道府県には1人の副知事を、市町村には1人の副市町村長を必ず置かなければならない。

問題
19
○○○

普通地方公共団体には必ず1人の会計管理者を置かなければならず、会計管理者は当該普通地方公共団体の長が、補助機関である職員の中から選任する。

問題
20
○○○

監査委員は、普通地方公共団体の長が、議会の同意を得て、人格が高潔で、普通地方公共団体の財務管理、事業の経営管理その他行政運営に関し優れた識見を有する者および議員のうちから、選任する。

問題
21
○○○

普通地方公共団体の監査委員は、その合議により監査基準を定めなければならず、当該監査基準を定めたときは、直ちに当該普通地方公共団体の長などに通知するとともに、公表するよう努めなければならない。

問題
22
○○○

都道府県、政令指定都市、中核市および広域連合は地方自治法に基づき、毎会計年度、議会の議決を経て包括外部監査契約を締結しなければならないが、一般の市町村の場合には、包括外部監査契約の締結は任意である。

問題
23
○○○

都道府県および市町村は、政令の定めるところにより、金融機関を指定して、公金の収納または支払の事務を取り扱わせなければならない。

16 ✕ 都道府県知事および市町村長とも、被選挙権資格に<u>住所要件は必要とされていない</u>（19条2項、3項、公選法10条）。

17 ◯ 議会で長の不信任議決を行ったが、議会が解散され、解散後初めて招集された議会で、<u>再び不信任議決</u>を行う場合には、議員数の3分の2以上の者が出席し、その過半数の同意で足りる（178条3項）。

ひっかけ問題

18 ✕ 原則として都道府県には副知事を、市町村には副市町村長を置くことになっているが、<u>条例</u>でこれを置かないことができるし、その<u>定数は条例で</u>定める（161条）。

19 ◯ 会計管理者は、補助機関である職員の中から当該普通地方公共団体の長によって選任される<u>一般職</u>の公務員である（168条）。

20 ◯ 監査委員は、<u>識見委員</u>と<u>議員委員</u>から構成されるから、少なくとも2人以上在任する（195条2項）ことになるが、複数人在任していても<u>独任制</u>である。なお、<u>条例</u>で定めれば、議員の中から監査委員を選任しないことができる（196条1項ただし書）。

21 ✕ 監査基準の公表は<u>行為義務</u>である（198条の4第3項）。総務大臣には、普通地方公共団体に対し、監査基準の策定、変更について指針を示すとともに、必要な助言を行うことが義務づけられている（同条の4第5項）。

22 ✕ 都道府県、政令指定都市および中核市は、包括外部監査契約の締結が<u>義務づけ</u>られている（252条の36第1項1号、2号）。それ以外の一般の市町村は<u>条例</u>で定めた場合には、包括外部監査契約を締結できる（同条の36第2項）。一部事務組合や広域連合は、一般の市町村とみなされている（252条の45）。

ひっかけ問題

23 ✕ 都道府県は、政令の定めるところにより、金融機関を指定して、公金の収納又は支払の事務を取り扱わせる必要がある。これに対して<u>市町村</u>は、金融機関を指定するのは<u>任意</u>である（235条）。

問題
24

普通地方公共団体は、地方財政法などの法律で定める場合には、条例の定めがあれば、地方債を起こすことができる。

問題
25

住民監査請求の対象となるのは、当該普通地方公共団体の長または委員会などが、違法または不当な公金の賦課徴収をした場合に限られ、財産の管理を怠る事実があるにすぎない場合は除かれる。

問題
26

普通地方公共団体は、公の施設の設置の目的を効果的に達成するため必要があると認めるときは、条例の定めるところにより、法人および個人であって当該普通地方公共団体が指定するもの（指定管理者）に、当該公の施設の管理を行わせることができる。

問題
27

普通地方公共団体は、条例で定める重要な公の施設のうち条例で定める特に重要な施設を廃止し、または条例で定める長期かつ独占的な利用をさせようとするときは、議会において出席議員の3分の2以上の者の同意を得なければならない。

問題
28

指定都市は、当該行政区の中に、市長の権限に属する事務のうち主としてその区域内に関する事務を処理させるため、条例で、総合区を設け、総合区長を置くことができる。

問題
29

市町村長の認可を受けた地縁団体（認可地縁団体）は、正当な理由がない限り、その区域に住所を有する個人の加入を拒んではならない。

問題
30

地縁団体の認可を与えた市町村長は、当該団体が地域的な共同活動を行っていないなどその成立要件を欠くこととなったときは、その認可を取り消すことができる。

問題
31

普通地方公共団体の議会は、議事機関として地方自治法の定めるところにより当該普通地方公共団体の重要な意思決定に関する事件の議決権を有するだけであり、地方自治法上それ以外の権限は認められていない。

24 ✕ 地方債は、「条例」ではなく「予算」の定めるところにより起債することができる（230条1項）。この場合、地方債の起債の目的、限度額、起債の方法、利率および償還の方法は、予算で定める（同条2項）。

25 ✕ 住民監査請求の対象となるのは、当該普通地方公共団体の長または委員会などの違法または不当な財務会計上の行為に限られず、怠る事実がある場合も含まれる（242条1項）。

26 ✕ 普通地方公共団体は、公共団体や公共的団体などに限らず、民間事業者をも管理者に指定することはできるが、個人を管理者に指定することはできない（244条の2第3項）。

27 ◯ 公の施設を設置する場合は、条例による（244条の2第1項）から、廃止するときには当該公の施設設置条例を廃止しなければならないはずである。しかし、条例で定める重要な公の施設のうち、条例で定める特に重要な施設については、特別な手続を必要としている（同条2項）。

28 ✕ 総合区は、条例で、指定都市の行政区に代えて、設置される（252条の20の2第1項）。総合区に置かれる総合区長は、議会の同意を得て、市長により選任される（同条4項）。

29 ◯ いわゆる認可地縁団体は、個人単位の加入を前提とする団体である（260条の2第7項）。なお、認可地縁団体は、特定の政党のために利用することは許されない（同条9項）。

30 ◯ 認可地縁団体が認可のための要件を欠くことになったり、不正な手段で認可を受けたような場合には、市町村長により当該認可が取り消されることがある（260条の2第14項）。

31 ✕ 89条2項は、議会の権限を確認的、総則的に規定するものであり、議会が有する代表的な権限として、地方自治法上、「議決」(96条)のほか、「検査」(98条)、「調査」(100条)が認められている。

2 しっかり基礎

問題
1
○○○
一定の一部事務組合には、当該組合独自の議会を設置することなく、規約で定めれば、当該組合の構成団体の議会が直接一部事務組合の議案を調査審議する組織形態（特例一部事務組合）が認められている。

問題
2
○○○
地方公共団体は、法律が規制している事項については、法律の規制とは別の目的であっても、条例で同一の事項に対して規制することはできない。

問題
3
○○○
甲市が市営プールの使用料を値上げする条例を制定・施行した場合、甲市の有権者は、その総数の50分の1以上の者の署名を集めて、その代表者から、甲市長に対し、当該条例の改正を請求することができる。

問題
4
○○○
普通地方公共団体の議会の議員は、議員の定数の12分の1以上の者の賛成があれば、議会の議決すべき事件につき、議会に議案を提出することができる。

問題
5
○○○
特別委員会は、議会の議決で付議された特定の事件については、議会の閉会中であっても審査できるが、常任委員会にはこのような権限は認められていない。

問題
6
○○○
議会は、当該普通地方公共団体の事務であれば、自治事務または法定受託事務のすべてについて調査を行い、選挙人その他の関係人の出頭、証言または記録の提出を請求することができる。

1 ○ いわゆる複合的一部事務組合（285条）など一定の一部事務組合を除いて、民主的統制の確保と組織についての簡素効率化を図ることを目的として、特例一部事務組合を選択することが認められている（287条の2）。

2 × 特定事項を規律する法令と条例が並存する場合でも、条例の制定が法令とは別の目的に基づくものであり、条例の適用によって法令の規定する目的と効果が阻害されないときは、条例で当該事項を規制することができる（徳島市公安条例事件／最判昭50.9.10）。

ひっかけ問題

3 × 条例の制定改廃請求では、地方税の賦課徴収ならびに分担金、使用料および手数料の徴収に関するものは除かれている（74条1項）。使用料を値上げした条例の改正を請求することはできない。

ひっかけ問題

4 × 普通地方公共団体の議会の議員は議会の議決すべき事件につき、議員の定数の12分の1以上の者の賛成を得て、議案を提出することができるが、予算については議会に議案を提出することはできない（112条1項ただし書、同条2項）。

5 × 常任委員会も議会の議決で付議された特定の事件については、議会の閉会中でも審査できる（109条8項）。

6 × 調査権の対象となる事項は「当該普通地方公共団体の事務」であるが、検査権、監査請求権と同様、議会の権限が及ばない事務がある（100条1項かっこ書）。

問題
7
○○○
普通地方公共団体は、条例の定めるところにより、その議会の議員の調査研究に資するため必要な経費の一部として、その議会における会派に対してのみ、政務活動費を交付することができる。

問題
8
○○○
普通地方公共団体の長は、議会の議決について異議があるときは、これを再議に付すことができるが、緊急の場合には再議に付すに際して理由を示さなくてもよい。

問題
9
○○○
普通地方公共団体の長が、条例の制定または改廃に関する議決について再議に付した場合、その再議の結果、議会が出席議員の3分の2以上の者の賛成により同一内容の議決をしたときは、この議決は確定する。

問題
10
○○○
普通地方公共団体の議会が成立しない場合、当該普通地方公共団体の長は、その議決すべき事件（同意を要する事項も含む）を長みずからの判断で決定することができる。

問題
11
○○○
普通地方公共団体の議会の権限に属する軽易な事項で、その議決により特に指定したものは、普通地方公共団体の議長が単独で決定することができる。

問題
12
○○○
普通地方公共団体は、普通地方公共団体の長の権限に属する事務を分掌させ、および地域の住民の意見を反映させつつこれを処理するため、条例で、その区域を分けて定める区域ごとに、地域自治区を設けることができる。

7 ✕ 政務活動費は、会派だけでなく<u>議員にも</u>交付することができる（100条14項前段）。なお、政務活動費を交付する場合は、当該政務活動費の交付の対象、金額および交付の方法を<u>条例で</u>定める必要がある（同項後段）。

8 ✕ 再議に付すには、異議ある議会の議決の日（条例の制定改廃または予算に関する議決の場合には、その送付を受けた日）から<u>10日以内に理由</u>を示さなければならない（176条1項）。

9 〇 通常の議決は、過半数議決が原則とされているが、条例の制定もしくは改廃または予算の議決に関する再議の場合は、<u>出席議員の3分の2以上</u>の同意という特別多数決を必要としている（176条3項）。

10 ✕ 議会が成立しないような場合、原則として、長は議会の議決すべき事件を処分できるが、<u>副知事または副市町村長の選任</u>に関する議会の<u>同意</u>については専決処分ができない（179条1項）。

11 ✕ 議会の委任による専決処分をすることができるのは、普通地方公共団体の<u>長</u>である（180条1項）。かかる処分をした長は、議会に<u>報告する義務</u>を負う（同条2項）。

12 ✕ 地域自治区を設置できるのは、「普通地方公共団体」ではなく、「<u>市町村</u>」である（202条の4第1項）。

問題
13
○○○

地域自治区は、当該区域内の一定の行政を処理するための組織などを備え、かつ、法人格を有する行政区である。地域自治区に置かれる事務所の長は、当該区域内の住民の選挙によって選任される。

問題
14
○○○

普通地方公共団体の長は、議会の議決を要すべき案件があらたに予算を伴うものであれば、必要な予算上の措置が適確に講ぜられる見込みが得られるまでの間は、当該案件を議会に提出してはならない。

問題
15
○○○

いわゆる4号訴訟（住民訴訟の一形態）において、勝訴判決が確定し、普通地方公共団体の長が損害賠償を命じた場合、期限までに損害賠償金が支払われないときは、当該普通地方公共団体の長は、議会の議決を経て支払請求訴訟を提起しなければならない。

問題
16
○○○

都道府県の執行機関が市町村に是正の勧告をする場合には、市町村の自治事務の処理が法令の規定に違反しているとき、または著しく適正を欠き、かつ、明らかに公益を害しているときに、各大臣の指示を受けて行うことになる。

問題
17
○○○

普通地方公共団体が行う自治事務の処理に関して、国または都道府県が関与する場合のうち、国の行政機関が行う関与に関する審査の申出があったとき、自治紛争処理委員は地方自治法の規定によりその権限に属させられた事項を処理する。

問題
18
○○○

各大臣は、市町村長の法定受託事務の管理執行が法令の規定に違反する場合に、他の方法により是正を図ることが困難で、かつ、放置することにより著しく公益を害することが明らかなときに、当該事務を代執行することができる。

13 ✕ 地域自治区は、「合併特例区」（市町村合併特例法27条）とは異なり法人格は有しない。地域自治区の事務所の長は、当該普通地方公共団体の長の補助機関である職員から選任される（202条の4第3項）。

14 ◯ 議案の提案権は、当該普通地方公共団体の長にある（149条1号）が、長が条例案その他の案件を議会に提出しようとする場合には、本肢のような自己規制が課せられている（222条1項）。

15 ✕ 4号訴訟において、長が賠償を命じた場合、期限までに、当該損害賠償金が支払われないときは訴訟の提起が必要であるが、当該訴訟を提起するには、議会の議決は不要である（242条の3第2項、3項）。

16 ✕ 都道府県の執行機関が市町村に対して自治事務の処理などに対して是正の勧告をする場合、各大臣の指示を受けることは必要とされていない（245条の6）。

17 ✕ 国の行政機関が行うものに関する審査の申出につき、地方自治法の規定によりその権限に属させられた事項を処理する機関は、「国地方係争処理委員会」である（250条の7第2項）。

ひっかけ問題

18 ✕ 市町村長の法定受託事務に対する代執行は、都道府県知事が行い、各大臣は、市町村長の第一号法定受託事務の管理または執行についての代執行の措置に関し、都道府県知事に対し、必要な指示をすることができるにとどまる（245条の8第12項、13項）。

問題
19
○○○

指定都市の行政区には、選挙管理委員会や区地域協議会が設置されるが、総合区にも、選挙管理委員会や区地域協議会が設置される。

問題
20
○○○

都道府県知事もしくは都道府県の議会の議長などの全国的連合組織は、地方自治に影響を及ぼす法律または政令その他の事項に関し、直接内閣に対し意見を申し出、または国会に意見書を提出することができる。

問題
21
○○○

普通地方公共団体の長が当該普通地方公共団体に損害賠償責任を負う場合、その職務を行うことにつき善意でかつ重大な過失がなければ、長が当該普通地方公共団体に対して損害賠償責任を負う額から、条例で定める額を控除して得た額について免責させる条例を制定することができる。

問題
22
○○○

普通地方公共団体の議会は、住民監査請求がなされた後に、当該監査請求に係る行為または怠る事実に関する損害賠償請求権を放棄する議決をする場合には、あらかじめ監査委員の意見を聴かなければならない。

問題
23
○○○

普通地方公共団体の議会に請願しようとする者は、議員の紹介を得て請願書（書面）を提出しなければならず、これをオンラインの方法によってすることはできない。

問題
24
○○○

指定都市と当該指定都市を包括する都道府県（包括都道府県）は、指定都市と包括都道府県の事務の処理について連絡調整を行うために必要な協議をする「指定都市都道府県調整会議」を設置しなければならない。

問題
25
○○○

大臣は、自らの担任事務に関し普通地方公共団体に対し新たに負担を義務付ける施策の立案をしようとする場合、全国的連合組織が内閣に対して意見を申し出ることができるよう、当該連合組織に当該施策の内容となるべき事項を知らせるために適切な措置を講ずる義務を負う。

19 ◯ 行政区には、選挙管理委員会（252条の20第5項）や区地域協議会（同条7項前段）が設置される。これと同じように、<u>総合区</u>にも、選挙管理委員会（252条の20の2第11項）や区地域協議会が設置される（同条13項）。

20 ✕ 全国知事会、議長などの連合組織（地方六団体）が内閣に対して意見を申し出る場合には、<u>総務大臣を経由</u>しなければならない（263条の3第2項）。

21 ◯ 本肢の免責条例の対象は、長だけでなく、委員会の委員や賠償命令（243条の2の2）の対象となっていない職員などにも適用がある（243条の2第1項）。議会が本肢の条例の制定改廃の議決をする場合には、<u>監査委員の意見</u>を聴かなければならない（同条の2第2項）。

22 ◯ 本肢が認める監査委員への意見聴取（242条10項）は、債権放棄の判断の客観性や合理性を担保する趣旨のものであるが、議会は<u>監査委員の意見に拘束されない</u>と解されている。

23 ✕ <u>オンラインの方法</u>によって請願することができる（138条の2第1項）ばかりでなく、従来のように「請願書」を提出してする方法も認められている（124条）。

24 ◯ いわゆる二重行政を解消するために、指定都市と当該指定都市を包括する都道府県（「包括都道府県」という）は、双方の事務の処理について連絡調整を行うために必要な協議をする「<u>指定都市都道府県調整会議</u>」を設置しなければならない（252条の21の2）。

25 ◯ 全国的連合組織が<u>事前に</u>法律案等の内容を知り得ることを制度的に担保しようとするものである（263条の3第5項）。この「情報提供制度」は、従来から全国的連合組織の意見申出の制度が設けられている（263条の3第2項）ことをふまえたものである。

2 これで合格

問題
1
○○○

二つ以上の都道府県を廃止する場合およびそれらの区域の全部による一つの都道府県の設置は、関係都道府県の申請に基づき、総務大臣が国会の承認を経てこれを定めることができる。

問題
2
○○○

理事会が置かれる広域連合の理事は、政令で特別の定めをするものを除いて、広域連合の規約で定めるところにより、広域連合の住民の直接選挙によりまたは広域連合を組織する地方公共団体の長の間接選挙によって選ばれる。

問題
3
○○○

地方公共団体の長は、国から委託された、いわゆる第一号法定受託事務の管理執行に関しては、国内の事務処理の統一性の確保という観点から主務大臣などの指揮監督を受ける。

問題
4
○○○

普通地方公共団体の議会の議決が、非常災害による応急もしくは復旧の施設のために必要な経費を減額したときは、その経費およびこれに伴う収入について、当該普通地方公共団体の長は、理由を示してこれを再議に付すことができる。

問題
5
○○○

条例・予算に関する専決処分に対し、当該議会が承認しなかったときには、当該地方公共団体の長は、当該処分に関して必要と認める措置を講じて、議会に報告する義務を負う。

問題
6
○○○

住民監査請求にかかる個別外部監査の請求があった場合、監査委員は必ず個別外部監査契約に基づく監査によることを決定しなければならない。

問題
7
○○○

普通地方公共団体は、予算で定めれば、パートタイムの会計年度任用職員に対して、期末手当又は勤勉手当を支給することができるが、その金額及び支給方法は条例で定めなければならない。

ひっかけ問題

1 ✕ 関係都道府県の申請は、関係都道府県の議会の議決を経た後、総務大臣を経由して行われるが、国会の承認を経て定めるのは「内閣」である（6条の2第1項、2項、3項）。

2 ◯ 広域連合には、独任制の長に代えて合議制の理事会を置くことができる（291条の2第4項）ことから、理事会の理事は、広域連合に長を置く場合と同じ方法で選任される（291条の5第2項）。

ひっかけ問題

3 ✕ かつての機関委任事務とは異なり、第一号法定受託事務の処理の場合であっても、地方公共団体の長は主務大臣等の指揮監督を受けることはない（245条以下参照）。

4 ✕ 普通地方公共団体の議会の議決が、非常災害による応急若しくは復旧の施設のために必要な経費を減額したときは、その経費およびこれに伴う収入について、当該普通地方公共団体の長は、理由を示して再議に付さなければならない（177条1項）。

5 ◯ 議会が長の専決処分を承認しなかった場合でも処分の効力には影響はないが、条例と予算の議決は議会の最も基本的な権限であるから、権限配分のバランス上、長に必要と認める措置を講じ、議会に報告する義務を負わせている（179条4項）。

6 ✕ 監査委員は、監査委員の監査に代えて個別外部監査契約に基づく監査によることが相当であると認めるときは、個別外部監査契約に基づく監査によることを決定する（252条の43第2項）。

7 ✕ 普通地方公共団体は、条例で定めればパートタイムの会計年度任用職員（地方公務員法22条の2第1項第1号）に対して、期末手当に加えて勤勉手当を支給できる（203条の2第4項）。また、その金額及び支給方法は条例で定めなければならない（同条第5項）。

ポイントアップ

問題
1
○○○

議会招集の告示をした後、当該招集に係る開会の日に会議を開くことが災害により困難であると認めるときは、当該告示をした者は、当該招集に係る開会の日の変更をすることができる。

問題
2
○○○

議会の解散の請求は、当該地方公共団体の議会の議員の一般選挙または国会議員の選挙のあった日から1年間は行うことができない。

問題
3
○○○

議会の議決が必要とされる普通地方公共団体の長の行為について、議会の議決を経ていない場合でも、議会は長の行為を取り消すことができない。

問題
4
○○○

住民監査請求は、法律上の行為能力を有する者であれば、他の普通地方公共団体の住民であっても、単独で行うことができる。

問題
5
○○○

普通地方公共団体の長は、公金の徴収若しくは収納または支出に関する事務を適切かつ確実に遂行することができる者として政令で定める者のうち条例の定めるところにより指定する者に公金事務を委託することができる。

問題
6
○○○

認可地縁団体は、同一市町村内の他の認可地縁団体と合併することができるが、合併しようとするときは、総会の決議が必要であり、当該総会の同意がなければ合併は無効となる。

ひっかけ問題

1 ○ 議会招集の告示後、「やむを得ない事由」が発生したときも開会の日を変更できる（101条8項）。変更する場合には変更後の開会の日及び変更の理由を告示しなければならない（同項後段）。

ひっかけ問題

2 × 議会の解散の請求ができないのは、当該地方公共団体の議会の議員の一般選挙から1年間、議会の解散の投票のあった日から1年間である（79条）。国会議員の選挙のあった日から1年間という制限はない。

3 ○ 議決を要する事件について議会の議決を経ずに長が事務執行をした場合、その行為は無効となる（最判昭35.7.1）から、議会の取消しは問題とならない。

4 × 住民監査請求ができる者は、当該普通地方公共団体の住民に限られる。法律上の行為能力を有する、当該普通地方公共団体の住民であれば、単独で監査請求ができる（242条1項参照）。

5 × 公金事務を適切かつ確実に遂行することができる者は、政令で定める者のうち総務省令の定めるところにより指定する者である（238条の2第1項）。受託者の例としては、コンビニエンスストア、スマホアプリ決済事業者等が想定されている。

6 × 認可地縁団体は総会の決議を得れば、同一市町村内の他の認可地縁団体と合併することができる（260条の38、同39）が、市町村長の認可を受けなければ効力を生じない（260条の39第3項）。

わかった問題は、復習するな！

02 行政法

誰が言ったのか、受験界には、「復習という名のムダ」という言葉がある。

行政不服審査法の改正、行政手続法の改正、地方自治法の改正と改正点も目白押し。

学習範囲は広いのだから、完璧に解けた問題などいくら復習しても時間のムダ。

限られた時間しかない。徹底してムダを省け！

3

民法

イメージ、想像力が決め手！

「民法は大人の学問」といわれます。未成年者お断りっていうんじゃありません。社会経験の多さが理解の助けとなるわけです。条文や判例を読む際、どのような場面のことなのか具体的なイメージ・想像力をふくらませます。問題を解く場合も同じです。場面を想像しながら問題を解きまくりましょう。明日から、あなたは民法が得意になるはずです。

■目標点数は48点（満点76点）

学習の
ポイント

民法は、民法総則・物権・債権総論・債権各論・家族法までの5分野から、5肢択一式9問、記述式2問が出題されます。いずれも条文・判例を中心とした問題です。全体的に普通レベルの問題ですが、条文の「要件・効果」を細かく聞いてきます。

設例問題は場面を考えよう

民法の問題は、判例の問題も含めて、条文の応用を試す「設例形式」の出題です。いきおい、問題文も長いですから、場面を図示しながら選択肢を読んでいくことが必要です。

要件（条件文）、効果（述語）をおさえよう

具体的な学習は、「憲法」で説明したことと同じですが、とくに民法の条文は「要件・効果」で構成されていますから、それらをしっかりおさえます。「記述式」では、「要件・効果」を記述させる問題が中心ですから、「要件・効果論」の学習が効果的です。

1 出題者の意図は？

　試験研究センターの出題方針を受けて、民法の出題では、たんに制度の内容に関する知識や条文知識、判例知識の量や正確さだけを求める問題ではなく、むしろ、民法の規定を適用して紛争を解決する能力があるかどうか、事例問題を中心とした出題がなされます。

2 間違える理由を知ろう！

　「間違いの理由、原因」や勉強方法は、本文27ページの「憲法」での解説と同じですので省略しますが、ここでは以下の点に注意してください。

1 注意すべき箇所など

重要な概念	法律行為	間違いやすい点	瑕疵ある意思表示と意思の欠如（不存在）
	無効と取消し		
	即時取得		無権代理と相続
	物上代位		質権と留置権の異同
	法定地上権		付遅滞の時期と消滅時効の起算点
	解除		
	契約不適合責任		保証債務と連帯保証
	解約手付		同時履行の抗弁権と留置権
	定型約款		使用貸借と賃貸借
			認知準正と婚姻準正

・市民生活の一般ルールである民法の各規定は、どのような紛争を解決するためにあるのか、また、このルールがなかったらどうなるのか、迷ったら、自分自身におきかえて考えてみる。

・概念や制度は、「要件と効果」に着目し、図表なども作成し、ノートにまとめておく。

・他の法律科目（憲法、行政法、商法、基礎法学）で学習する知識をフル活用する。

3 ひっかけ問題に注意！

　そもそも「ひっかけ問題」って、どこで受験生の皆さんをひっかけてくるかというと、民法の問題であれば、制度の内容、要件・効果であったり、条文の文言であったり、判例の結論であったりするわけです。もちろん、制度の理解や条文の文言や判旨を丁寧に読んで整理しておけば、何の問題もないわけですが、出題者はどのあたりで「ひっかけ」てくるのかを意識しておいたほうが合理的に学習をすることができます。

ひっかけどころ	ひっかけるやり方	正　解	ひっかける…と
制度の内容	類似の制度名を出題	法律行為	準法律行為
条文の文言	主語を変える	質権者は	留置権者は～
	要件を変える	善意無過失	善意
		10年以内に	5年以内に
	効果を変える	主張できる	主張できない
判例の文言	判旨の結論を変える	対抗できる	対抗できない

4 やまかけポイントはここ！

5分野・1050条からまんべんなく出題されますが、やまをかけるっていうなら、意思表示に関する問題（意思の欠如［不存在］とか瑕疵ある意思表示など）、漠然とした宝のヤマふうですが、ズバリ「財産法」（物権法と債権法）です。

具体的には、物権法では、不動産物権変動と対抗問題、物上代位、法定地上権が認められる場合を整理し、債権法では過失相殺（債務不履行と不法行為）、多数当事者の債権関係（特に、連帯債務と保証債務）、他人の労力を利用する契約（特に、委任と請負）の異同を整理しておきましょう。

なお、改正部分にも注意が必要です。すなわち、令和3年改正（相隣関係、共有等）、令和4年改正（嫡出推定規定の見直し、認知制度の見直し等、多岐にわたる）の改正部分の条文は、新設規定を含めて、新旧の条文を比較するのが理解の一助になるでしょう。

5 捨て問はこれだ！

はっきりいって、本書には「捨て問」はありません。ただ、限られた学習時間の中で、時間をうまく使って学習していくためには、本書の「ポイントアップ」の問題は「捨て問」と考えてよいでしょう。

さらにいえば、個人差、好き嫌いもあるでしょうが、「根抵当」（債権でいえば、「根保証」）の問題など捨て問にしてよいです。

具体的には、以下の問題が該当するでしょう。

分　野	民法総則	物権法	債権法	家族法
ポイントアップ問題番号	(8)、(9)※	4	1	3

※（ ）内は電子書籍版のみに掲載した問題番号です。

3 ①民法総則
よく出る問題

問題 1
○○○
信義誠実の原則は、債権法の領域に適用されるものであるから、権利の行使、義務の履行だけでなく、契約の趣旨を解釈する基準となる。

問題 2
○○○
未成年者は、もっぱら権利を取得するだけか、義務を免れるだけの法律行為を除き、法定代理人の同意がなければ法律行為ができず、同意を得ずに行った法律行為は無効となる。

問題 3
○○○
未成年者が法定代理人の同意なしに締結した契約は、その法定代理人だけが取り消せるのであり、未成年者は意思能力を有していてもその契約を単独で取り消すことができない。

問題 4
○○○
成年被後見人が単独で行った財産上の法律行為は、日用品の購入その他日常生活に関する法律行為であっても、すべて取り消すことができる。

問題 5
○○○
成年被後見人と契約を締結した相手方は、成年後見人に対し、1か月の期間を定めて当該契約を追認するか否かを催告したが、確答を得られなかった場合、成年被後見人の契約は追認したものとみなされる。

問題 6
○○○
保佐人の同意を得ないで、被保佐人が成年被後見人の法定代理人として相続の承認をした場合には、保佐人は当該相続の承認を取り消すことができない。

問題 7
○○○
Aは被保佐人Bとの間で、Bの所有する土地を購入する契約を締結したので、1か月の期間を定めて、Bに対して保佐人の追認を得るよう催告したが、Bから追認を得た旨の通知がなされなかった。この場合、当該契約は追認されたものとみなされる。

1 ○ 判例は、信義誠実の原則は、ひろく<u>債権法の領域に適用</u>されるものであって、ひとり権利の行使、義務の履行についてのみならず、当事者のした契約の趣旨を解釈するにもその基準となるべきものである (最判昭32.7.5)、とする。

2 × 未成年者が法定代理人の同意を得ずに、単独で法律行為を行った場合の効果は、無効となるのではなく、<u>取り消す</u>ことのできる行為となる (5条)。

3 × **ひっかけ問題**
未成年者の法律行為を取り消すことができる者は、未成年者本人またはその代理人、承継人である (120条1項)。したがって、未成年者も<u>意思能力があれば</u>単独で取り消すことができる。

4 × 成年被後見人の財産上の法律行為は、取り消すことができるが、日用品の購入その他<u>日常生活に関する法律行為</u>については、取り消すことはできない (9条)。

5 ○ 制限行為能力者の契約の相手方が、その法定代理人に対し、制限行為能力者の行為を追認するか否かの催告をしたが、確答がなされなかったときは、制限行為能力者の行為を<u>追認した</u>ものとみなされる (20条2項)。

6 × 被保佐人が<u>制限行為能力者の法定代理人</u>として、13条1項各号の行為をした場合には、保佐人は当該代理行為を取り消すことができる (13条1項10号)。

7 × **ひっかけ問題**
被保佐人と契約した相手方は、被保佐人に対して、一定の期間内に保佐人の追認を得るよう催告をすることができる (20条4項前段)。この場合、被保佐人がその期間内に保佐人の追認を得た旨の通知を発しないときは、当該契約は「<u>取り消した</u>」ものとみなされる (同項後段)。

問題
8
○○○

失踪の宣告がなされた後、失踪宣告の取消し前になされた法律行為の効果は、当事者の善意・悪意にかかわらず失踪宣告の取消しによって影響を受けない。

問題
9
○○○

同じ所有者に属する独立の物のうち、一方が他方の経済的効用を助ける物を従物といい、助けられる物を主物という。主物を売れば、従物の所有権も移転することになる。

問題
10
○○○

表意者が真意でないことを知りながらする意思表示は、意思と表示とが一致していないから原則として無効であるが、相手方が真意でないことを知っているときは有効である。

問題
11
○○○

A所有の土地がAの意思によってB名義に登記され、その後、Bから悪意のCに譲渡され、さらに善意のDに転売された場合、DはAとの関係では善意の第三者として保護され、当該土地の所有権を取得する。

問題
12
○○○

錯誤による意思表示の取消しの主張が認められるのは、民法の規定上、相手方が表意者の錯誤を知っていた場合または知らなかったことにつき重過失があった場合に限られる。

問題
13
○○○

表意者が真意でないことを知りながらした意思表示の無効と、表意者の錯誤による意思表示の取消しは、いずれも善意でかつ過失のない第三者には対抗することができない。

問題
14
○○○

AがBの詐欺によって、A所有の不動産をBに売却し、Bが善意の第三者Cにこれを転売した場合、AがBの詐欺を理由に契約を取り消したときは、AB間の売買は無効となり、AはCに対してもその無効を主張することができる。

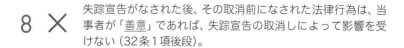

8 ✕ 失踪宣告がなされた後、その取消前になされた法律行為は、当事者が「善意」であれば、失踪宣告の取消しによって影響を受けない（32条1項後段）。

9 ◯ 物の所有者が、その物の常用に供するため、<u>自己の所有に属する他の物</u>をこれに付属させたときは、その付属させた物を従物という（87条1項）。従物は、主物の処分に従う（同条2項）。

10 ✕ 表意者が真意でないことを知りながらする意思表示（心裡留保）は<u>原則として有効</u>であり（93条1項本文）、相手方が真意でないことを知っている場合は、無効である（93条1項ただし書）。

11 ◯ 悪意の第三者Cからの<u>転得者</u>Dが善意であれば、Dは94条2項にいう善意の<u>第三者</u>に当たる（最判昭45.7.24）。よって、DはAとの関係では善意の第三者として保護され、当該不動産の所有権を取得する。

ひっかけ問題

12 ✕ 表意者に重過失があっても、<u>相手方にも重過失</u>がある場合に限らず、相手方も表意者と<u>同一の錯誤</u>に陥っていた場合にも、相手方を保護する必要が低いので表意者の錯誤による取消しが認められる（95条3項1号2号）。

13 ✕ 心裡留保の場合は、表意者の帰責性が大きいため、<u>第三者は善意</u>であれば保護される（93条2項）が、錯誤の場合には、<u>善意無過失の第三者</u>が保護される（95条4項）。

14 ✕ 詐欺による取消しは、<u>善意無過失の第三者に対抗できない</u>（96条3項）。この場合の第三者とは取消しの遡及効により影響を受ける取消前の第三者に限るとされる（大判昭17.9.30）から、AはBとの売買契約を取り消しても、その無効をCに主張できない。

問題 15 ○○○

代理人が顕名をせずに行った意思表示の効果は、原則として代理人自身に生じるが、顕名がない場合であっても、相手方が悪意または有過失の場合は、本人に効果が帰属する。

問題 16 ○○○

Bは代理権がないのに、Aの代理人としてCとAの土地の売買契約を締結した場合、AがCに対して、Bの無権代理行為を追認すれば、CがBに代理権がないことを知っていたとしても、当該売買契約は遡及的に有効となる。

問題 17 ○○○

無権代理人と契約した相手方は、当該無権代理人に代理権のないことを知らなかったときに限り、相当の期間を定め、当該期間内に追認するかどうか確答することを本人に対して催告できる。

問題 18 ○○○

Bは代理権がないにもかかわらず、Aの代理人としてAの所有する土地をCに売却した後、Bが死亡し、AがBを単独で相続した場合、Aは売買契約の追認を拒絶できる。

問題 19 ○○○

Bは代理権がないにもかかわらず、Aの代理人としてAの所有する土地をCに売却した後、Aが死亡し、BがAを単独で相続した場合、Bは売買契約の追認を拒絶できる。

問題 20 ○○○

無権代理の相手方は表見代理が成立する場合でも、表見代理の主張をするかどうかは自由であるから、無権代理の相手方は、表見代理の主張をせずに、直ちに無権代理人に対しその責任を問うことができる、とするのが判例である。

問題 21 ○○○

代理人Bの越権行為によって譲渡された本人Aの不動産を当該代理行為の悪意の相手方Cから転得したDに、代理人について権限があるものと信ずべき正当な理由があるときは、転得者Dは本人Aに対し、表見代理の成立を主張できる。

15 ○　代理人が本人のためにすることを示して（顕名して）意思表示をした場合には、本人に意思表示の効果が生ずる（99条1項）が、顕名がない場合であっても、相手方が悪意または有過失のときには、本人に効果が帰属する（100条ただし書）。

16 ○　無権代理行為を本人が追認すれば、原則として、契約の時に遡及して（116条）、本人と相手方との間に効力を生じる（113条1項）。このことは、無権代理について相手方の善意・悪意にかかわらず、認められる。

17 ✕　無権代理人と契約した相手方は、本人に対して、当該無権代理行為を追認するかどうかを催告できる（114条前段）。この催告権は、契約当時、当該無権代理人であるということを知っていた場合にも認められる（115条参照）。

18 ○　本人が無権代理人を単独相続した場合、判例は、本人が無権代理行為の追認を拒絶しても信義則に反せず、本人の相続により無権代理行為が当然有効となるものではない（最判昭37.4.20）、とする。

19 ✕　無権代理人が本人を相続した場合、判例は、本人が自ら法律行為をしたのと同様な法律上の地位を生じるとして当然に有効になる（最判昭40.6.18）、とする。よって、追認拒絶はできない。

20 ○　判例は、相手方は、表見代理の主張をしないで、無権代理人の責任を問うことができる（最判昭33.6.17）、とする。この場合に、無権代理人は、表見代理の成立を主張して自己の責任を免れることはできない（最判昭62.7.7）。

ひっかけ問題

21 ✕　判例は、110条が保護している第三者とは、代理人と法律行為をした直接の相手方をいう（大判昭7.12.24）とするから、転得者は「第三者」に含まれない。すなわち、転得者との間では表見代理は成立しない。

問題 22
○○○
1月9日に「1月10日から10日間」という期間を決めた場合、初日不算入の原則により起算日（1月10日）は算入しないから20日の午後12時に当該期間は満了する。

問題 23
○○○
他人の土地を所有の意思を持って平穏かつ公然に占有した者が、占有の初めに善意無過失であった場合には、当該占有者が後に悪意となっても、10年で当該土地を時効取得できる。

問題 24
○○○
債務者が、消滅時効の完成した事実を知らないで債務を承認した場合には、信義則上改めて消滅時効を援用できる、とするのが判例である。

問題 25
○○○
他人の債務のために自己の不動産に抵当権を設定した、いわゆる物上保証人も被担保債権の消滅によって直接利益を受ける者であるから、被担保債権の消滅時効を援用できる。

コラム

条文上の和歌・俳句（民法編）

「権利の　濫用はこれを　許さない」

　憲法編に続いて民法編です。出典は憲法編と同じです。少しばかり学問的な説明をすると、①権利行使が濫用となるときには、権利を行使したことにならない。②権利行使が他人の権利を侵害していれば、不法行為となることがある。③権利の濫用が甚だしいときには、権利そのものが奪われることがある。

22 ✕　端数時間を生じる期間の初日は算入しない（初日不算入の原則／140条本文）が、午前0時より起算する場合には端数時間を生じないので、初日も算入される（同条ただし書）。したがって、1月19日の午後12時をもって期間満了となる（141条）。

23 ◯　判例は、善意・無過失は占有開始の時点で認められればよく、その後に悪意になっても10年の取得時効を主張できる（大判明44.4.7）、とする。

24 ✕　判例は、債務者が、消滅時効完成後に債権者に対し当該債務の承認をした場合には、時効完成の事実を知らなかったときでも、その後、その時効の援用をすることは信義則に照らし許されない（最判昭41.4.20）、とする。

25 ◯　他人の債務のために自己の所有物件に質権または抵当権を設定した、いわゆる物上保証人も被担保債権の消滅によって直接利益を受ける者であるから当事者（援用権者）に当たる（145条かっこ書）。

得点アップ プラスα

相手方の催告権

　制限行為能力者と契約を結んだ者が、その契約を追認するか、取り消すか催告しても、制限行為能力者側から「確答」がなされなかった場合、追認したことになるのか、取り消したことになるのかが問題になります。

単独で追認できる地位にあるかどうか	確答なしの効果
催告を受けた者が単独で追認できる	追認したことになる
催告を受けた者が単独で追認できない	取り消したことになる

しっかり基礎

問題 1
○○○

胎児の父親が自動車にはねられて死亡した場合、胎児の損害賠償請求権について、母親は胎児のために、加害者と和解（示談）することができる。

問題 2
○○○

権利能力は出生によって取得できるから、戸籍法による出生届を提出しなくても、生まれてきた胎児は当然に権利能力を取得できる。

問題 3
○○○

高校生Ａ（17歳）が、法定代理人である父親からもらった小遣いを貯めていて、その15万円で、パソコンを購入する場合には、父親の同意が必要である。

問題 4
○○○

成年被後見人が、成年後見人の同意を得ないでした婚姻および離婚は、行為能力の制限を理由として取り消すことができる。

問題 5
○○○

被保佐人が、保佐人の同意を得ることなく、工務店と自分が居住している建物に増築する契約を結んだ場合には、被保佐人自らが当該契約を取り消すことができる。

問題 6
○○○

補助類型の場合には本人に相当程度の事理弁識能力があるから、本人以外の者の申立てによって補助開始の審判をする場合には、本人の同意がなければならない。

問題 7
○○○

家庭裁判所は、補助人または補助監督人の請求により、被補助人が民法13条1項各号に掲げる行為以外の行為をする場合であってもその補助人の同意を得なければならない旨の審判をすることができる。

問題 8
○○○

制限行為能力者が行為能力者であることを信じさせるために詐術を用いても、相手方が行為能力制限の事実を知っていた場合には、制限行為能力者は当該行為を取消しできる。

1 ✕ 胎児である間は権利能力を有しない（大判昭7.10.6）、とするのが判例である。権利能力を有しない者のためには代理人は存在しないから、母親が胎児を代理して和解することはできない。

2 ◯ 自然人は出生の時に権利能力を取得するのであって（3条1項）、戸籍法に基づく出生届・戸籍簿への記載という一連の手続と権利能力の取得とは関係がない。

ひっかけ問題

3 ✕ 小遣いは、使用目的を定めず処分を許された財産であるから、未成年者が自由に使うことができる（5条3項後段）。したがって、パソコンの購入に父親の同意は不要である（5条3項）。

4 ✕ 身分上の行為については、本人の意思を尊重すべさであるから、本心に復している（意思能力を有している）間の、婚姻、離婚、縁組、遺言などは単独でできる（738条、764条など）。

5 ◯ 建物に増築する契約を締結することは、保佐人の同意が必要である（13条1項8号）から、同意を与えていない保佐人は当該契約を取り消すことができるし、被保佐人自らも当該契約を取り消すことができる（120条1項）。

6 ◯ 補助開始の審判は、配偶者等本人以外の者にも審判の請求権を認めているが（15条1項）、本人以外の者の請求による場合には、悪用の危険を防ぐため、本人の同意を必要とする（同条2項）。

ひっかけ問題

7 ✕ 被補助人が補助人の同意を必要とするものとして、家庭裁判所が定める特定の法律行為は、民法13条1項の定める行為の一部に限られている（17条1項ただし書）。

8 ◯ 詐術（21条）があっても、相手方が行為能力制限の事実を知っていた（悪意）場合には、相手方を保護する必要がないので、制限行為能力者は当該行為を取消しできる。

問題
9
○○○

失踪宣告を受けた者が、後日、生存していることが判明しても、それだけでは、すでになされている失踪宣告の効果は否定されない。

問題
10
○○○

物から生ずる経済的収益を果実といい、その果実には、物の用法に従い収取する産出物である天然果実と物の使用の対価として受ける金銭その他の物である法定果実とがある。

問題
11
○○○

「債務の承認」、「債務の履行の催告」、「債権譲渡の通知・承諾」、「弁済受領の拒絶」、「契約の解除」は、すべて意思表示によらないで法律上の効果を発生させる準法律行為である。

問題
12
○○○

代理人が自分の利益を図るために代理行為をした場合、相手方が代理人の真意を知っていたとしても、代理人には本人に効果を帰属させようとする意思（代理意思）があるから、本人が代理人の行為について責任を負う。

問題
13
○○○

Aは自己所有の土地がB名義になっている事実を知りつつ放置し、しかもこれを明示または黙示に承認していた場合に、Cがこの土地をBの所有と信じてBから買ったときは、AはCに所有権を主張できない。

問題
14
○○○

Aが自己の所有する土地をBに仮装譲渡した場合、Bの一般債権者GがA・B間の仮装譲渡について善意であれば、Aは、Gに対してA・B間の売買の無効を主張することができない。

問題
15
○○○

意思表示に動機の錯誤があっても、その動機が相手方に表示されていなければ、法律行為の要素の錯誤とはならないが、動機が黙示的に表示されているときには、それが法律行為の内容となり得る、とするのが判例である。

9 ◯ 失踪宣告を受けた者は、死亡したものとみなされる（31条）。よって、失踪宣告の取消し（32条）がなされない限り、失踪宣告の効果は否定されない。

10 ◯ 元物（果実を産み出す物）から直接産出される経済的収益が天然果実（88条1項）であり、具体的には、植物の果実、牛乳、鉱物、動物の仔などである。また物の使用の対価として受ける金銭が法定果実（賃料、利子など）である（同条2項）。

ひっかけ問題 **11** ✕ 「債務の承認」（観念の通知）、「債務の履行の催告」（意思の通知）、「債権譲渡の通知・承諾」（観念の通知）および「弁済受領の拒絶」（意思の通知）は、意思表示によらないで法律上の効果を発生させる準法律行為である。「契約の解除」は、相手方に対する意思表示によってなされるから、法律行為である（540条1項）。

12 ✕ 代理人が自分の利益を図るために代理行為をした場合、相手方が代理人の目的を知り、または知ることができたときは無権代理行為とみなされるから、本人が追認しない限り、責任を負わない（107条、113条1項）。

13 ◯ 不動産の所有者Aが、他人Bにその所有権を移転させる意思がないのにBの承諾なしにBの所有名義に登記を移転したときは、民法94条2項が類推適用され、善意の第三者は所有権を取得できる（最判昭41.3.18）。

14 ✕ 目的物を差押えてもいない、一般債権者は94条2項の「第三者」に当たらない（最判昭48.6.28）から、Aは、A・B間の虚偽表示の無効をGに対抗することができる。

15 ◯ 法律行為の基礎とした事情（動機）に錯誤があっても、その事情が法律行為の基礎とされていることが表示されていなければ、法律行為の要素の錯誤にならない（95条2項）。判例は、動機が黙示的に表示されているときでも、それが法律行為の要素になり得る（最判平元.9.14）、とする。

問 題
16
○○○

AがCの強迫によって、Bに対する債権をCに譲渡し、CがこれをDに譲渡した後、AがCの強迫を理由にAC間の譲渡を取り消したときは、Dが善意であっても、Aは取消しの効果をDに主張できる。

問 題
17
○○○

意思表示は、表意者が通知を発した後に死亡し、または意思能力を喪失し、行為能力の制限を受けたときであっても、当該意思表示は有効である。

問 題
18
○○○

代理人が制限行為能力者であっても、本人は、当該代理人が行った代理行為について制限行為能力を理由として取消すことはできない。

問 題
19
○○○

権限の定めのない代理人は、保存行為（建物修繕契約）のほか、物または権利の性質を変えない範囲内で、利用（現金を預金にする）または改良行為（建物に造作を付加する）をすることができる。

問 題
20
○○○

代理人は、特約がある場合のほかは、本人の許諾を得たとき、またはやむを得ない事由があるときでなければ、復代理人を選任することができない。

問 題
21
○○○

復代理人は本人に対して直接義務を負うが、復代理人が相手方から受領した目的物を代理人に引渡せば、特別の事情がない限り、復代理人の本人に対する引渡義務も消滅する。

問 題
22
○○○

復代理人は、代理人の代理人ではなく本人の代理人であるから、代理人の有する代理権が消滅しても、復代理権は消滅しないので、復代理人は本人のために代理行為を行うことができる。

16 ◯ 強迫による意思表示の取消しは、<u>取消前の善意の第三者にも対抗できる</u>(96条3項反対解釈)。したがって、AがA・C間の契約を取り消したときは、Dが善意であっても、Aは取消しの効果をDに対抗できる。

17 ◯ 意思表示は、行為者からみれば、<u>発信</u>すれば完成されているのであって、相手方との関係において到達が意思表示の効力発生の時期としている(97条3項)。

18 ◯ 代理行為の効果は、すべて本人に帰属するから、代理人は代理行為によってなんら<u>不利益を受けることはない</u>。したがって、代理人は行為能力者である必要はない(102条本文)。

19 ◯ 代理権があることは明らかだが、<u>権限の範囲が決められていない代理人</u>は、保存行為(103条1号)のほか、物または権利の性質を変えない範囲において利用行為、改良行為ができる(同条2号)。

20 ✕ <u>任意代理人</u>による復代理人の選任は、特約がある場合のほかは、本人の許諾を得たとき、またはやむを得ない事由があることが必要である(104条)。なお、<u>法定代理人</u>は、常に復代理人を選任できる(105条前段)。

21 ◯ 判例は、本人・代理人間で委任契約が締結され、代理人・復代理人間で復委任契約が締結された場合において、復代理人が委任事務を処理するにあたり受領した物を代理人に引渡したときは、<u>特別の事情がない限り</u>、復代理人の本人に対する受領物引渡義務は消滅する(最判昭51.4.9)、とする。

ひっかけ問題

22 ✕ 代理人が復代理人を選任しても代理権は消滅しないが、復代理人の<u>復代理権は、代理人の代理権を基礎に成立</u>しているので、代理人の代理権が消滅すれば復代理人の復代理権もまた消滅する。

問題
23

Bは代理権がないのに、Aの代理人としてAの建物をCに売却する契約を結んだ場合、Bを無権代理人とは知らなかったCは、Aが当該無権代理行為を追認した後であっても、この売買契約を取り消すことができる。

問題
24

Bは代理権がないのにAの代理人としてCとAの土地の売買契約をした場合、CはBに代理権がないことを過失によって知らなかったとしても、無権代理を行ったBに対して責任を追及できる。

問題
25

Bは代理権がないにもかかわらず、Aの代理人としてAの所有する土地をCに売却したところ、Aが追認または追認拒絶をしないまま死亡してBがAを相続した場合、共同相続人の有無にかかわらず、当該売買契約は当然に有効となる。

問題
26

Bは代理権がないにもかかわらず、Aの代理人としてAの所有する土地をCに売却したところ、Aがこの売買契約の追認を拒絶した後に死亡した場合、BがAを単独相続したとしても無権代理行為は有効にはならない。

問題
27

未成年者Aが、法定代理人の同意なしにBとの売買契約を締結した場合、後に法定代理人がAに対して追認したことをBが知っていれば、もはやAはBとの売買契約を取り消すことができない。

問題
28

停止条件が付されている法律行為は、その条件が成就してから法律行為の効果が発生するが、それ以前であっても、当事者は相手の利益を損なうような行為をしてはならない。

問題
29

他人の物を占有していて、取得時効が完成したが、その時効期間中にその物から果実が生じた場合、時効取得者が当該果実の所有権を取得する。

23 ✕ 無権代理人が締結した契約は、本人が<u>追認しない間</u>、その相手方が取り消すことができるが、契約当時、無権代理人であることを知っていた相手方は取り消すことはできない（115条）。

24 ✕ 無権代理人の責任を追及するためには、原則として相手方が代理権のないことにつき<u>善意・無過失であること</u>が必要である（117条2項1号2号本文）。よって、過失ある無権代理行為の相手方は、原則として無権代理人の責任を追及できない。

ひっかけ問題

25 ✕ 本人が追認または追認拒絶をしないまま死亡し、無権代理人が本人を他の相続人と共に共同相続した場合には、<u>共同相続人全員が共同して追認しない限り</u>、無権代理行為は有効とならない（最判平5.1.21）。

26 ◯ 本人が追認を拒絶した後に死亡し、無権代理人が本人を単独相続した場合、本人の追認拒絶により、無権代理行為の効果が本人に帰属しないことが確定され、<u>追認拒絶した本人の地位を無権代理人が承継する</u>から、当該無権代理行為は有効とならない（最判平10.7.17）。

27 ✕ 追認の意思表示は、取り消すことができる<u>行為の相手方</u>に対してしなければならない（123条）。したがって、Bに対して追認しなければ追認したことにならないから、Aは取り消せる。

28 ◯ 条件成就によって利益を受ける<u>相手方の期待を保護</u>するため、条件の成否が未定であっても相手方の利益を侵害することが禁じられている（128条）。

29 ◯ 時効の効力（取得時効では権利を取得すること。消滅時効では権利を失うこと）は、<u>起算日に遡る</u>（144条）。よって、取得時効者は、時効期間中に生じた果実を収得できる。

3

①民法総則

これで合格

問題
1
○○○

「権利を行使する者は悪をなさず」という法諺どおり、うっかり法律で認められた範囲を逸脱したため他人の権利を侵害してしまった場合でも、当該行為が権利の行使であれば、不法行為が成立することはない。

問題
2
○○○

精神上の障害により事理を弁識する能力を欠く常況にある者については、家庭裁判所は、本人、配偶者、四親等内の親族または検察官などから申立てがあり、法定の要件を充たす場合には、必ず後見開始の審判をしなければならない。

問題
3
○○○

後見開始の審判は受けていないが、事理を弁識する能力（意思能力）を欠く成年者がした売買契約は、成年被後見人に準ずる者の法律行為として取り消すことができる。

問題
4
○○○

Aが主たる債務者Bの詐欺によって、Bの保証人となる契約を債権者Cと締結した場合、CがBの詐欺の事実を知り、または知ることができたときに限り、Aは保証契約を取り消すことができる。

問題
5
○○○

意思表示の相手方が正当な理由がないにもかかわらず、意思表示の通知が到達することを妨害したときは、その通知は、通常到達すべきであった時に到達したものとみなされる。

問題
6
○○○

代理人が、相手方を欺罔して法律行為をした場合、本人が代理人の欺罔行為につき善意であったときには、相手方は代理人の詐欺を理由に売買契約の取消しを本人に主張することができない。

問題
7
○○○

未成年者の親権者は、復代理人を選任した場合、当該復代理人の選任および監督について過失があった場合のみ本人に対して責任を負う。

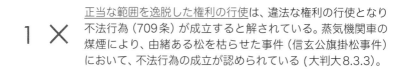

1 × <u>正当な範囲を逸脱した権利の行使</u>は、違法な権利の行使となり不法行為（709条）が成立すると解されている。蒸気機関車の煤煙により、由緒ある松を枯らせた事件（信玄公旗掛松事件）において、不法行為の成立が認められている (大判大8.3.3)。

2 ○ 法文上は、「後見開始の審判をすることができる」(7条) とあるが、法定の要件が充たされた場合には、<u>必ず審判をすることを要する</u>と解されている。

ひっかけ問題

3 × 事理弁識能力を欠く者であっても、後見開始の審判を受けていなければ成年被後見人とはならない（8条）。したがって、その者のした法律行為は、<u>無効となる</u>のであって（3条の2）、取消しをすることのできる法律行為とはならない。

4 ○ 第三者Bの詐欺によってA・C間の保証契約が結ばれた場合、Aは、相手方CがBの詐欺を知り、または知ることができたときに限り、保証契約を取り消すことができる（96条2項）。

5 ○ 意思表示の相手方が手紙の受取りを拒むなど、<u>正当な理由もなく</u>意思表示の通知が到達することを妨害したときは、その通知は通常到達すべきであった時に到達したものと<u>みなされる</u>（97条2項）。

ひっかけ問題

6 × 代理人による意思表示に瑕疵があるか否かは、<u>代理人を基準に判断する</u>（101条1項）から、本人の善意に関係なく、欺罔された相手方は、詐欺を理由に契約を取消しできる（96条1項）。

7 × 法定代理人は、いつでも復代理人を選任できる代わりに、原則として選任監督について過失の有無を問わず<u>全責任を負う</u>（105条前段）。ただし、やむを得ない事由があるときは、その選任および監督について、責任を負う（同条後段）。

3 ①民法総則
ポイントアップ

問題1
未成年者が法定代理人から学用品販売の許可を受けて営業していたが、営業ができない事由があるため法定代理人がその許可を取り消した場合でも、未成年者は当該営業に関してすでに行っていた商品仕入れ契約は取り消すことはできない。

問題2
保佐人の同意を得なければならない行為について、保佐人が被保佐人の利益を害するおそれがないにもかかわらず同意をしないときは、家庭裁判所は、被保佐人の請求により、保佐人の同意に代わる許可を与えることができる。

問題3
補助類型の場合においては、本人が常に他人の支援を必要とする状態にあるとはいえないから、補助人に、特定の法律行為についての同意権または代理権のいずれも与えない場合が認められている。

問題4
甲が乙に対して有する金銭債権につき、甲と丙が通謀して甲から丙に債権を譲渡したかのように仮装した場合、乙が異議をとどめないでその債権譲渡を承諾した場合でも乙は丙に対し、その債務の弁済を拒むことができる。

問題5
表意者が自分の意思を発信した後は、当該意思表示が相手方に到達する前であっても、表意者はこれを自由に撤回することはできない。

問題6
Aが第三者の強迫を受けてBに代理権を授与した場合、Aが受けた強迫の事実をBが知らなくても、Aは代理権授与行為を取り消すことができる。

1 ○ 　未成年者が営業できない事由がある場合には、法定代理人は当該営業許可を取消しできる（6条2項）。この「取消し」は、「撤回」を意味し、<u>将来に向かって許可の効力を失わせる</u>。よって、取消しがなされる以前の未成年者の法律行為は取消しできない。

2 ○ 　保佐人が理由もないのに同意を拒んだ場合には、被保佐人のための救済措置として、家庭裁判所が、保佐人の同意に代えて、被保佐人の法律行為に<u>許可を与える</u>ことができる（13条3項）。

`ひっかけ問題`

3 ✕ 　補助は、本人の法律行為（およびそのための意思決定）を支援する制度であるから、補助人に、同意権または代理権を与えないことは制度の目的に反する（15条3項）。したがって、補助人には<u>同意権もしくは代理権の一方または双方が必ず付与</u>される。

4 ○ 　債権が仮装譲渡された場合における債務者は、虚偽表示に基づいて新たに法律関係に入った者とはいえないから、94条2項の<u>第三者に当たらない</u>。したがって、債務者は、譲渡の承諾をした後に、譲渡が仮装であったことを主張して譲受人への弁済を拒むことができる（大判大4.12.13）。

5 ✕ 　意思表示は、その通知が<u>相手方に到達した時</u>から効力を生じる（97条1項）から、到達前であれば表意者はこれを自由に撤回することができる。

6 ○ 　代理権授与行為は本人が代理人となる者に対する意思表示であるから、本人が第三者の強迫を受けて代理権を授与した場合には、<u>代理人の善意・悪意にかかわらず</u>、本人は常に、代理権授与行為を取り消すことができる（最判平10.5.26）。

3

②物権法

よく出る問題

問題
1
○○○

AがBに自己の所有する甲土地を売却した後に、当該土地を重ねてCにも売却した場合、BまたはCのうち、当該土地の引渡し、または早く登記の移転を受けた方がその所有権を取得する。

問題
2
○○○

Bは、Aからその所有の土地を買い受けたが、Aからの移転登記を受けていない。他方、Cは、Aに対し貸金債権を有するが、その土地の差押えは行っていない。この場合、BはCに対し、その所有権の取得を対抗できる。

問題
3
○○○

Bは、A所有の甲土地に地上権を設定した。Aが死亡し、Aの相続人Cが甲土地を相続した場合に、Bは甲土地についての地上権登記をしていない限り、Cに地上権を対抗することはできない。

問題
4
○○○

不動産がAからB、BからCに売り渡された後に、A・B間の売買契約がBの債務不履行を理由として解除された場合、Cは、所有権移転の登記を受けていない以上、Aに対してその不動産の所有権を主張することができない。

問題
5
○○○

土地がAからB、BからCに売り渡された後に、A・B間の売買が仮装のものであるとして無効とされた場合、Cは、善意であっても、所有権移転の登記を受けていない以上、Aに対してその土地の所有権を主張することができない。

問題
6
○○○

A・B間でなされた土地の売買契約がBの詐欺を理由にAによって取り消されたが、Bが当該土地をCに転売してしまった。この場合、Cは善意であっても登記を備えなければ土地所有権をAに対抗できない。

問題
7
○○○

土地がAからB、BからCに売り渡された後に、A・B間の売買契約がAの制限行為能力を理由として取り消された場合、Cが所有権移転の登記を受けているときであっても、Aは、Cに対してその土地の所有権を主張することができる。

1 ✕　不動産の物権変動については、登記が対抗要件である（177条）から、早く登記を具備しなければ、先に引渡しを受けたとしても、その所有権の取得を他方に主張できない。

2 ◯　差押えをしていない一般債権者は、登記の欠缺を主張する正当な利益を有する者とはいえず、177条の第三者に当たらない（大判大4.7.12）。よって、Bは、登記なくして所有権を対抗できる。

ひっかけ問題

3 ✕　物権変動の当事者の包括承継人（相続人）は、177条の第三者に当たらない（大連判明41.12.15）から、地上権者Bは甲土地についての地上権登記を経由していなくても、地上権設定者Aの相続人Cに地上権を対抗することができる。

4 ◯　解除の効果（Aへの所有権帰属）は、第三者の権利を害することはできない（545条1項ただし書）とされるが、この第三者として保護されるためには、その善意・悪意を問わないが、登記が必要だとされている（最判昭33.6.14）。

ひっかけ問題

5 ✕　虚偽表示の無効は、善意の第三者には主張できない（94条2項）が、判例は、第三者が保護されるためには登記は不要である（大判昭10.5.31など）、とする。

6 ◯　取消後に登場した第三者との関係について、判例は、取消しの効果として、B→Aへの所有権復帰を「復帰的物権変動」と捉え、B→A、B→Cへの二重譲渡として、AとCを登記の先後で決する対抗問題として処理する（大判昭17.9.30）。

7 ◯　制限行為能力による取消しの場合は、詐欺の場合（96条3項）と異なり、第三者保護規定がないため、制限行為能力者は登記なくして取消しの効果を第三者に対抗できる（大判昭4.2.20）。第三者は善意であっても、登記を有していても保護されない。

問題
8
○○○

不動産物権変動は、登記をしなければ第三者に対抗できないから、BがAから建物を買い受けたが移転登記をしない間に、Bは当該建物に不法に居住する者に対して、明渡しを請求できない、とするのが判例である。

問題
9
○○○

共同相続人の一人Aが相続を放棄し、他の共同相続人Bが特定の相続不動産を単独で承継したが、その登記を備えないうちに、Aの債権者CがAの持分を差押えて、登記を備えた。この場合、Bは、当該不動産の所有権をCに対抗できない。

問題
10
○○○

Cは、BがAに保管させている絵画をBから購入した場合、Cは売買契約の時に当該絵画の所有権を取得し、引渡しを受けていなくてもAに絵画の所有権を対抗することができる。

問題
11
○○○

A所有の自動車（未登録）をBがAに無断で、自動車がB所有であると信じることにつき善意・無過失のCに売り渡し、Cは自己名義で登録した。Cは、当該自動車の所有権を即時取得できる。

問題
12
○○○

CはA所有の絵画を預かっていたBを所有者であると誤信して当該絵画の売買契約を締結し、Bから絵画の引渡しを受けた。この場合、Cは善意であれば、過失があっても当該絵画の所有権を取得できる。

問題
13
○○○

現実に土地を占有していた土地の所有者が、当該所有地を他人に賃貸して引き渡した（占有を移転させた）場合、土地の占有権は賃借人に移転するから、所有者は土地の占有権を失うことになる。

問題
14
○○○

Aが占有していた時計をBが奪い、BはこれをCに売却した。この場合、Aは、Cの善意・悪意を問わず、時計を占有しているCに対して占有回収の訴えを提起することができる。

問題
15
○○○

境界を表示するための境界標の設置保存の費用は、相隣者が均等に分担し、設置保存するための土地の測量の費用は、相隣者がそれぞれ土地の広狭に応じて分担する。

8 ×
<u>不法占拠者</u>は、177条にいう第三者（登記の欠缺を主張する正当の利益を有する者）に当たらないから、建物の所有者は登記なくしてその明渡しを請求することができる（最判昭25.12.19）。

9 ×
〔ひっかけ問題〕
判例は、相続放棄の遡及効（909条）により、Aは初めから相続人ではなくなり、しかも、<u>当該相続放棄の効力は、登記などの有無を問わず</u>、何人に対してもその効力を生ずべきものと解すべきであるから、持分に対する差押登記を経由しても、その差押登記は無効である（最判昭42.1.20）、とする。

10 ○
判例は、動産の寄託を受けて保管しているにすぎない者は<u>178条の「第三者」に該当しない</u>（最判昭29.8.31）、とする。よって、Cは引渡し（占有の移転）を受けていなくても、Aに、所有権を対抗することができる。

11 ○
自動車は、登録制度により公示制度が完備されているので、即時取得の対象とはならない（最判昭62.4.24）が、<u>未登録の自動車</u>は、動産として即時取得の対象になる（最判昭45.12.4）。

12 ×
即時取得は、前主の占有に対する信頼を保護する制度であり、それを信頼して取引した買主は、<u>平穏・公然・善意・無過失</u>であることを条件として保護される（192条）。

13 ×
〔ひっかけ問題〕
占有権は、代理人によっても取得できる（181条）から、賃貸人自身も賃借人に賃貸している土地の占有権を有している。この場合の賃貸人の占有を<u>代理占有（間接占有）</u>といい、直接占有している賃借人を占有代理人という。

14 ×
占有者が占有を奪われたときには、占有回収の訴えを提起できる（200条1項）が、侵奪者が善意の第三者に譲渡したときは、被害者はその者（<u>善意の特定承継人</u>）に対しては、提起することはできない（同条2項）。

15 ○
境界標の設置および保存の費用は、相隣者が<u>等しい割合で負担</u>する（224条本文）。なお、測量の費用は、その土地の広狭に応じて分担する（同条ただし書）。

問題
16
○○○

土地の所有者は、隣地の竹木の枝が境界線を越えて伸びてきたとき、その竹木の所有者の存在やその所在を知ることができないときには、当該土地の所有者は裁判所の許可を得て、その枝を切り取ることができる。

問題
17
○○○

各共有者は、共有物の全部について、その持分に応じた使用をすることができるので、自己の持分を超えて使用する場合でも、他の共有者に対して、原則として、自己の持分を超える使用の対価を償還する義務を負わない、とするのが民法の規定である。

問題
18
○○○

各共有者は、持分権に基づいて物権的請求権を有するから、共有物の利用を妨害する者に対して、単独で妨害排除請求権を行使できる。

問題
19
○○○

地上権が設定された土地について、第三者が当該土地を不法に占有していてその使用が妨害されている場合、地上権者は、地上権に基づく妨害排除請求権を行使できる。

問題
20
○○○

地役権は、要役地が売買された場合、当該地役権移転の合意をしなければ、当然にはその所有権とともに移転せず、要役地とともに移転した場合でも、地役権の登記がなければ第三者に対抗できない。

問題
21
○○○

BがCから借りている時計をAに修理に出した場合やCの所有物をBがAに寄託していたところ、Aがその物の瑕疵が原因で損害を受けた場合には、Aに留置権が成立する。

問題
22
○○○

不動産の二重譲渡がなされた場合において、売主は第二の買主に所有権移転登記を済ませた場合、第一の買主は、売主の債務不履行を理由とする損害賠償債権を保全するために第二の買主に対して留置権を主張することができる。

16 ✕
竹木の所有者に枝を切除するよう催告したにもかかわらず、竹木の所有者が相当の期間内に切除しないとき、竹木の所有者の存在やその所在を知ることができないとき、急迫の事情があるときには、土地の所有者みずから枝を切り取ることができる（233条3項）。<u>裁判所の許可は不要</u>である。

17 ✕
自己の持分を超えて使用する場合には、原則として、<u>使用の対価を償還する義務を負う</u>（独り占め問題／249条2項）。ただ、自己の持分を超えて使用する場合であっても、各共有者間で<u>別段の合意</u>がある場合には、使用の対価を償還する義務を負わない。

18 ◯
共有物の妨害排除請求は、共有物の現状を維持する行為（<u>保存行為</u>）であり、当該保存行為は各共有者が単独で行使できる（252条5項）。

19 ◯
地上権は、賃貸借とは異なり、建物などの土地の工作物または竹木を所有するための<u>物権である</u>ことから、その侵害に対しては地上権を根拠とする物権的請求権が認められる。

20 ✕
地役権は、<u>要役地の所有権が移転すれば、地役権を移転</u>する合意を必要としないで、地役権も移転する（281条1項本文）。また、<u>要役地の移転について登記</u>があれば、地役権移転の登記がなくても第三者にその移転を対抗できる（大判大13.3.17）。

21 ◯
留置権は、「他人の物」を留置（占有）することであるが、ここでいう「他人の物」（295条1項）とは、<u>債務者の所有物である必要はなく</u>、債務者にその物の引渡請求権があれば足りる。

ひっかけ問題

22 ✕
第一買主の売主に対する債務不履行を理由とする損害賠償債権は、売主の背信行為に基づく債権であり、<u>不動産に関して発生した債権ではない（物と債権との牽連性を欠く）</u>から、第一買主は、留置権を主張することはできない（最判昭43.11.21）。

問題 23 ○○○

不動産が、AからBに譲渡され、さらにBからCに転売され登記も移転された場合、Bが当該不動産の売買代金をAに支払っていないときは、AはCの不動産引渡請求に対して、Bに対する売買代金債権を被担保債権とする留置権の成立を主張することができる。

問題 24 ○○○

借地権の期間満了に伴い、借地人Bは、地主Aに対して有する建物買取請求権を被担保債権として、建物を留置できるだけでなく、その敷地についても留置することができる。

問題 25 ○○○

動産質権者が第三者に質物の占有を奪われたときは、占有回収の訴えによって質物を取り戻すことができるとともに、質権に基づく物権的請求権によっても質物を取り戻すことができる。

問題 26 ○○○

動産質権の設定契約は要物契約であるから、目的動産が引渡されることによって有効となるが、不動産質権は登記がなされるから、目的不動産の引渡しがなくても、目的不動産に質権設定の登記をすれば、その効力が生ずる。

問題 27 ○○○

動産質権者が質物の占有を奪われても、占有回収の訴えを提起して勝訴して、現実にその物の占有を回復すれば質権は対抗力を失わない。

問題 28 ○○○

動産質、不動産質および債権質を問わず、譲渡できる財産でなければそれらの質権を設定できないから、差押えが禁じられている財産にも、質権を設定することができない。

問題 29 ○○○

担保物権の通有性（共通の性質）として、担保物権は債権に付従する関係にあるから、将来発生する債権を担保するために、現在、抵当権を設定することはできない、とするのが判例の立場である。

問題 30 ○○○

数個の抵当権の順位は、登記の前後によるが、その順位は登記をすれば、各抵当権者の合意だけで変更することができ、利害関係人の承諾を必要としない。

23 ○ 判例は、不動産の買主が売主に代金を支払わないままこれを第三者に転売し、その第三者が売主に不動産の引渡しを請求した場合、売主による留置権の行使を認めている（最判昭47.11.16）。

24 ○ 土地と建物は別個の不動産であるが、建物買取請求権の実をあげるため、判例は敷地の留置をも認めている（大判昭14.8.24）。ただ、敷地については、建物買取請求権と直接的牽連性はないので、留置による利得は、不当利得として返還しなければならない。

ひっかけ問題
25 × 動産質権は、質物の占有を奪われたときは、占有回収の訴えによってのみ、その質物を回復することができる（353条）。他方、第三者には質権を主張できない（352条）ので、質権に基づく返還請求をすることはできない。

ひっかけ問題
26 × 不動産質も質権であるから、目的不動産の引渡し（占有の移転）がなければ、効力を生じない（344条）が、その登記は対抗要件である（177条）。

27 ○ 動産質権者が質物の占有を奪われても、占有回収の訴え（353条、200条）により、現実に質物の占有を回復すれば（最判昭44.12.2）、占有は継続しているものとされ（203条）、質権は対抗力を失わない。

ひっかけ問題
28 × 質権（動産質、不動産質および債権質）の対象は、譲渡できる財産でなければならない（343条、362条2項）。よって、差押えが禁止される財産であっても、譲渡が可能であれば、質権を設定することができる。

29 × 抵当権などの約定担保物権では、成立における付従性は緩和されており、判例は、将来発生する債権のために抵当権を設定することを認めている（最判昭33.5.9）。

30 × 数個の抵当権の順位は登記の前後による（373条）。その順位は、各抵当権者の合意によって変更することができるが、転抵当権者や、被担保債権の差押権者などの利害関係を有する者があるときは、その承諾を得なければならない（374条1項）。

問題
31
○○○

抵当権は、抵当権が実行され、抵当不動産の差押えがあったときに、その後に生じた抵当不動産の果実（法定果実は含まない）に及ぶ。

問題
32
○○○

BはAから賃借した土地に建物を建て、これに抵当権を設定したが、当該抵当権の効力は、賃貸人Aの承諾がない限り、当該土地賃借権には及ばない。

問題
33
○○○

建物に抵当権が設定された場合、設定行為に別段の定めがある場合を除いて、抵当権設定当時に当該建物に備えつけられていた畳、建具に抵当権の効力が及ぶ。

問題
34
○○○

抵当不動産が不法占有されている場合、抵当権者は抵当不動産の所有者が不法占有者に対する所有権に基づく妨害排除請求権を代位行使し、抵当不動産の明渡しを請求できるが、抵当権に基づく妨害排除請求としての明渡請求は認められない。

問題
35
○○○

BはAのために自己所有の建物に抵当権を設定して登記を備えた後に、Bは当該建物を抵当権付きでCに譲渡した。この場合、CがAの請求に応じてその代価を支払ったときは、当該建物の抵当権はすべて消滅する。

問題
36
○○○

債務者が土地に抵当権を設定した後、地上建物（非堅固建物）を取り壊して堅固建物を建築した場合、抵当権者が、抵当権設定当時、近い将来、地上建物が取り壊され、堅固建物が建築されることを予定して土地の担保価値を評価していたとしても当該堅固建物を基準とする法定地上権は成立しない。

問題
37
○○○

抵当権設定後に抵当地に建物が築造された場合に、その建物が抵当権設定者以外の者によって築造されたときは、抵当権者は、抵当地とともにその建物を一括して競売することはできない。

31 ✕　抵当権は、その担保する債権について<u>不履行があったとき</u>は、その後に生じた抵当不動産の果実（天然果実および法定果実）に及ぶ（371条）。

ひっかけ問題

32 ✕　目的物たる土地または建物に付随する「従たる権利」も、従物に準じて扱われるから、建物に抵当権を設定した場合、<u>従たる権利たる敷地利用権（地上権、賃借権）にも、当然に抵当権の効力が及ぶ</u>（最判昭40.5.4）。

33 ◯　<u>抵当権設定当時</u>、抵当不動産に付加されていた従物については、87条2項により抵当権の効力が及ぶ（大連判大8.3.15）。したがって、畳・建具は建物の従物であるから、抵当建物に付加されていた畳・建具にも抵当権の効力は及ぶ。

34 ✕　抵当権者は、抵当不動産の所有者の不法占有者に対する所有権に基づく妨害排除請求権を代位行使し、抵当不動産の明渡しを請求できる（最判平11.11.24）。<u>抵当権に基づく妨害排除請求</u>によっても明渡請求が認められる（前掲判例・傍論）。

35 ◯　代価弁済は、抵当権者がこれを要求し、第三取得者がこれに応じた場合にだけ可能である（378条）。第三者が<u>所有権を買い受け、その代価を抵当権者に支払った</u>のであれば、当該抵当権は、抵当不動産のうえからは全部消滅することはもちろんである。

36 ✕　判例は、抵当権設定当時、非堅固建物が存在したが、将来、<u>堅固建物が建築されることを予定して土地の担保価値を評価</u>した場合には、堅固建物を基準として法定地上権の成立を認める（最判昭52.10.11）。

ひっかけ問題

37 ✕　抵当権の設定後に抵当地に建物が築造されたときは、<u>築造した者が抵当権設定者であるか否かを問わず</u>、抵当権者は、土地とともにその建物を一括して競売できる（389条1項本文）。なお、建物から優先弁済を受けることはできない（同項ただし書）。

3 しっかり基礎

問題 1
○○○

債権である不動産賃借権には、物権的請求権が認められないから、不動産賃借人は、賃借権の登記を有していても、これを妨害する第三者に対して、妨害排除請求ができない。

問題 2
○○○

入会権は所有権、地上権などと同様不動産登記簿に登記しなければならない物権であるから、登記なくして第三者に対抗することはできない。

問題 3
○○○

AがB社の倉庫に保管してある商品をCに売却し、B社に対して以後はCのために商品を保管するように通知した場合、B社がこれを承諾したときには、当該商品の占有権はAからCに移転する。

問題 4
○○○

Cは、A所有の建物を賃借していたBとの間で、Bが所有者であると誤信して当該建物の売買契約を締結し、Bから建物の引渡しを受けた。この場合Cは善意・無過失であれば当該建物の所有権を取得できる。

問題 5
○○○

BがAから預かっていたカメラを、CはBの所有物であると過失なく信じて買い受けた場合、Aは売却されたときから2年間は、Cに対してそのカメラの返還を請求することができる。

問題 6
○○○

賃借地を占有していた土地賃借人である被相続人が死亡した場合、その相続人は、賃借地を現実に占有していなくても賃借人の死亡により当然に賃借地の占有権を取得する。

問題 7
○○○

占有者が、占有物を返還する場合、当該占有物についてその物の保存のために必要な費用を費やした場合には、その占有者は占有について善意であるときに限り、回復者に当該必要費の償還を請求することができる。

1 ✕ 判例は、登記などの<u>対抗力ある土地賃借権</u>を有する者は、その土地を不法占拠している者に対して妨害排除請求権を有する（最判昭30.4.5）、とする。

2 ✕ 入会権の内容は、ほとんど地方慣習法によって定まるものであり、<u>登記もできず</u>（不動産登記法３条参照）、入会権の実体さえあれば登記なくして第三者にも対抗できる（大判大10.11.28）。

3 ✕ 代理人によって占有する場合、本人がその代理人に対して以後第三者のためにその物を占有することを命じ、その<u>第三者がこれを承諾</u>したときは、その第三者は、占有権を取得する（184条）。

4 ✕ 建物の所有者でないBには、建物の処分権限がないので、Cが善意・無過失でも当該建物の所有権を取得できない。また、即時取得制度は、公示の不完全な動産取引の安全を図る制度であるから、<u>動産が対象</u>であり、不動産である建物には適用されない。

5 ✕ 即時取得の対象となる動産が<u>「盗品又は遺失物」の場合</u>には、即時取得の特則によって原権利者は２年間返還請求ができる（193条）が、「横領した動産」（預かっていた動産の売却）については、原権利者は返還請求ができない。

6 ◯ 判例は、<u>占有権も相続（包括承継）</u>され、被相続人が死亡して相続が開始されるときは、特別の事情のない限り、従前被相続人の占有に属していたものは、当然相続人の占有に移ると解すべきである（最判昭44.10.30）、としている。

7 ✕ 占有者が占有している物のために出費をした場合、<u>占有者の善意・悪意にかかわらず</u>、出費した費用（必要費・有益費）の償還請求が認められている（196条）。

問題 8

占有者は占有を奪われた場合はもちろん、他人の欺罔行為によって占有物を詐取された場合にも、占有回収の訴えにより、その物の返還および損害賠償を請求することができる。

問題 9

AはBにパソコンを貸していたが、Bがそれを返さないので、Aは無断で持ち帰った。この場合、BがAを被告として占有回収の訴えを提起したときは、その訴訟において、Aは自己に所有権があると反論をすることはできない。

問題 10

土地の所有者は、境界またはその付近において建物を築造しまたは修繕するために、隣人の承諾なしに必要な範囲内で隣地を使用することができる。

問題 11

他の土地に囲まれて公道に通じない土地の所有者は、公道に至るために無償で隣地を通行する権利を有し、必要があるときは、自分の費用で整地をしたり、砂利を敷いて通路を開設することもできる。

問題 12

他人の動産に加工した者がいる場合、当該加工物の所有権は、加工者が取得するが、加工によって生じた価格が動産の価格を著しく超えるときは、当事者の特約によって定める。

問題 13

各共有者の持分価格の過半数で選任された共有物の管理者は、共有物の利用・改良に関する行為をすることができるが、共有者の全員の同意を得なければ、共有物の形状や効用を著しく変更することができない。

問題 14

土地の共有者Aは、他の共有者BまたはCがそれぞれの持分に応じて当該共有地の分割を請求しても、特段の定めのない限り、分割請求を拒否することができる。

ひっかけ問題

8 ✕
占有者が他人に任意に物を移転したときは、移転の意思が他人
の欺罔行為によるものであったとしても、「奪われた」とはいえ
ないから、占有回収の訴えは提起できない（大判大11.11.27）。

9 ○
占有回収の訴えが提起された場合、裁判は占有回収の訴えの要
件だけを審理すべきであるから、本権に関する理由で裁判する
ことは許されない（202条2項）。ちなみに、本権に基づく反訴
を提起することは認められている（最判昭40.3.4）。

10 ○
土地の所有者は、隣地の使用ができる（209条1項1号）。隣地
を使用する場合には、原則として、事前に、使用の目的、日時、
場所などを隣地所有者等に通知しなければならない（事前通知
制／同3項）。

ひっかけ問題

11 ✕
袋地の所有者は、公道に出るためその土地を囲んでいる他の土
地を通行でき（210条1項）、必要があるときは、通路を開設す
ることができる（211条2項）。もっとも、通行地の損害に対し
ては、原則として、償金を払わなければならない（212条本文）。

12 ✕
動産に加工した場合、その加工物の所有権は、材料の所有者に帰
属するが、加工によって生じた価格が材料の価格を著しく超え
るときは、加工者がその物の所有権を取得する（246条1項）。

13 ○
共有物の管理者は、各共有者の持分価格の過半数で選任され
（252条1項かっこ書）、共有物の管理に関する行為（利用・改
良行為）はできるが、軽微な変更を除いて、共有者全員の同意
がなければ共有物の形状または効用に著しい変更を加えるこ
とはできない（252条の2第1項）。

14 ✕
共有は分割の自由が原則であるから、各共有者は、分割しない
旨の特約がない限り、いつでも共有物の分割を請求することが
できる（256条1項）。

問題
15
○○○
共有物の持分が相続財産に属する場合には、相続開始のときから10年を経過したときであっても、相続財産に属する共有物の持分については遺産分割手続を利用しなければならない。

問題
16
○○○
不動産が数人の共有に属する場合において、共有者が他の共有者の存在や所在を知ることができないときは、裁判所は、共有者の請求により、その共有者に、当該所在等不明共有者の持分を取得させる旨の裁判をすることができる。

問題
17
○○○
A、B、C及びDが不動産を共有している場合、A、B及びCがDの存在や所在を知ることができないときは、裁判所は、A、B及びCの請求により、A、B及びCが特定の者に対して有する持分を譲渡する権限をA、B及びCに付与する旨の裁判をすることができる。

問題
18
○○○
所有者不明土地管理人は、裁判所の許可を得ないで、所有者不明土地等の性質を変えない範囲内の利用又は改良以外の行為をすることができないが、当該土地に対する保存行為については裁判所の許可は不要である。

問題
19
○○○
所有者不明建物管理命令の効力が及ぶのは当該管理命令の対象とされた建物及び建物内の動産のみであり、当該建物所有者が建物のために設定した借地権には、当該管理命令の効力は及ばない。

問題
20
○○○
共有物を不法に占有する者に対する損害賠償請求権は、保存行為から発生する請求権であるから、共有者の1人は他の共有者全員のために当該損害賠償額の全額を請求することができる。

問題
21
○○○
相続人なくして死亡した共有者に特別縁故者がいる場合には、まず共有持分が特別縁故者に対する財産分与の対象となり、残存する財産があれば他の共有者に帰属する、とするのが判例である。

15 ✕ 共有物の持分が相続財産に属する場合、相続開始の時から10年を経過したときは、共有物分割手続を利用することができる（258条の2第2項）。ただし、他の共有者から異議の申出があったときは、共有物分割手続を利用することができない（同ただし書）。

16 ◯ 取得の請求をした共有者が2人以上あるときは、請求をした各共有者に、所在等不明共有者の持分を、請求をした各共有者の持分の割合で按分してそれぞれ取得させる（264条の2第1項）。

17 ✕ 裁判所は、「当該所在等不明共有者以外の共有者の全員が特定の者に対してその有する持分の全部を譲渡することを停止条件として」特定の者に譲渡する権限を付与する旨の裁判をすることができる（262条の3第1項）。

18 ◯ 「保存行為」（264条の3第2項1号）および「所有者不明土地等の性質を変えない範囲内」の利用・改良行為（同2号）には裁判所の許可は不要であるが、それ以外の行為、すなわち「変更行為と処分行為」については、裁判所の許可は必要である（264条の3第2項本文）。

19 ✕ 所有者不明建物管理命令の効力は、当該管理命令の対象とされた建物及び建物内の動産のほか、建物の敷地に関する権利（借地権その他の使用収益を目的とする所有権以外の権利）にも及ぶ（264条の8第2項）。

ひっかけ問題

20 ✕ 判例は、共有者から不法占有者に対してその損害賠償を求める場合には、各共有者は、それぞれその共有持分の割合に応じて請求すべきものであって、その割合を超えて全額を請求することは許されない（最判昭51.9.7）、とする。

21 ◯ 共有者が相続人なくして死亡した場合は、その持分は他の共有者に帰属する（255条）が、その者に特別縁故者がいる場合には、判例は、まず特別縁故者への分与に充てられ、残余があれば255条により他の共有者に属する（最判平元11.24）、とする。

問題 22
○○○

留置権者が留置している目的物について、債務者である目的物の所有者が第三者に当該目的物を譲渡した場合には、留置権は消滅する。

問題 23
○○○

留置権は物権であるから、双務契約における同時履行の抗弁権と異なり何人に対しても行使できるが、被担保債権が契約によって生じた債権に限られる点は同時履行の抗弁権と同様である。

問題 24
○○○

建物の買主が、当該建物の引渡しを受け居住していたが、代金不払いのため売買契約を解除された後に必要費や有益費を支出した場合、費用償還請求権に基づいて当該建物を留置することができる。

問題 25
○○○

他人物売買における買主は、所有者の目的物返還請求に対し、他人物売主の債務不履行を原因とする損害賠償債権を理由に留置権を主張することができる。

問題 26
○○○

留置権および先取特権は、当事者の意思によらずに成立する法定担保物権であるから、担保目的物が滅失・損傷し、それによって債務者が保険金などの金銭を受けた場合は、当該金銭に物上代位権を行使することができる。

問題 27
○○○

一般先取特権および動産先取特権は、債務者が当該先取特権の目的である動産を第三者に売却し引渡した（占有改定を含む）後は、当該動産について先取特権を行使することはできない。

問題 28
○○○

動産質権者は、質権の目的である動産の用法に従い、使用・収益ができる代わりに、管理費用を負担しなければならず、債権の利息を請求できない。

ひっかけ問題

22 ✕ 留置権は物権であるが、登記などの<u>対抗要件がなくても第三者に主張できる</u>。したがって、目的物の所有権が債務者から第三者に移転しても、留置権は消滅せず、留置権者は、その第三者に対して、留置権を行使して目的物の引渡しを拒むことができる。

23 ✕ 留置権によって保全される債権は、物に関して生じた債権（<u>物と債権の「牽連性」</u>という）であれば、必ずしも契約から生じた債権に限られない。例えば、AとBが傘を取り違えた場合の相互の返還請求権についても留置権の成立が認められる。

24 ✕ 解除後の占有のように、占有すべき権利がないことを知りながら他人の物の占有を継続していて、その際、支出した費用の償還請求について、判例は、<u>295条2項の類推適用</u>により留置権の成立を認めない（最判昭46.7.16）。

ひっかけ問題

25 ✕ 他人物売買における買主の売主に対する損害賠償請求権と所有者の買主に対する目的物返還請求権との間には、<u>牽連性はない</u>との理由で、判例は留置権を認めない（最判昭51.6.17）。

ひっかけ問題

26 ✕ 先取特権のうち、物上代位（304条）が認められるのは、動産先取特権と不動産先取特権である。債務者の総財産を目的とする<u>一般先取特権</u>には物上代位は認められない。また、<u>留置権</u>には優先弁済的効力がないから、物上代位は認められない。

27 ◯ <u>一般先取特権および動産先取特権</u>については、その目的物である動産を債務者が第三者に<u>売却し引渡した後</u>は、その追及力が遮断され、先取特権を行使することができなくなる（333条）。ここでの引渡しには、占有改定も含まれる（大判大6.7.26）。

28 ✕ 動産質権者は、不動産質権者の場合（356条）と異なり、設定者（質物の所有者）の<u>承諾がなければ</u>質物をその用法に従い使用することはできない（350条、298条2項）。

これで合格

問題 1

不動産がAからB、BからCに売り渡された後に、A・B間の売買契約がAの錯誤により取消された場合、Cが所有権移転の登記を受けていても、悪意であれば、Aは、Cに当該不動産の所有権を主張することができる。

問題 2

強制競売において、競売される債務者の所有に属さない動産が強制競売に付された場合にも、当該動産を競落した競落人はその所有権を即時取得できる。

問題 3

自己所有の自転車を盗まれたAは、街でBが乗っているのを見かけたので、事情を聴いてみると、その自転車はBがオークションで落札したとのことであった。Bに即時取得が成立していても、Aは、盗難の日から2年以内であれば、謝礼を支払ってその自転車の引渡しを求めることができる。

問題 4

BがA所有の建物をそれと知りながら占有し、Aからその建物の返還請求を受けた場合には、Bは占有している間、当該建物に造作を施したとしても、建物の価値を増加させた費用の償還をAに請求することはできない。

問題 5

善意の占有者であっても本権の訴えにおいて敗訴した場合には、敗訴の時から悪意の占有者とみなされるので、その時までに消費した果実については、それが訴え提起後のものであっても返還する義務を負わない。

問題 6

質権者Aは、債務者X所有の時計を占有していたが、BがAからこの時計を盗んだ。この場合、Aは、Bに対し、質権に基づく返還請求の訴えまたは占有回収の訴えのいずれによっても時計の返還を求めることができる。

1 ○ 錯誤による取消しは、<u>善意・無過失</u>の第三者に取消しの効果を主張できない（95条4項）が、第三者Cは悪意であるため、Cの登記の有無にかかわらず、Aは、Cに当該不動産の所有権を主張することができる。

2 ○ 即時取得は、取引における外観の信頼を保護する制度であるから、「取引行為」によって占有を承継しなければならない。取引行為とは、売買、代物弁済、弁済、質権設定、強制競売などである。判例も<u>強制競売に即時取得の適用</u>を認める（最判昭42.5.30）。

ひっかけ問題

3 ✕ 占有者が、盗品または遺失物を、競売もしくは公の市場において、またはその物と同種の物を販売する商人から、善意で買い受けたときは、被害者または遺失者は、占有者が<u>支払った代価を弁償</u>しなければ、その物を回復することができない（194条）。

ひっかけ問題

4 ✕ <u>悪意の占有者であっても</u>、建物の造作のための費用などの有益費について、その造作による価値の増加が返還請求を受けた当時にも存在する場合に限り、回復者に償還請求をすることができる（196条2項本文）。

5 ✕ 善意の占有者には果実収取権がある（189条1項）が、本権の訴えに敗訴したときは、<u>訴え提起の時から悪意の占有者とみなさ</u>れ（同条2項）、果実の返還義務を負う（190条1項）。したがって、訴え提起後に消費した果実については返還義務を負う。

6 ✕ 動産質権者は、継続して質物を占有しなければ、その質権を第三者に対抗できない（352条）から、質物の占有を奪われたときには、<u>占有回収の訴えによってのみ</u>、その質物の回復をすることができるにすぎない（353条）。

問題
1
○○○

Aの所有地をBが文書を偽造して自己名義に移転登記をし、さらにそれをCに売却してC名義に移転登記がされた場合には、物権的請求権に基づいて、AはCにA名義への移転登記請求ができる。

問題
2
○○○

占有する者が真の権利を有していなくても、所有者として動産を所持する場合にはその所有権を有するものと推定され、質権者として動産を保管している場合には、質権を有するものと推定される。

問題
3
○○○

BはA所有のパソコンをAから賃借していたが、Aの承諾を得たうえでCに転貸していたところ、Aからそのパソコンを買い受けることになった場合、Bは指図による占有移転の方法により当該パソコンの占有権を取得する。

問題
4
○○○

所在等不明共有者の持分が、共同相続人間で遺産の分割をすべき相続財産に属する場合、相続開始の時から5年を経過していないときは、裁判所は、所在等不明共有者の持分の取得の裁判をすることができない。

問題
5
○○○

防火地域内では、隣地の境界線から50センチメートル以上の距離を置かなくても、外壁が耐火構造を有する建物であれば、民法の規定にかかわらず、建物を建築できる。

問題
6
○○○

Aの所有する動産とBの所有する動産が付合して分離することができなくなった場合、両動産について主従の区別をすることができないときには、AとBは、付合している割合でその合成物を共有するものと推定される。

問題
7
○○○

土地の共有者Aは、他の共有者Bの同意がなければ、共有地に地上権の設定をすることはできないが、Bの所在を知ることができないときには、AはBの同意を得ることなく、当該共有地に地上権の設定をすることができる。

1 ◯ Cの登記は無効であり、Aは登記を失ってもいまだ土地の所有者（実体的権利者）であるから、AはCに対して、物権的請求権の行使として登記の移転を請求することができる。

2 ◯ 占有する者が、真の権利を有しなくても、占有者は占有物の上に行使する正当な権利を有することが推定される（本権の推定／188条）。登記ある不動産については、登記に推定力が認められるので、本条の推定は働かない（最判昭34.1.8）。

3 ✕ 当該パソコンは、「譲受人の代理人が現に所持する場合」に当たるので、A・B間の占有権の移転はその合意だけで足りる（182条2項）。これは「簡易の引渡し」である。

4 ✕ 所在等不明共有者の持分が、共同相続人間で遺産の分割をすべき相続財産に属する場合、相続開始のときから10年を経過していないときは、裁判所は、所在等不明共有者の持分の取得の裁判をすることができない（264条の2第3項）。

5 ◯ 判例によれば、防火地域内で外壁が耐火構造の建物を築造する、いわゆる接境建築を認めた建築基準法65条が適用される場合には、民法234条1項は適用されない（最判平元.9.19）。

6 ✕ 付合した動産について主従の区別をすることができないときは、各動産の所有者は、その付合の時における価格の割合に応じてその合成物を共有する（244条）。

7 ✕ 共有地に地上権を設定することは、「共有物の効用を著しく変更する」行為に当たるので、所在等不明共有者がいる場合には、裁判所の決定が必要である（251条2項）。ただし、軽微な変更の場合には、持分価格の過半数で決することができる（251条1項、252条1項）。

3

よく出る問題

問題
1
○○○

A・B間でA所有の甲住宅または乙住宅の売買契約がなされたが、乙住宅が選択権を有するAの過失で焼失したときは、債権は甲住宅の給付を目的とする特定物債権として成立する。

問題
2
○○○

A・B間で、A所有の建物の売買契約を締結したが、Bへの引渡し前に、Aの責めに帰することができない事由によって当該建物は焼失してしまった。損害を受けたBは、Aに対して債務不履行による損害賠償請求ができる。

問題
3
○○○

債権者は、自己の債権を保全するため、裁判所の許可を得た場合に限り、債務者の一身に専属する権利についても債権者代位権を行使することができる。

問題
4
○○○

債権者代位権は、債権者が債務者の代理人として債務者の権利を行使するものであって、債権者が自己の名をもって債務者の権利を行使するものではない。

問題
5
○○○

債権者Aは、Bに対する金銭債権を保全するためにBのCに対する融資金債権の支払請求権を代位行使するにあたり、Cに対してBへの支払を請求できるだけであり、直接自己への支払請求をすることはできない。

問題
6
○○○

債権者が債務者に対する80万円の金銭債権を保全するため、債務者の第三債務者に対する100万円の金銭債権を代位行使する場合、代位権は一般資産(責任財産)を保全するものであるから、100万円全額について代位行使できる。

問題
7
○○○

履行期が到来した債務について、債務者が一部の債権者に債務の本旨に従った弁済(本旨弁済)をすることは、その分だけ債務も減少するから、原則として詐害行為とならない。

---

1 ◯ 選択債権の場合、<u>選択権を有する債務者Aの過失</u>により一方の給付が不能になった場合、当然に残存するものに特定する（410条）。なお、選択権を有する者の過失がない限りは、選択権者は不能の債権を選択することができる。

2 ✕ 債務不履行による損害賠償請求は、<u>債務者に帰責事由があることが必要</u>である（415条1項）。建物の引渡債務を負うAの責めに帰することができない事由によって焼失してしまった場合は、債務不履行は問題とならず、危険負担が問題となる。

3 ✕ 行使するかどうかを<u>債務者の自由な意思に委ねるべき権利</u>（行使上の一身専属権）については、債権者代位権を行使できない（423条1項ただし書）。例えば、被害者が慰謝料請求する前の「慰謝料請求権」（最判昭58.10.6）などである。

ひっかけ問題

4 ✕ 債権者は、<u>自己の名をもって</u>債務者の権利を行使するものであり、債務者の代理人として、債務者の権利を行使するものではない。

ひっかけ問題

5 ✕ 債権者が債務者に対して有する金銭債権を保全するため、債務者の第三債務者に対する<u>金銭債権を代位行使</u>した場合には、直接、自己へ金銭の支払いを請求できる（423条の3前段）。

6 ✕ 債権者が債務者に対する金銭債権を保全するため債務者の第三債務者に対して有する金銭債権を代位行使する場合、債権者は<u>自己の債権額の範囲</u>においてのみ債務者の債権を行使し得る（423条の2）。

7 ◯ 債務者が、一部の債権者に弁済することにつき、原則として詐害行為にならない。ただし、<u>一部の債権者と通謀し他の債権者を害する意思</u>を持って弁済した場合には詐害行為になる（424条の3第1項）。

問題
8
○○○
債務者が、不動産を売却して消費、隠匿、散逸のしやすい金銭に代えることは、共同担保の効力を減ずることになるから、その売買代金が相当であっても詐害行為になり得る。

問題
9
○○○
債権者の債権が成立する前に不動産が譲渡されていれば、当該債権成立後に所有権移転登記がなされたとしても、総体的にみれば、債権発生後に詐害行為がなされたと評価できるから、当該譲渡は詐害行為取消権の対象となる。

問題
10
○○○
債権の目的が性質上可分である場合、当事者の意思表示によって数人が連帯して債権を有するときは、各債権者はすべての債権者のために履行の請求ができ、債務者はすべての債権者のために履行をすることができる。

問題
11
○○○
B・CがAに対して600万円の連帯債務（負担部分は平等）を負担している場合、AがBに対して債務を免除した場合、AはCに対して600万円の支払いを請求することができる。

問題
12
○○○
B・CがAに対して600万円の連帯債務（負担部分は平等）を負担している場合、Bが債務を承認すると時効の完成が猶予されるから、Cの債務についても、消滅時効が完成しない。

問題
13
○○○
主たる債務については違約金の約定がないのに、保証債務についてのみ違約金または損害賠償の金額の約定をすることは、保証債務の付従性に反するから無効となる。

問題
14
○○○
BはAから金員を借り受け、Cが当該債務について連帯保証人となった。弁済期の到来後、AがBに請求せずにいきなりCに弁済の請求をしてきた場合、CはAに対してまずBに請求せよと抗弁することができる。

8 ○ 相当価格での不動産売却についても、<u>費消しやすい金銭に代えること</u>は共同担保として効力を減ずることになるから、詐害行為になることがある（424条の2）。

9 ✕ 判例は、不動産物権の<u>譲渡行為が取消債権者の債権成立前</u>にされたものである場合には、その登記が債権成立後になされたときであっても、詐害行為取消権を行使できない（最判昭55.1.24）、とする。

10 ○ 連帯債権は、同一の債権につき、複数の債権者がいる場合であり、債権の目的が性質上可分である場合に<u>当事者の意思表示</u>または<u>法令の規定</u>によって成立する（432条）。連帯債権は<u>相対的効力が原則</u>である（435条の2）。

11 ○ 債権者が連帯債務者の一人にその債務を免除したときは、免除を受けた債務者だけに効力が生じ（<u>相対的効力</u>）、他の連帯債務者の債務の額には影響を及ぼさない（441条）。

ひっかけ問題

12 ✕ 絶対的効力が認められる事由（438条、439条1項、440条）に該当しない、「<u>債務の承認</u>」は、<u>相対的効力</u>を有するにすぎない（441条）から、連帯債務者の1人がした債務の承認は、他の債務者には影響を与えない。

13 ✕ 保証債務は、<u>主たる債務とは別個の債務</u>であるから、保証債務にだけ、違約金または損害賠償の額を約定することができる（447条2項）。これは保証債務の内容の拡張（448条）ではないから、付従性にも反しない。

14 ✕ 連帯保証は、普通の保証と異なって、<u>補充性を有しない</u>から、連帯保証人には催告の抗弁権（452条）や検索の抗弁権（453条）は認められていない（454条）。

問題 15
○○○
預金者Aの子Bが無断でAの預金証書と印鑑を持ち出し、Aになりすまして銀行から預金の払戻しを受けた場合、銀行は善意であれば、その過失の有無にかかわらず、その払戻しは有効となる。

問題 16
○○○
債務者が債務の弁済をする際、債権者の受領拒絶が明らかな場合であっても、債権者の翻意の可能性もあるから、債務者は弁済の提供をしなければ債務不履行の責任を免れることはできない、とするのが判例である。

問題 17
○○○
GのSに対する債権がGの債権者G2により差し押さえられ、SのGに対する弁済が差止められた場合、GがSからの弁済を受領してしまったときは、もはやG2はSに対して自己に弁済すべき旨を請求できない。

問題 18
○○○
自働債権が時効によって消滅している場合には、相殺することができないが、受働債権が時効によって消滅している場合には、時効の利益を放棄すれば相殺することができる。

問題 19
○○○
不法行為によって生じた損害賠償請求権について、債務者からする相殺は原則として禁止されているが、債権者からする相殺は認められる、とするのが判例である。

問題 20
○○○
指図証券および記名式所持人払証券（債権者を指名する記載がなされている証券であって、その所持人に弁済すべき旨が付記されているもの）を譲渡するには、その証券に譲渡の裏書をして譲受人に交付しなければ、その効力を生じない。

問題 21
○○○
承諾の期間を定めて、隔地者に対して契約の申込をした場合、その期間内に承諾の通知が発せられたときは、到達が当該期間の経過後であっても、原則として契約は成立する。

15 ✕ Bは、(預金)債権の受領権者としての外観を有する者であるから、銀行が善意・無過失であれば、受領権者としての外観を有する者に対する弁済として有効となる(478条)。

16 ✕ 判例は、債権者が契約の成立を否定するなど、弁済を受領しない意思が明確と認められる場合には、口頭の提供をしなくても債務不履行責任を負わない(最判昭32.6.5)、とする。

17 ✕ 自己に対する債権が差し押さえられ、支払の差止めを受けた第三債務者は、自己の債権者に弁済できない。それにもかかわらず、自己の債権者に弁済した場合には、差押債権者はさらに自己に弁済するように請求することができる(481条1項)。

18 ✕ 自働債権が時効消滅した場合でも、消滅以前に相殺適状にあれば相殺できる(508条)。受働債権が時効消滅したときでも、時効の利益を放棄(146条)して、相殺することができる。

19 ○ 債権が不法行為によって生じたときは、その債務者(不法行為者)は原則として相殺をすることができない(509条柱書本文)が、判例は、不法行為に基づく損害賠償債権を自働債権として相殺することまでは禁止されない(最判昭42.11.30)、とする。

20 ✕ 指図証券(手形とか小切手など)を譲渡するには、その証券に裏書をして譲受人に交付しなければ効力を生じない(520条の2)が、記名式所持人払証券(記名式持参人払式小切手など)を譲渡するには、その証券を譲受人に交付するだけで効力を生じる(520条の13)。

21 ✕ 承諾期間の定めのある申込みに対して、申込者が当該期間内に承諾の通知を受けなかったときは、その申込みは、その効力を失う(523条2項)。よって、承諾の通知の到達が承諾期間の経過後であれば、契約は成立しないのが原則である。

問題22
○○○

A・B間でA酒店の瓶ビール2ダースの売買契約が成立したが、引渡しを担当していたAの従業員の過失により、当該ビール1ダースが割れてしまった。この場合、BはAに対して危険負担に基づいて代金の減額請求ができる。

問題23
○○○

A・B間で契約を締結していたときに、Aが第三者Cとの間で契約上の地位を譲渡する旨の合意をした場合、その契約の相手方Bがその譲渡を承諾したときは、契約上の地位はCに移転する。

問題24
○○○

定型取引を行うことを合意した者は、定型約款を契約の内容とする旨の合意をしたときには、定型約款の個別の条項についても合意をしたものとみなされる。

問題25
○○○

贈与は、相手方のある単独行為であるから、贈与者が自己の財産を無償で相手方に与える意思表示をすれば、財産権移転の効力が生じ、相手方の受諾を必要としない。

問題26
○○○

書面によらない贈与は、履行が終わらない限り、贈与者は解除することができるが、受贈者は贈与によって利益を受けるだけであるので、受贈者からの解除はできない。

問題27
○○○

AがCの所有する土地を自分の所有であると偽ってBに売却した場合、Aがこの土地の所有権を取得してBに移転させることができないときは、この売買契約は無効となる。

問題28
○○○

引き渡された特定物売買の目的物が種類、品質または数量に関して契約の内容に適合しないものであるときには、買主は、売主に対して目的物の修補請求や不足分の引渡しを請求することはできるが、代替物の引渡しを請求することはできない。

22 ✕ 危険負担は、<u>債務者に帰責事由がない場合</u>に問題となる（536条1項）。Aの従業員の過失によって、当該ビールの一部が滅失したのであり、履行補助者の過失として、債務不履行の問題となり（415条）、危険負担の問題とはならない。

23 ◯ 契約上の地位の移転には、元の契約の<u>相手方の承諾</u>が必要である（539条の2）。なお、賃貸不動産の譲渡に伴う賃貸人の地位の移転については、特則がある（605条の2）。

24 ◯ 定型取引とは、<u>ある特定の者が不特定多数の者を相手方</u>として行う取引であって、その内容の全部または一部が<u>画一的</u>であることがその双方にとって合理的なものをいう（548条の2第1項柱書かっこ書）。

25 ✕ 贈与は、ある財産（動産、不動産、債権）を無償で相手方（受贈者）に与える契約（<u>無償契約</u>かつ片務契約）であるから、相手方の<u>承諾の意思表示が必要</u>である（549条）。

ひっかけ問題

26 ✕ 書面によらない贈与は「<u>各当事者</u>」は自由に解除できる（550条本文）。したがって、贈与者のみならず受贈者も解除することができる。

27 ✕ 判例は、他人の物の売買において、その目的物の所有者が、売買成立当時からその物を他に譲渡する意思がなく、売主がこれを取得し買主に移転することができないような場合であっても、その<u>売買契約は有効</u>に成立する（最判昭25.10.26）、とする。

28 ✕ <u>特定物売買・不特定物売買にかかわらず</u>、売買の目的物が種類、品質、数量に関して契約の内容に適合しないときは、買主の<u>追完請求</u>（修補、代替物の引渡し、不足分の引渡し）が認められる（562条1項本文）。

問題
29

土地の売主が、売却する土地を買い戻したいときは、売買契約と同時に買戻しの特約をしなければならない。また、買戻しの期間を定めていないときは、5年以内に買い戻しをしなければならない。

問題
30

賃貸人は、原則として賃借人が目的物を使用・収益するのに必要な修繕義務を負うが、賃貸人が賃貸物の保存に必要な行為をしようとするときは、賃借人は拒むことができない。

問題
31

賃借人は、賃借物について賃貸人の負担に属する必要費を支出したときは、賃貸人に対し、直ちにその償還を請求することができるが、有益費を支出したときには、賃貸借が終了するまでは、償還請求ができない。

問題
32

借地上にある建物の売買契約がなされた場合であっても、特別の事情のない限り、建物の売主は敷地の賃借権をも譲渡したと評価されないから、建物の譲渡につき土地賃貸人の承諾を得る必要はない。

問題
33

物の引渡しを内容とする請負の場合、注文者の報酬支払と同時履行の関係に立つのは請負人の仕事の目的物の引渡しであり、請負人の仕事の完成義務は先履行の義務である。

問題
34

請負人が材料の全部または主要な部分を提供しているが、注文者が請負代金のほとんどを支払っている場合、特段の事情がない限り、建築された建物の所有権は、引渡しを待つまでもなく、完成と同時に注文者に帰属する。

問題
35

無償の委任契約を締結した受任者は、委任契約の目的に適するよう、自己のためにするのと同一の注意を持って委任事務を処理すれば足りる。

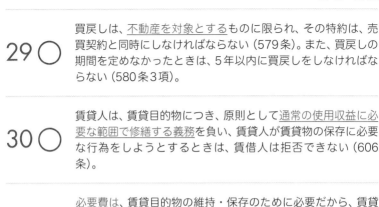

29 ◯ 買戻しは、<u>不動産を対象とする</u>ものに限られ、その特約は、売買契約と同時にしなければならない（579条）。また、買戻しの期間を定めなかったときは、5年以内に買戻しをしなければならない（580条3項）。

30 ◯ 賃貸人は、賃貸目的物につき、原則として<u>通常の使用収益に必要な範囲で修繕する義務</u>を負い、賃貸人が賃貸物の保存に必要な行為をしようとするときは、賃借人は拒否できない（606条）。

31 ◯ <u>必要費は</u>、賃貸目的物の維持・保存のために必要だから、賃貸借の終了を待たないで、<u>直ちに償還請求</u>できるが、有益費は賃貸借が継続する限り、その支出の効果は賃借人が受けるから、賃貸借契約終了後に償還請求できるにすぎない（608条2項）。

32 ✕ 判例は、借地上の建物が売買された場合、特別の事情のない限り、売主はその<u>敷地の賃借権をも譲渡した</u>ものと解すべきであり、建物の売主は敷地の賃借権譲渡につき賃貸人の承諾を得る必要がある（最判昭47.3.9）、とする。

33 ◯ 請負が、完成された<u>物を引渡す債務を内容としている場合</u>には、その引渡しと報酬の支払いとは同時履行の関係に立つ（大判大5.11.27）。物の引渡しを内容としない場合、請負人は同時履行の抗弁権によって保護される余地はない（633条ただし書）。

34 ◯ 判例は、注文者が、請負人に対し、<u>全工事代金のほとんどの支払をしてきた</u>ような場合には、特段の事情のない限り、建築された建物の所有権は、引渡しを待つまでもなく、完成と同時に原始的に注文者に帰属する（最判昭44.9.12）、とする。

ひっかけ問題

35 ✕ 受任者は、委任の本旨に従い、善良な管理者の注意をもって委任事務を処理する義務を負う（644条）から、無償委任の場合であっても、<u>受任者は善管注意義務</u>を負う。

3 ③債権法
しっかり基礎

問題
1
○○○

債権の目的が特定物の引渡しの場合には、債務者は目的物の引渡しのときまで善管注意義務を負うが、贈与契約は無償・片務契約であるから、特定物の贈与者は善管注意義務を負わない。

問題
2
○○○

期限の定めがない債務は、債務者が履行の催告（請求）を受けたときから履行遅滞となるから、不法行為に基づく損害賠償債務は、法律の規定によって生じる債務であるが、債権者（被害者）からの催告がなければ履行遅滞にならない。

問題
3
○○○

金銭債務については、大地震などの不可抗力によって債務者の履行が遅滞していても、債務者は損害賠償責任を免れず、他方、債権者は損害を証明することなく損害賠償請求をすることができる。

問題
4
○○○

債務者が自らすでに権利を行使していたときでも、期限を猶予していたり、権利を放棄したなどその行使の方法または結果の良否によっては、例外的に債権者は債権者代位権を行使することができる。

問題
5
○○○

AはB所有の建物を賃借する契約を締結したが、Cが権限もなく当該建物を占有している場合、Aが、自己の賃借権を保全するためにBに代位して、Cに対して建物を直接自己へ明渡すことを請求することができる。

問題
6
○○○

離婚に伴う財産分与は、不相当に過大であり財産分与に仮託してなされた財産処分であると認められる事情があったとしても、債務者の自由意思を尊重する行為であるので、詐害行為取消権の対象とはならない。

1 ✕ <u>特定物の引渡しを目的とする債権</u>について、債務者は物の保存に善管注意義務が要求される（400条）。したがって、特定物を贈与する場合には、贈与者は善管注意義務を負うことになる。

2 ✕ 期限の定めがない債務は、債務者は<u>履行の催告を受けた時</u>から遅滞となる（412条3項）。この例外として、不法行為に基づく損害賠償債務は、催告を要することなく、<u>損害の発生（不法行為の成立）と同時に遅滞</u>になる（最判昭37.9.4）。

3 ◯ 債務不履行として損害賠償責任が発生するためには、債務者の帰責事由が必要であるが、<u>金銭債務については特則</u>が設けられている（419条3項）。また、金銭債務の不履行の場合は、利息だけの損害はつねに生ずるから、特則が設けられている（同条2項）。

ひっかけ問題

4 ✕ 債務者が<u>自ら権利を行使している場合</u>には、その行使の方法が不適切で債権者にとって不利益であっても、債権者は、もはや債権者代位権は行使できない（最判昭28.12.14）。

5 ◯ 判例は、建物の賃借人が、賃貸人たる建物所有者に代位して、建物の不法占拠者に対しその明渡しを請求する場合には、<u>直接自己に対して明渡し</u>をなすべきことを請求することができる（最判昭29.9.24）、とする。

ひっかけ問題

6 ✕ 判例は、離婚に伴う財産分与は、民法768条3項の規定の趣旨に反し、<u>不相当に過大</u>であり、<u>財産分与に仮託してされた財産処分</u>であると認められるような場合には、詐害行為になる（最判昭58.12.19）、とする。

問題
7
○○○
B・C・DがAに対して連帯債務を負担している場合、Dは、相続人として配偶者D2、嫡出子D3を残して死亡した。この場合、各相続人はDの債務の分割されたものを承継し、その範囲においてB・Cとともに連帯債務者となる。

問題
8
○○○
GのSに対する債権がBとCに二重に譲渡され、ともに確定日付のある譲渡通知が同時にSに到達した場合には、BとCは、Sに対してそれぞれの譲受債権全額の弁済を請求することができる。

問題
9
○○○
AのBに対する債権がCに譲渡された場合、BはAから当該債権をCに譲渡した旨の通知があるかまたはBが承諾するまでにAに対して生じた事由をもって譲受人Cに対抗できる。

問題
10
○○○
併存的債務引受と免責的債務引受のいずれも債権者と引受人となる者との契約によってすることができるが、併存的債務引受の場合には、債務者の同意がなければ効力を生じない。

問題
11
○○○
東京で、秋田に所在する秋田スギの木材（特定物）の売買契約がなされたが、当事者が引渡し場所を特約していなかった場合は、買主は秋田まで引き取りに行かなければならない。

問題
12
○○○
債務者が、金銭債務に代えて、自己の不動産で弁済する契約をした場合、所有権を移転させる旨の意思表示で足り、登記その他引渡行為まで完了させることを要しない、とするのが判例である。

問題
13
○○○
相殺には、遡及効があるから、期限を付した相殺の意思表示は無効であるが、「もし、債務があれば相殺しよう」という相殺の意思表示は許される。

7 ◯ 判例は、連帯債務者の一人が死亡し、その相続人が数人ある場合に、相続人らは、<u>被相続人の債務の分割されたものを承継</u>し、各自その承継した範囲において、本来の債務者とともに連帯債務者となる（最判昭34.6.19）、とする。

8 ◯ 判例は、二重譲受人双方への<u>確定日付のある通知が債務者のもとに同時に到達した場合</u>は、各譲受人は債務者に対して、それぞれ債権全額の弁済を請求することができる（最判昭55.1.11）、とする。

9 ◯ 債権譲渡がなされた場合の債務者は、<u>対抗要件具備時（通知または承諾）</u>までに譲渡人に対して生じた事由を譲受人に対抗できる（469条1項）。

10 ✕ いずれも<u>債権者と引受人</u>となる者との契約によってすることができる（470条2項、472条2項前段）が、<u>債務者の同意は不要</u>である。ただし、免責的債務引受の場合には、債権者から旧債務者にその契約をした旨の通知が必要である（472条2項後段）。

11 ◯ 弁済の場所について、当事者に<u>別段の意思表示がなければ</u>、特定物の引渡しは、契約当時にその物が存在していた場所で行われる（484条1項）。これ以外の場合には、債権者の現在の住所でなされる（持参債務の原則／484条1項）。

ひっかけ問題

12 ✕ 判例は、代物弁済（482条）が債務消滅の効果を生ずるためには、所有権移転の意思表示をなすのみでは足りず、<u>所有権移転登記手続の完了</u>が必要である（最判昭40.4.30）、とする。

13 ◯ 相殺に<u>条件・期限を付すことは許されない</u>（506条1項後段）が、「もし、債務があれば相殺しようという」という意思表示はここにいう「条件」ではないから、禁止されない。

3 ③債権法
しっかり基礎

問題
14
○○○

民法では、差押禁止債権を受働債権とする相殺、および差押えを受けた債権を受働債権とする相殺は禁止されているが、それぞれの債権を自働債権とする相殺までは禁止されていない。

問題
15
○○○

A・B間で成立していた建物賃貸借契約（Bは敷金差入）が終了した。この場合、Aの敷金返還債務とBの建物明渡債務は、同時に履行させるのが公平であるから、両者に同時履行の抗弁権が認められる。

問題
16
○○○

金銭債務の弁済期が到来したため支払いを請求してきたAに対して、債務者のBは受取証書の交付があるまで弁済を拒否できるが、債権証書の返還と引き換えに弁済するとの抗弁はできない。

問題
17
○○○

A・B間で、AがBに1000万円支払って、Bの有する特定の不動産を第三者Cに移転する契約を締結した場合、CはBに受益の意思表示をしたときに建物の引渡しを請求する権利のみを取得する。

問題
18
○○○

A所有の不動産が、AからB、BからCに転々譲渡されたが、Bの債務不履行により、A・B間の売買契約が解除された場合、Cは善意であっても登記を備えなければ、当該不動産の所有権を取得できない。

問題
19
○○○

解除権を有する者が、過失で契約の目的物（特定物）を著しく損傷し、もしくはこれを返還できなくさせてしまった場合でも、解除の効果として、価格による原状回復義務が認められるから、契約の解除権は消滅しない。

14 ✕
差押禁止債権を受働債権とする相殺は禁止されるが、これを自働債権とする相殺までは禁止されていない（510条）。他方、差押えを受けた債権を自働債権とする相殺は禁止される（481条）が、これを受働債権とする相殺は、必ずしも禁止されているわけではない（511条）。

15 ✕
賃借人が敷金を差し入れている場合、敷金の返還時期は、賃貸借が終了し、賃貸物の返還を受けたときに賃貸人は敷金を返還しなければならない、とされているので、同時履行の抗弁権は認められない（622条の2第1項第1号）。

16 ◯
弁済と受取証書の交付（486条）とは同時履行の関係にあるから、受取証書の交付があるまで弁済を拒否しても遅滞の責任を負わない（486条）。債権証書の返還と弁済との関係については、弁済が先履行である（487条）。

ひっかけ問題

17 ✕
第三者のためにする契約（537条〜539条）が特定物の所有権を第三者に移転することを目的とする場合には、第三者の受益の意思表示により、第三者は債権だけではなく、当該不動産の所有権をも取得できる（大判明41.9.22）。

18 ◯
545条1項ただし書により、契約の解除前に利害関係を有するに至った第三者が保護を受けるためには、その権利につき対抗要件を備えていることが必要である（最判昭33.6.14）。

19 ✕
解除権者が故意または過失によって契約の目的物（特定物）を著しく損傷したような場合、価格による原状回復義務だけでは、相手方に充分な利益を与えることができないから、公平の見地から、原則として解除権が消滅する（548条本文）。

3 ③債権法
しっかり基礎

問題 20 ○○○

A・B間で、A所有の建物（登記済）を書面によらずにBに贈与した場合、AからBに当該建物の引渡しが行われていなくても、所有権移転登記がなされていれば、Aはその贈与契約を撤回することはできない。

問題 21 ○○○

手付が交付された建物の売買契約において、買主が売主に代金を支払期日に提供して、建物の引渡しを求めた後であっても、売主は手付の倍額を償還して売買契約を解除することができる、とするのが判例である。

問題 22 ○○○

BがAから買い受けた建物にはCの抵当権が設定され、登記がなされていた。Bは抵当権の実行により建物の所有権を失い、損害を受けた場合には、売買契約の当時抵当権の存在を知っていたとしても、Aに損害の賠償を請求できることがある。

問題 23 ○○○

使用貸借契約では、当事者が返還の時期を定めていないときは、貸主はいつでも返還を請求することができる。借主が死亡した場合には、借主の地位は相続人に相続され、その使用貸借は当然に終了しない。

問題 24 ○○○

AはBに賃貸中の土地をCに譲渡し、賃貸人たる地位の移転もなされた場合（Cの所有権登記済み）、BがAに入れていた敷金は、BのAに対する未払賃料債務があればこれに当然充当され、残額があればその権利義務関係が当然にCに承継される。

問題 25 ○○○

Aは所有建物をBに賃貸し、BはAの承諾を得て、その建物をCに転貸していたが、AはBの賃料不払いを理由に当該賃貸借契約を解除した。この場合、Aはあらかじめ Cに賃料の代払いの催告をしなくてもCにその解除を対抗できる。

20 ◯ 書面によらない不動産の贈与契約において、その不動産の<u>所有権移転登記がなされたとき</u>は、引渡しの有無を問わず、履行が終わった（最判昭40.3.26）とされるから、贈与者は解除することができなくなる（550条ただし書）。

21 ✕ 手付が授受されたときは、当事者の一方は<u>相手方が履行に着手するまで</u>は手付を放棄する、または倍額を償還して契約を解除できる（557条1項／最判昭40.11.24）。買主が代金を支払期日に提供しているから、履行の着手が認められ、売主は解除できない。

22 ◯ 売買の目的物に抵当権が設定されている場合、抵当権の実行がなされる前であっても、契約の内容に不適合な抵当権が設定されているとして売主に損害賠償責任を追及できる（564条）。この場合、<u>買主の善意・悪意は問わないが</u>、<u>売主に帰責事由</u>が必要である（415条1項ただし書）。

23 ✕ 使用貸借契約において、貸主が契約を解除していつでも返還を請求することができるのは、当事者が<u>使用貸借の期間も使用及び収益の目的も定めていないとき</u>である（598条2項）。また、使用貸借契約では、借主が死亡したときには<u>当然に終了</u>する（597条3項）。

24 ◯ 賃貸借契約存続中に賃貸人が賃貸土地の所有権を第三者に譲渡し、新所有者が<u>賃貸人の地位を承継した場合</u>には、未払賃料債務があればこれに当然充当され、残額があれば当然に新賃貸人に承継される（605条の3、605条の2第4項）。

25 ◯ 判例は、賃貸人が転貸借を承諾した場合でも、賃貸人が賃料の不払を理由として賃貸借契約を解除するには、特段の事情のない限り、転借人に<u>催告をして賃料の代払の機会を与えなければならないものではない</u>（613条3項）、とする。

3

③債権法

これで合格

債務不履行による損害賠償請求の場合には、債権者が債務者の故意または過失を立証する必要があり、不法行為による損害賠償請求の場合には、被害者が加害者の故意または過失を立証する必要がある。

Ａ・Ｂは、Ａが約束の期日にＢの住所地に目的物を持参し、その引渡しと同時にＢが代金を支払う旨の契約を締結した。ところが、Ａ・Ｂともに弁済の提供をしないまま履行期を徒過した場合、ＡもＢも履行遅滞による損害賠償責任を負う。

Ｂ・Ｃ・ＤがＡに対して600万円の連帯債務（負担部分は平等）を負担している場合、ＡがＢに対して連帯の免除をしたときは、Ｂの債務は200万円の分割債務となるが、Ｃ・Ｄの債務は600万円の連帯債務である。

主たる債務が詐欺により取消しできる債務を保証した者は、保証契約のときに、取消しの原因を知っていたときは、主たる債務が取り消された場合、保証人は主たる債務と同一目的の独立した債務を負担したものと推定される。

民法が定める、一定範囲に属する不特定の債務を主たる債務とする保証契約を締結した保証人（個人の保証人に限る）は、主たる債務の元本、主たる債務に関する利息など極度額を限度として、履行をする責任を負う。

主たる債務の範囲に事業のために負担する債務が含まれる根保証契約は、保証人となろうとする者（個人に限る）が、あらかじめ公正証書で保証債務を履行する意思を表示していなければ、当該保証契約は無効となる。

譲渡債権が時効消滅するおそれがあるにもかかわらず、譲渡人が当該債権を譲渡した旨を債務者に通知しない場合、譲受人は保存行為として、譲渡人に代位して債務者に対し自ら債権譲渡がなされた旨の通知をすることができる。

1 ✕ 　債務不履行の場合は、「債務者」が自己に故意または過失のないことを立証しなければならず（415条1項ただし書）、不法行為の場合は、被害者（債権者）が加害者（債務者）の故意または過失を立証しなければならない。

ひっかけ問題

2 ✕ 　双務契約の当事者であるＡ・Ｂ間には、同時履行の抗弁権が認められている（533条）から、履行期を徒過しても、Ａ・Ｂ双方の履行の遅滞は違法とならない。したがって、履行遅滞責任は生じないし、損害賠償責任（415条）も発生しない。

3 ◯ 　「連帯の免除」とは、当該連帯債務者に対して、負担部分以上請求しないという債権者の一方的な意思表示である。これによって連帯の免除を受けた債務者の債務は分割債務となり、他の債務者の債務は、連帯債務のままである。

4 ✕ 　主たる債務が詐欺を理由として取り消された場合、保証債務も付従性によって消滅する。保証人が主たる債務と同一の目的を有する独立の債務を負担したものと推定されるのは、主たる債務が行為能力の制限を理由として取り消された場合である（449条）。

5 ◯ 　民法の定める「個人根保証契約」（一定範囲に属する不特定の債務を主たる債務とする保証契約）の保証人は、本肢のように主たる債務の元本、主たる債務に関する利息等の額について、極度額を限度として、履行する責任がある（465条の2第1項）。

6 ◯ 　公正証書の作成が必要となるのは、個人の保証人であり、事業のために負担した貸金等債務を主たる債務とする保証契約または主たる債務の範囲に事業のために負担する貸金等債務が含まれる根保証契約である（465条の6第1項）。

7 ✕ 　債権譲渡の通知は、通知をするかどうかは、譲渡人の意思によって決せられるべきであるから、必ず譲渡人から通知することが要求され、譲渡人が通知を怠っている場合であっても、譲受人が代位して通知を行うことはできない（大判昭5.10.10）。

3 ③債権法
ポイントアップ

問題 1
銀行から1000万円を借入れた企業が、返済期限が到来したにもかかわらず、返済をしない場合、銀行は裁判所に訴えて、直接強制の方法によって債務者の債務の強制的実現を図ることができる。

問題 2
申込者の意思表示または取引上の慣習により承諾の通知を必要としない場合には、契約は、承諾の意思表示と認めるべき事実があった時に成立する。

問題 3
Bは、Aの旅行中に、Aから頼まれて飼いネコを預かったが、そのネコが狂暴でBの鼻に咬みついてBは2針も縫う怪我を負った場合、Aはそのネコが猫をかぶっていたことを知らなかったときでも、Bに損害賠償しなければならない。

問題 4
和解は、当事者が互いに譲歩してその間に存在する争いをやめる契約であるから、後日に争いが起こらないようにする必要があり、和解契約は、書面でしなければ、その効力を生じない。

問題 5
一時的な事務管理を除き、事務管理を始めた者は、本人またはその相続人もしくは法定代理人が管理をすることができるようになるまで、事情の如何を問わず、管理を継続しなければならない。

問題 6
数人が共同の不法行為によって他人に損害を加えたときは、各自が連帯して損害賠償責任を負うが、共同行為者のうち、いずれが損害を加えたかを知ることができないときは、因果関係が認められないので、損害賠償責任は負わない。

問題 7
Aの被用者Bと第三者Cとの共同不法行為により他者Dに損害を与えた場合、Cが自己とBとの過失割合にしたがって定められるべき自己の負担部分を超えてDに損害を賠償したときは、CはBの負担部分についてAに求償できる。

問題 8
「同意は、不法行為の成立を阻止する。」という法格言は、身体に対する侵害について同意をするには行為能力は必要ではないが、財産に対する侵害について同意をするには行為能力が必要であると解釈できる。

1 ○ 金銭の支払いを目的とする、いわゆる「与える債務」については、債務者が任意に債務の履行をしないときには、債権者は、強制履行を裁判所に請求できる（414条1項本文）。貸金返済債務は与える債務であり、直接強制によることができる。

2 ○ 手紙でホテルを予約した場合、ホテル側が返事を出さず部屋を準備するというように、承諾の通知を必要としないで、一定の事実によって契約が成立する（527条）。もっとも、消費者問題での「押し付け販売」（ネガティブ・オプション）とは異なる。

ひっかけ問題
3 × 受寄者が、寄託物を保管する際に寄託物の性質によって損害を被った場合には、原則として、寄託者に損害賠償責任が発生するが、寄託者がその性質を知らなかった場合には、損害賠償責任を負わない（661条）。

ひっかけ問題
4 × 和解契約は、「当事者が互いに譲歩をしてその間に存する争いをやめることを約することによって、その効力を生ずる。」（695条）、諾成・不要式（書面を必要としない）の契約である。

5 × 管理者は、原則として、本人などが管理できるようになるまで管理を継続しなければならないが、管理の継続が本人の意思に反したり、本人に不利であることが明らかな場合には、管理を継続することは許されない（700条）。

ひっかけ問題
6 × 数人が共同の不法行為によって他人に損害を加えたときは各自連帯して損害賠償責任を負い、共同行為者のうち、いずれが損害を加えたかを知ることができないときも、因果関係が推定され、各自連帯して賠償責任を負う（719条1項）。

7 ○ 判例は、被用者Bと第三者が共同不法行為により他者に損害を与えた場合、その第三者が自己の負担部分を超えて被害者に賠償したときは、その第三者は被用者の使用者にその超えた分（被用者の負担部分）だけ求償できる（最判昭63.7.1）、とする。

8 × 被害者の同意が違法性を阻却するかどうかは、その同意の対象となる被侵害利益の種類によって異なる。財産権の侵害については、ほとんどの場合に違法性が阻却されるが、生命や身体の侵害については、被害者の同意があっても違法性が阻却されない場合が多いと解されている［同意殺人（刑法202条）など］。

3 よく出る問題

問題 1
○○○

18歳の男女が婚姻する場合には、各々の父母の同意を得る必要はないが、20歳になる前にその夫婦が離婚する場合には、その父母の同意が必要とされる。

問題 2
○○○

夫婦の一方は、婚姻を継続し難い重大な事由があるときには、離婚の訴えを提起することができるが、自ら婚姻を継続し難い状況を招いた者（有責配偶者）からの離婚請求は認められない。

問題 3
○○○

A男とB女は内縁関係にあったが、B女は正式に妻としての地位がほしくなり、勝手に婚姻届を作成して提出してしまった。A男はそれを知って怒りまくったが、そのまま放置しておいたので、当該婚姻は有効となる余地はない。

問題 4
○○○

強迫されてこわくなって婚姻届を提出した婚姻、養子（女）と養父が離縁により縁組を解消した後にした婚姻、再婚禁止期間に該当する婚姻は、すべて取消しできる婚姻となる。

問題 5
○○○

夫婦の一方が死亡した場合において、姻族関係は当然に終了せず、姻族関係終了の意思表示が必要であるが、死亡配偶者の血族から、生存配偶者との姻族関係を消滅させることもできる。

問題 6
○○○

配偶者が、一定期間生死不明の状態が続く場合には、裁判所に対して失踪宣告の請求がなされるが、失踪宣告がなされると裁判上の離婚をしたものとみなされ、婚姻関係は解消する。

問題 7
○○○

事実上の婚姻関係にあるA・Bには配偶者としての相続権が認められないから、AとBが長年にわたって夫婦同様の関係にあり生計を同じくしていたとしても、Aが死亡したときには、Aの相続財産をBが取得する余地はない。

1 ✗ 18歳の男女が婚姻する場合には、その父母の同意は不要（737条は削除された）であり、離婚する場合にも父母の同意は不要である。

2 ✗ 判例は、信義則による制約があるとしつつも、相当の長期間別居し、その間に未成熟の子が存在しないなど、離婚請求を容認することが著しく社会正義に反するといえるような特段の事情がない限り、認められる（最判昭62.9.2）、とする。

3 ✗ 判例は、内縁の夫婦の一方が、勝手に婚姻届を作成提出した場合、夫婦としての実質的生活関係が存在しており、のちに他方が届出の事実を知って追認したときは、婚姻は追認により届出の当初に溯って有効となる（最判昭47.7.25）、とする。

4 ◯ 強迫による婚姻は、取消事由である（747条1項）。養子と養親は、婚姻禁止（736条）に違反した婚姻は、取消事由になる（744条1項）。再婚禁止期間（733条1項）に違反した婚姻は、取消事由になる（744条1項）。

5 ✗ 配偶者が死亡すれば、生存配偶者は、自らの意思で、いつでも一方的に、姻族関係を終了させることができるし、維持しておくこともできる（728条2項）。しかし、死亡配偶者の血族からは、生存配偶者との姻族関係を消滅させることはできない（同項参照）。

6 ✗ 失踪宣告がなされると、「死亡」したものとみなされ（31条）、婚姻関係が解消する。「裁判上の離婚」をしたものとみなされるのではない。

7 ✗ 内縁の配偶者には、相続権は認められていないが、他に相続人が存在しない場合には、被相続人と特別の縁故があった者（958条の3）として財産分与の請求ができる（岡山家審昭46.12.1）。この要件を充足すれば、相続財産の分与を受ける余地がある。

3 ④家族法
よく出る問題

問題
8

Cは、A・Bが内縁関係にある間に懐胎され、婚姻届提出後に生まれたが、その出生が婚姻届提出後200日を経過していない場合には、Cは嫡出子たる身分を取得しない。

問題
9

甲・乙は、A・B間の嫡出子として生まれた子Cを出生直後にもらい受け、自分たちの嫡出子として出生の届出をした。この場合、甲・乙夫婦が多年養育をしたときでも、Cは甲・乙の嫡出子たる身分を取得しない。

問題
10

夫と他の女性との間に生まれた子を自分の妻との間の嫡出子として出生の届出をした場合、この届出によって出生子が嫡出子となるわけではないが、当該届出には、認知としての効力が認められる、とするのが判例である。

問題
11

Aと婚姻関係にないBとの間に生まれた子Cについて、Bの母DがAに無断でAがCを認知する旨の届出をした場合、A・C間には生物学上の親子関係があるから、認知は無効とはならない。

問題
12

普通の養子縁組は、養子となる者と養親となる者との契約によって成立する縁組であるが、特別養子縁組は実父母または養親となる者の請求により家庭裁判所の審判によって成立する縁組である。

問題
13

15歳未満の者を養子とする縁組について、法定代理人は、養子となる者の父母で監護権者がいるときには、その者の同意を得なければならないから、その者が親権を停止されている場合でも、その者の同意を得なければならない。

問題
14

相続における同時存在の原則の例外として、胎児は相続については既に生まれたものとみなされるから、死産の場合であっても胎児の相続権は否定されない。

8 ✗ 内縁の妻が、内縁関係の継続中に懐胎し、適法に婚姻をした後に出生した子は、たとえ婚姻の届出とその出生との間に200日の期間を有しない場合であっても、婚姻前に懐胎していたものと推定し、嫡出子たる身分を取得する(772条1項後段2項)。

---

9 ◯ 虚偽の嫡出子出生届によっては、実親子関係は生じないのは、もちろんのこと、判例は、養子縁組としての効力も生じないとする(最判昭25.12.28、)。したがって、Cは甲・乙の嫡出子たる身分を取得することはなく、Cと甲・乙との養子縁組も成立しない。

---

10 ◯ 夫と他の女性との間に生まれた子を夫婦の嫡出子として出生の届出をした場合、この届出は、嫡出子出生届としては無効であるが、当該届出には、認知としての効力が認められる(最判昭53.2.24)。

ひっかけ問題

11 ✗ 認知をする者には、認知意思が必要であるから、他人が本人に無断で認知の届出をした場合、認知者と被認知者の間に生物学上の親子関係があっても、本人に認知意思がない以上、無効となる(最判昭52.2.14)。

ひっかけ問題

12 ✗ 普通養子は、婚姻とパラレルに契約として捉えられている。すなわち、縁組当事者の意思の合致(合意)と届出によって成立するのに対して、特別養子縁組は、養親となる者の請求により、家庭裁判所の審判によって成立する(817条の2第1項)。

---

13 ◯ 代諾縁組が成立すると、養親が親権を行使することになり(818条2項)、親権を停止されている父母は停止期間を経過しても親権を行使できなくなる。このことから親権停止されている父母に同意権を与えている(797条2項)。

---

14 ✗ 胎児は、相続については既に生まれたものとみなされる(886条1項)。この規定は生きて生まれてきたときに相続を認めるものであり、死産だった場合には適用がない(886条2項)。

問題
15

占有権は、本権の有無にかかわらず、物を事実上支配する状態そのものを権利として認めるものであり、被相続人が実際に所持していた物は、当然に相続人が所持するということはないから、占有権は相続の対象とならない。

問題
16

Aには妻B、嫡出子C・D、非嫡出子Eがいる。Cには嫡出子Fがおり、Cは相続人から廃除されている。以上の事実関係の下で、Aが死亡した場合には、Fの相続分は相続財産の5分の2である。

問題
17

相続人が一人である場合、当該相続人が相続の単純承認をしたときを除いて、家庭裁判所は、利害関係人または検察官の請求によって、いつでも、相続財産の管理人の選任その他の相続財産の保存に必要な処分を命ずることができる。

問題
18

被相続人の有した預貯金債権は遺産分割の対象に含まれるので、遺産分割がなされるまでの間は共同相続人が共同して行使しなければならない。

問題
19

相続の開始後、認知されたことによって相続人となった非嫡出子が遺産分割を請求しようとする場合、他の共同相続人がすでに遺産分割をしてしまったときは、相続分に応じて価額のみによる支払いを他の共同相続人に請求できる。

問題
20

自筆証書遺言をする場合には、遺言者がその全文を自書しなければならないが、当該遺言書にこれと一体のものとして添付する財産目録の全部または一部は自書する必要はない。

問題
21

家庭裁判所の確認を受けた特別方式の遺言（船舶遭難者の遺言）も含めて、すべての遺言書の保管者は、被相続人の死亡を知った後、直ちに、これを家庭裁判所に提出して、その検認を請求しなければならない。

15 ✕ 被相続人の事実的支配にあった物は、原則として、当然に相続人の支配の中に承継されるとみるべきであるから、占有権は、相続人の所持の有無、相続開始の知・不知にかかわらず、相続によって<u>相続人に承継</u>される（最判昭44.10.30）。

16 ✕ 死亡したAをBとC・D・Eが相続するが、Cを代襲してFが相続人となる（890条、887条1項・2項）。そして、代襲者Fは、<u>被代襲者Cの相続分を相続</u>する（901条1項）。すなわち、Fは6分の1（1/2×1/3）を相続する。

17 ✕ 相続人が数人ある場合において<u>遺産の全部の分割</u>がされたとき、<u>相続財産清算人が選任</u>されているときにも相続財産管理人の選任その他の処分が命じられることはない（897条の2）。

18 ✕ 各共同相続人は、原則として遺産に属する預貯金債権のうち、その<u>相続開始時の債権額の3分の1</u>に、当該払戻しを求める<u>共同相続人の法定相続分を乗じた額</u>については、単独でその権利を行使することができる（909条の2前段）。

ひっかけ問題
19 ◯ <u>認知の場合にだけ価額の支払請求権</u>が認められている（910条）。認知を要しない母子関係の場合、母の死亡による遺産分割後に非嫡出子の存在が明らかになったときには、910条は類推適用されず、再分割がなされる（最判昭54.3.23）。

20 ◯ 遺言書に添付する<u>相続財産の目録</u>については、自書以外の方法により作成することが認められる（968条2項前段）。もっとも、当該財産目録の<u>全てのページに署名・押印</u>しなければならない（同条項後段）。

21 ✕ 遺言書の検認は、遺言の現状を確認することによって、偽造・変造を防ぐ証拠保全の手続であるから、そのおそれが少ない<u>公正証書遺言については検認の必要はない</u>（1004条2項）。これ以外のすべての遺言には検認が必要である（同条1項）。

問題
22
○○○

遺言がなされた後に、これと抵触する遺言がされたが、遺言者が故意にその遺言を破棄したときでも、後の遺言によって撤回したものとみなされた前の遺言は、原則として、その効力を回復しない。

問題
23
○○○

配偶者が相続開始時に被相続人所有の建物に居住しており、当該建物について配偶者に配偶者居住権を取得させる旨の遺産分割、遺贈または死因贈与がなされた場合には、配偶者居住権が成立する。

問題
24
○○○

再婚禁止期間の規定に違反した婚姻は取消しされるが、前婚の解消若しくは取消しの日から起算して100日を経過し、又は女が再婚後に出産したときは、その取消しを請求することができない。

問題
25
○○○

出生した子が嫡出の推定を受ける場合において、女が子を懐胎した時から子の出生の時までの間に二以上の婚姻をしていたときは、その子は、その出生の直近の婚姻における夫の子と推定する。

問題
26
○○○

親権を行う者は、監護及び教育に必要な範囲内であれば、「正当なしつけ」として、相当な限度でその子を懲戒することができる。

問題
27
○○○

認知無効の訴えにより、当該認知が無効とされた場合、子は認知をした者が支出した子の監護に要した費用を不当に利得した者として償還する義務を負う。

22 ○ 遺言者が故意に遺言書を破棄したときは、破棄した部分につき撤回したものとみなされる（1024条前段）。しかし、遺言を撤回する第二の遺言がさらに撤回されたときは、原則として第一の遺言の効力は回復しない（1025条本文）。

23 ○ 配偶者居住権の発生原因（1028条1項）となる法律行為は、法文上「遺産分割、遺贈」が明記されているが、死因贈与にはその性質に反しない限り、遺贈に関する規定が準用される（554条）から、配偶者は被相続人との死因贈与契約によっても、配偶者居住権を取得できると解されている。

24 × 女性の再婚禁止期間の規定（旧733条）は削除されているので、いわゆる従来の再婚禁止期間内の婚姻であっても、取り消されることはない（744条）。ちなみに、かかる婚姻の取消しに関する規定（746条）も削除されている。

25 ○ 女性が子を懐胎した時から子が出生するまでの間に複数回の婚姻（再婚、再々婚など）をしていた場合、生まれて来た子はその出生の直近の婚姻における夫の子と推定される（772条3項）。

26 × 親権者の懲戒権は、児童虐待を正当化する口実になっているとの指摘などもあり、現在は「懲戒権規定」は削除されている（旧822条）。もっとも、社会的に許される「正当なしつけ」は、「監護及び教育」（820条）として認められる。

27 × 認知をした父は、法律上の親として子に対する扶養義務を負っている（877条1項）から、認知が無効とされた場合には、かかる監護費用の清算が問題となるが、子が清算の可能性をおそれて認知無効の訴えに躊躇しないように、子に監護費用の償還義務を負わせないことにしている（786条4項）。

しっかり基礎

問題
1
○○○
夫婦の一方が日常の家事に関して第三者と契約をしたときは、他の一方は、当該契約によって生じた債務について、第三者にあらかじめ責任を負わない旨の意思表示をした場合には、連帯責任を排除することができる。

問題
2
○○○
婚姻の届書を作成し、一方が他方にその届出を委託した場合には、届出前に翻意してその旨を市役所の戸籍係員に申し出たとしても、外観上有効な届書が市役所に提出されれば、当該婚姻は有効に成立する。

問題
3
○○○
Bと内縁関係にあったAが、正当な理由がなく内縁関係を破棄した場合には、BはAに婚姻予約の不履行を理由とする損害賠償を請求することができるが、不法行為を理由として損害賠償を求めることはできない、とするのが判例である。

問題
4
○○○
Cは、A・Bが内縁関係にある間に懐胎され、婚姻届提出後に生まれたが、その出生が婚姻届提出後180日めのことであった。Cを他人の子ではないかと疑いをもったAは、嫡出否認の訴えを提起することができる。

問題
5
○○○
離縁した養子は、離縁の日から3か月以内に戸籍法の定めるところにより届け出ることによって、離縁の際に称していた氏を称することができる。

問題
6
○○○
親権者と子との間の利益相反行為について、特別代理人を選任することなく、親権者がその子を代理して行った場合、当該行為は無権代理となる。したがって、その子が成年に達した後、追認すれば、当該無権代理行為は有効となる。

問題
7
○○○
被相続人Aの子Bが相続放棄によって相続権を失ったときは、Bの子CがBを代襲してAの相続人となることはできないが、Aとその子Bが同時に死亡したときは、Bの子CがBを代襲してAの相続人となることができる。

1 ○
日常家事について夫婦の一方が第三者に対して債務を負担した場合には、他の一方は連帯して責任を負う（761条本文）。ただし、第三者に対して責任を負わない旨を予告した場合には、連帯責任を免れる（同条ただし書）。

2 ✕
判例は、離婚の事件で、届出書作成後の翻意について、戸籍係員に翻意を表示しており、届出当時、離婚意思のないことが明確であるときは、相手方に対する翻意の表示などがなくとも、届出は無効である（最判昭34.8.7）、とする。この取扱いが、婚姻届の場合でも認められている。

3 ✕
正当な理由なく内縁を破棄された者は、その相手方に対し婚姻予約の不履行（債務不履行）に基づく損害賠償請求ができるとともに、不法行為に基づく損害賠償を請求することもできるとするのが判例である（最判昭33.4.11）。

ひっかけ問題

4 ○
女性が婚姻前に懐胎した子であっても、婚姻後に出生した場合には、当該夫の子と推定される（772条1項）ので、父は子が嫡出であることを否認することができる（774条1項）。

5 ✕
離婚の際の、婚氏続称（767条2項）の場合と異なり、縁氏続称の場合には、氏変更を目的とした縁組の濫用の防止などという理由から、7年の期間の経過が要件とされている（816条2項）。

6 ○
利益相反行為となる場合、家庭裁判所に特別代理人の選任を請求しなければならないが、特別代理人を選任しないで、親権者が代理行為を行った場合、当該行為は無効ではなく、追認が可能な無権代理行為となる（108条2項本文/最判昭46.4.20）。

7 ○
代襲者が相続を放棄した場合には、代襲相続は生じない（887条2項）。被相続人と相続人（被代襲者）が同時に死亡したときは、「相続の開始以前に死亡」（同条項）に当たるので、代襲相続人が代襲相続することになる。

問題 8
○○○

被相続人が欺罔されて土地を安く売却してしまったが、それを取り消さないまま死亡し相続人が単独相続した場合、相続人は被相続人の生前の詐欺による契約を取り消すことができない。

問題 9
○○○

Aは、3000万円の財産を残して死亡し、相続人として、妻Bと子C・Dがいる。Aが、Cに対し特別受益にあたる1000万円の生前贈与をし、Dに対しては1000万円の遺贈をしている。CはAの遺産の一部を取得することができる。

問題 10
○○○

Aは、3000万円の財産を残して死亡し、相続人として、妻Bと子C・Dがいる。Aが、Cに対し2000万円の遺贈をした場合、DがAの財産の形成にどのような特別の寄与をしていたとしても、Dの寄与分は、1000万円が上限となる。

問題 11
○○○

相続開始の時から10年を経過した後にする遺産の分割は、原則として、特別受益、寄与分等の具体的相続分を考慮せず、法定相続分または指定相続分によってなされる。

問題 12
○○○

相続人が相続財産の一部を処分したとき、自己のために相続開始があったことを知らず、かつそのことを予想もしていなかった場合には、単純承認があったものとみなされることはない。

問題 13
○○○

意思表示の瑕疵による相続の放棄の取消権は、追認することができる時から6か月間行使しないときには、時効によって消滅する。相続の放棄の時から10年を経過したときも取消権は消滅する。

問題 14
○○○

被相続人は遺言により、共同相続人は協議・調停により、家庭裁判所は審判により、それぞれ5年を超えない期間を定めて遺産分割を禁止することができる。

ひっかけ問題

8 ✕
相続人は、一身専属権を除いて、被相続人の財産に属した一切の権利義務を承継するから（896条本文）、被相続人が有していた<u>取消権も承継</u>する（120条）。したがって、相続人は被相続人の契約を取消すことができる。

9 ✕
特別受益者がいる場合には、<u>特別受益を持ち戻した額が相続財産</u>とみなされる。生前贈与を受けた場合は、法定相続分率に従って算出された相続分から、当該生前贈与が控除される。したがって、Cは4000×1/2×1/2−1000＝0となり、Aの遺産から何も取得することはできない。

10 ◯
寄与分は、被相続人が相続開始の時において有した<u>財産の価額から遺贈の価額を控除した残額を超えることができない</u>（904条の2第3項）。よって、DがAの残した財産の形成にどのような特別の寄与をしていたとしても、Dの寄与分として認められるのは、3000万円−2000万円＝1000万円が上限となる。

11 ◯
長期間経過すると、具体的相続分に関する証拠等がなくなってしまい、遺産分割が困難になるからである。ただし、相続の開始時から<u>10年経過する前に家庭裁判所に遺産分割の請求</u>をしていたなどの事情があるときには例外が認められている（904条の3）。

12 ◯
相続財産の処分が単純承認とみなされるためには、相続人が自己のために<u>相続が開始した事実を知り</u>ながら相続財産を処分したか、少なくとも相続人が<u>被相続人の死亡した事実を確実に予想</u>しながらあえてその処分をした場合である（最判昭42.4.27）。

13 ◯
相続の承認・放棄の取消権の期間制限は、一般の取消権行使の場合（126条参照）と<u>比較して短縮</u>されている（919条3項）。なお、限定承認または相続の放棄の取消しをしようとする場合には、家庭裁判所に申述しなければならない（同条4項）。

ひっかけ問題

14 ◯
被相続人は遺言により（908条）、共同相続人は協議・調停により（256条1項ただし書）、家庭裁判所は審判により（908条4項）、それぞれ<u>5年を超えない期間</u>を定めて遺産分割を禁止することができる。

3
3 しっかり基礎
④家族法

問題 15
特定の者に「相続させる」旨の遺言がなされていても、当該遺言により遺産を相続させるものとされた推定相続人が遺言者の死亡以前に死亡した場合には、当該推定相続人の代襲者は代襲相続することができないというのが判例である。

問題 16
相続人が受遺者に対し、相当の期間を定めて、遺贈を承認するか放棄するかの催告をしたにもかかわらず、当該期間内に何らの意思を表示しなかったときは、遺贈の承認があったものとみなされる。

問題 17
15歳の子が自己所有の不動産を第三者に贈与する遺言をした場合、1年後にその子の法定代理人が故意にその遺言書を破棄したときは、当該遺言を撤回したものとみなされる。

問題 18
共同相続人の1人が、相続開始前に家庭裁判所の許可を受けて遺留分を放棄した場合には、相続の放棄の場合とは異なり、他の各共同相続人の遺留分が多くなるものではなく、放棄分だけ被相続人が自由に処分できる財産額が増加する。

問題 19
遺留分侵害額請求権が行使されると、遺贈または贈与は遺留分を侵害する限度で失効し、受遺者または受贈者が取得した権利は、その限度で当然に侵害額請求をした遺留分権利者に帰属する。

問題 20
嫡出否認権は、嫡出子と推定される者に認められる一身専属的な権利であるから、親権を行う母、親権を行う養親又は未成年後見人は、子のために否認権を代理行使することができない。

問題 21
子の嫡出否認の訴えの出訴期間の満了前6か月以内の間に、親権を行う母の親権が停止されているときは、子は、母の親権停止の期間が満了した時から6か月が経過するまでの間は、嫡出否認の訴えを提起することができる。

問題 22
母の離婚後300日以内に生まれた子であって、母が前夫以外の男性と再婚した後に生まれた子について、当該再婚後の夫の子と推定される場合には、前夫は嫡出推定に対する否認権を行使できない。

62

15 ○ 判例は、遺言者が、当該推定相続人の代襲者その他の者に遺産を相続させる旨の意思を有していたとみるべき特段の事情のない限り、その効力を生ずることはないとし、<u>原則として代襲相続を否定する</u>（最判平23.2.22）。

16 ○ 受遺者は、遺言者の死亡後、いつでも、遺贈の放棄ができる（986条1項）。その放棄は、相続人などの利害関係人の地位を不安定にするので、遺贈義務者（相続人など）などの利害関係人には、<u>受遺者に対する催告権</u>が与えられている（987条）。

ひっかけ問題
17 ✕ 遺言書の破棄による<u>遺言の撤回は、遺言者自身</u>によってなされることを要する（1024条前段）。したがって、法定代理人は遺言者でない以上、撤回の効果は生じない。

18 ○ 相続開始前、家庭裁判所の許可を得れば、遺留分を放棄できる（1049条1項）が、遺留分の放棄は、相続の放棄ではないから、相続開始後は、<u>遺留分を放棄した者も相続人となる</u>。<u>遺留分の放棄は、他の共同相続人には何らの影響も与えない</u>（同条2項）。

19 ✕ 遺留分が侵害された場合、遺留分侵害額請求により、現物返還を請求するのではなく、遺留分権利者およびその承継人は、受遺者または受贈者に対し、遺留分侵害額に相当する<u>金銭の支払いを請求</u>することができる（1046条1項）。

20 ✕ 嫡出否認権は、一身専属的な権利ではないから、親権を行う母、親権を行う養親又は未成年後見人は、子のために<u>否認権を代理行使</u>することができる（774条2項）。

21 ○ 子の嫡出否認権を行使する機会を保障するため、本肢のように子の嫡出否認の訴えの<u>出訴期間の特則</u>が設けられている（778条の2第1項）。

22 ✕ 女性が子を懐胎した時から出生までの間に複数の婚姻をしていた場合、その出生の直近の婚姻における夫の子と推定する規定（772条3項）により、父が定められる場合、子の懐胎の時から出生の時までの間に母と婚姻をしていた者、いわゆる<u>前夫（子の父以外の者）は嫡出否認の訴え</u>を提起できる（774条4項本文）。

問題 23
○○○

子は、認知した者と認知後に継続して同居した期間が3年未満のときは、21歳に達するまでの間、認知の無効の訴えを提起することができるが、子による認知の無効の主張が認知をした者による養育の状況に照らして認知をした者の利益を著しく害するときは、認知無効の訴えを提起できない。

問題 24
○○○

相続人の配偶者が、被相続人の生前に被相続人に対して有償による療養看護その他の労務の提供により被相続人の財産の維持・増加について特別の寄与をした場合、相続の開始後、相続人に対し、特別寄与料の支払いを請求することができる。

問題 25
○○○

相続の開始後、嫡出否認権が行使され、新たに父と定められた被相続人の相続人として遺産の分割を請求しようとする場合において、他の共同相続人が既にその分割その他の処分をしていたときは、当該相続人の遺産分割の請求は、価額のみによる支払の請求によりなされる。

問題 26
○○○

子の母は、認知について反対の事実があることを理由として、認知の時から7年以内であれば、子の利益を害することが明らかでない限り、認知の無効の訴えを提起することができる。

得点アップ　プラスα

同時死亡と代襲相続

　被相続人と相続人（被代襲者）が同時に死亡したときは、相続人は被相続人を相続せずに代襲相続人が代襲相続することになります。

得点アップ　プラスα

配偶者居住権と配偶者短期居住権の存続期間

　期間の定めのない配偶者居住権は「その配偶者が死亡するまで」存続しますが、配偶者短期居住権は「相続開始から6か月間」だけ存続します。

23 ○　本肢のように、未成年の子の認知は子の同意がなく行われるものであることなどに鑑み、子がみずから事実に反する認知の無効の訴えを提起するための<u>出訴期間（786条1項1号により7年間）の特則</u>が定められている（同2項）。

24 ✕　特別の寄与の制度は、被相続人の親族であり、かつ、<u>相続人でない者</u>が、<u>無償で</u>被相続人の療養看護をした場合や、無償の労務の提供があった場合に限定されている（1050条1項）。

25 ○　相続の開始後に認知された者の価額の支払請求権（910条）と同様に、相続の開始後に嫡出否認により新たに子と推定された者の遺産分割に係る<u>価額の支払請求権</u>が認められている（778条の4）。

26 ✕　子の母は、認知無効の訴えが子の利益を害することが明らかな場合を除いて、<u>認知を知った時から</u>7年以内に認知について反対の事実があることを理由として、認知の訴えを提起することができる（786条1項3号）。

コラム　赤と黒

　遺言は、死にゆく者の最後の意思による行為ですから、遺言の自由と遺言の撤回の自由も認められています。遺言者が自筆の遺言書全体に赤色のボールペンで斜線を引いた行為が、遺言の撤回に当たるかが問題になった事件がありました。最高裁判所は、遺言の撤回を認めました（最判平27.11.20）。「赤」が決め手になったといえなくもないですね。

問題
1
○○○
A・B間の婚姻成立の日から200日後にCが生まれた場合には、Cは婚姻中に懐胎したものと推定されるので、その婚姻が不適法な婚姻に当たることを理由として取り消されたときでも、Cは嫡出子たる身分を失わない。

問題
2
○○○
婚姻関係にないA・Bは、Cの出生後に婚姻届を提出したが、その後離婚してしまった。その離婚成立後にAがCを認知しても、CはAの嫡出子たる身分を取得しない。

問題
3
○○○
実父母の親権の行使が不適当であることにより子の利益を害するときは、家庭裁判所は、子の請求により、その父または母について、3年を超えない範囲内で、親権停止の審判をすることができる。

問題
4
○○○
被相続人Aの孫Cが自分の父B（被相続人の子）を故意に殺害し、刑に処せられた場合には、そのCがBを代襲してAの遺産を相続することは認められない。

問題
5
○○○
借家権は、財産権の一種であるから、原則として、相続の対象となるが、相続人が居住していない場合で、かつ内縁の配偶者などの居住者がいるなど特段の事情があるときには、相続の対象とならない、とするのが判例である。

問題
6
○○○
相続の承認は撤回することができないから、被保佐人が自己の財産を増加させるために、相続を承認したときには、その承認が保佐人の同意を得ることなくなされた場合であっても、相続の承認を取り消すことは認められていない。

問題
7
○○○
遺産分割は、民法の明文上、「遺産に属する物または権利の種類および性質、各相続人の年齢、職業、心身の状態および生活の状況その他一切の事情を考慮して行う」、とされているから、これに反する遺産分割協議は無効となる。

1 ○ 婚姻成立の日から200日後に生まれた子は、婚姻中に懐胎したものと推定され、嫡出子たる身分を取得する（772条2項）。そして、婚姻の取消は、遡及しない（748条1項）から、Cの嫡出子たる身分は婚姻の取消しによって失われない。

2 × 非嫡出子の出生後に父母が婚姻し、その後に認知がなされれば、認知準正（789条2項）の問題となる。有効な婚姻が成立したのであれば、認知が婚姻取消後に行われても、準正が生ずるとされている。したがって、Aは嫡出子たる身分を取得する。

ひっかけ問題

3 × 児童虐待などがなされても、親権を喪失させるまでには至らない比較的軽い事案などに対して、「親権停止」制度が設けられている（834条の2）。この親権停止の期間は、「2年を超えない範囲内」である（同条2項）。

4 ○ 代襲相続人は被代襲者との関係で相続権を有していなければならず、代襲者が被代襲者との関係で相続欠格事由（891条）に該当し、被代襲者を相続できない場合には、代襲相続もできないと解されている。

ひっかけ問題

5 × 借家権も財産権の一種であり、かつ一身専属性を有しないので相続の対象となる（最判昭29.10.7）。被相続人が相続人なくして死亡した場合には、同居していた内縁の配偶者や事実上の養子が借家権を承継することができる（借地借家法36条）。

6 × 相続承認の撤回は認められない（919条1項）が、承認の意思表示に取消原因（制限行為能力、錯誤・詐欺・強迫）がある場合には、取消しできる（同条2項）。したがって、被保佐人が保佐人の同意を得ずに相続を承認した場合には、取り消すことができる（13条1項6号）。

7 × 遺産分割協議は、共同相続人全員による「合意」であるから、一種の遺産分割契約であると解されている。したがって、民法の定める基準（906条）は、一応の「標準」とされ、公序良俗（90条）に反しない限り、共同相続人の協議で自由に決定できる。

3

ポイントアップ

問題
1
○○○
Aが婚姻関係にないBとの間にもうけた子Cについて、AがCの出生から25年後に遺言により認知した場合、その認知には、Cの承諾が必要であり、認知の時からA・C間に法律上の親子関係が発生する。

問題
2
○○○
真実の親子関係がない戸籍上の親が15歳未満の子について代諾による養子縁組をした場合には、その代諾による縁組は無権代理であるから、養子が15歳に達した後に追認すれば、その縁組は縁組当初から有効になる。

問題
3
○○○
生命保険金請求権については、保険受取人として遺族のうちの特定の者が指名されていた場合は、相続財産には含まれず、その者は固有の権利として生命保険金を取得するが、特別受益とされる余地はある。

問題
4
○○○
遺産分割がなされる前の相続財産は、各共同相続人の特殊な共有状態にあるから、遺産分割が行われる前、自己の相続分を共同相続人以外の第三者に譲渡することは禁止され、譲渡が行われた場合にはその譲渡は無効になる。

問題
5
○○○
相続人が数人ある場合には、家庭裁判所は、相続人の中から、相続財産の管理人を選任しなければならない。相続財産の管理人は、相続人のために、相続人に代わって、相続財産の管理及び債務の弁済に必要な一切の行為をする。

問題
6
○○○
相続人の配偶者が相続放棄をした場合でも配偶者短期居住権の成立が認められるが、配偶者が相続欠格に該当する場合、相続廃除により相続人でなくなった場合には配偶者短期居住権は認められない。

ひっかけ問題

1 ✕ 　認知は遺言ですることができる（781条2項）。しかも、成年の子を認知する場合には、その子の承諾が必要である（782条）。そして、認知の効力は、出生時に遡及する（784条）。

2 ◯ 　真実の親ではない戸籍上の親の代諾は、無権代理と解されるから、15歳に達した養子が追認したときは、116条の規定を類推して有効な縁組になる（最判昭27.10.3）。

ひっかけ問題

3 ◯ 　生命保険金は、「第三者のための契約」として、契約中に指定された「受取人」が原始的に取得するもので、相続財産にはならない（大判昭11.5.13、最判平6.7.18）。なお、一定の場合には、903条類推により特別受益性が認められる（最決平16.10.29）。

4 ✕ 　共同相続人は、遺産分割の前であっても、自己の相続分（相続割合）を自由に第三者に譲渡することができる。その第三者が譲渡を受けると遺産分割の当事者たる地位を取得する。このため、他の共同相続人には取戻権が認められている（905条1項）。

5 ✕ 　相続人が数人ある場合に、相続人の中から家庭裁判所によって選任されるのは、相続財産の清算人である（936条）。相続財産の清算人は、相続人のために、相続人に代わって、相続財産の管理等に必要な一切の行為ができる。

6 ◯ 　相続欠格に該当する場合、相続廃除の場合だけでなく、配偶者が相続開始の時に居住建物に係る配偶者居住権を取得した場合にも配偶者短期居住権が認められない（1037条1項柱書ただし書）。

見捨てる勇気を持て！

03 民法

「知らぬは、ほっとけない！」のは、
合格できない人の負けパターン。
完璧主義が陥りやすい落とし穴だ。
民法は1050条もある。
学習が行き届かない条文・判例もある。
でも、満点を取る必要はない。
知らない問題を解くことより、
得意分野を中心に、
知らない問題は見捨てる勇気を持て！

4

商法

飽きないでネ、根気強くぅ！

商法は、「商い」に関する法律です。試験に出題される商法には、「商法総則、商行為、会社法」が含まれます。ざっくりいうと、試験に出題される可能性がある商法の条文数は、1000か条チョーもあります。さらに会社法の条文の複雑さを考えると、商法の受験勉強は、根気と体力が理解の決め手ということになります。

まさに、飽きないで、根気強く、複雑な内容の条文を理解し、記憶しなければなりません。

■ 目標点数は8点（満点20点）

学習の ポイント

商法は、いわゆる商法分野（商法総則、商行為）と会社法から5問出題されます。最近の出題数は、商法1問、会社法4問です。条文中心の普通レベルの問題ですが、会社法など条文数が多いこともあって、準備不足が生じがちな科目です。

どちらか一方をマスターすればよいわけだ

「商法総則」と「会社法総則」はほぼ同じ規定内容になっていますから、どちらか一方の学習をする際には、必ず他方の条文を確認しておくようにします。「商行為」の分野は、一般法である民法の制度との相違を意識して整理します。「会社法」は株式会社を中心に学習することになりますが、その際、会社法は「取締役会非設置会社・公開会社でない会社（譲渡制限会社）」を中心にルールを定めているという点に留意します。

1 出題者の意図は？

　試験研究センターの出題方針を受けて、商法の出題では、会社法を中心に、たんに制度の内容に関する知識や条文知識の量や正確さだけを求める問題ではなく、むしろ、現代日本の会社（特に、株式会社）の基本的な仕組みを理解させようとする出題がなされています。

2 間違える理由を知ろう！

「間違いの理由、原因」や勉強方法は、本文27ページの「憲法」での解説と同じですので省略しますが、ここでは以下の点に注意してください。

① 注意すべき箇所など

重要な概念	擬制商人
	商号権
	名板貸し（商人・会社）
	支配人（商人・会社）の権利義務
	代理商（商人・会社）の権利義務
	絶対的商行為（商人・会社）
	場屋営業（商人・会社）
	匿名組合（商人・会社）
	譲渡制限会社
	少数株主権
	責任追及等の訴え
間違いやすい点	代理商と支配人の異同（商人・会社）
	商業登記の効力（登記の消極的・積極的公示力）
	商事売買と民法上の売買
	発起設立と募集設立
	取締役・監査役の責任（資本充実責任・任務懈怠責任）
	譲渡制限のない会社と譲渡制限会社
	少数株主権と単独株主権
	普通決議と特別決議
	株主提案権と議案提出権
	取締役会設置会社と取締役会非設置会社
	株式交換と株式交付

・類似の制度・概念は比較対応表を作成しておく。

例：発起設立と募集設立、少数株主権と単独株主権　など

・法人の設立（各種会社の設立）は、行政書士の代表的な業務の一つであり、定款の作成の相談に乗ったり、その他の法人設立をサポートできることを意識して、会社の設立などに関連する条文を理解するようこころがける。

3 ひっかけ問題に注意！

　そもそも「ひっかけ問題」って、どこでひっかけてくるかというと、商法の問題であれば、制度の内容、要件・効果であったり、条文の文言であったりするわけです。もちろん、制度の内容や条文を丁寧に読んで整理しておけば、何の問題もないわけですが、出題者はどのあたりで「ひっかけ」てくるのかを意識しておいたほうが、合理的に学習をすることができます。

ひっかけどころ	ひっかけるやり方	正　解	ひっかける…と
制度の内容	類似の制度名を出題	少数株主権	単独株主権
条文の文言	主語を変える	取締役は～	社外取締役は～
	要件を変える	善意無過失	善意
		議決権の100分の1	議決権の10分の1
	効果を変える	主張できる	主張できない

4 やまかけポイントはここ！

　平成26年に会社法も大きな改正がありましたから、この改正点がやまかけのポイントになります。具体的には、監査等委員会設置会社の仕組み、指名委員会等設置会社との異同など、多重代表訴訟の意義、要件、効果、いわゆるキャッシュ・アウトの意義などです。

　また、会社法は「取締役会非設置会社、公開会社でない会社（譲渡制限会社）」を中心にルールを定めていますから、これらの会社に関する特徴（機関設計や株主総会の権限など）を条文で確認しておきましょう。

　なお、民法（債権法）改正に伴う、商法・会社法の改正（平成29年法45号／例えば、法定利率とか消滅時効等）にも注意が必要です。

　さらに、令和元年の改正会社法にも注意すべきです。具体的には、株主総会資料の電子化、株主提案権の濫用防止、役員に対する補償と保険、社外取締役の設置強制、株式交付制度などです。

5 捨て問はこれだ！

　はっきりいって、本書には「捨て問」はありません。ただ、限られた学習時間の中で、時間をうまく使って学習していくためには、本書の「ポイントアップ」の問題は「捨て問」と考えてよいでしょう。

　受験生の中には、「会社法全問」を捨て問にする人もいますが、他の科目でこの分を得点できる自信がなければ得策とはいえません。

　強いていえば、以下の問題が該当するでしょう。

分　野	商法総則・商行為	会社法／設立・株式	会社法／機関等
ポイントアップ問題番号	1、2	1	3

4 よく出る問題

問題 1
○○○

商法において、商人とは、行政官庁に営業者としての届け出を
し、自己の名をもって商行為をすることを業とする者をいう。

問題 2
○○○

店舗などの設備を持たず物品を売り歩く者（行商人）は、利益を
得る目的をもってその行為を反復継続すれば、商法上の商人と
みなされる「擬制商人」に当たる。

問題 3
○○○

信用金庫法に基づいて設立された信用金庫は、国民のための金
融の円滑を図り、その貯蓄の増強に資するために設けられた共
同組織による金融機関であり、商法上の商人に当たる。

問題 4
○○○

仲立人は、その媒介により当事者間に有効な契約が成立しな
かった場合には、媒介のためにした行為に応じた報酬を請求す
ることができない。

問題 5
○○○

旅館の主人は、特約のない限り、宿泊客から預かった物品（普通
品）の滅失、毀損については、それが不可抗力によることを証明
しなければ、損害賠償の責任を免れない。

問題 6
○○○

登記すべき事項は、登記がなされた後であれば善意の第三者に
も対抗できるが、第三者が正当な事由によって登記がなされて
いることを知らなかったときはその第三者に対抗できない。

問題 7
○○○

個人商人（小商人を除く）は商号を登記するかどうかは自由であ
るが、一度登記したら、当該登記した商号を廃止した場合には、
商号廃止の登記をしなければならない。

1 ✕ <u>自己の名で商行為</u>をすることを業とする者を「商人」という（<u>固有の商人</u>／4条1項）が、営業者として行政官庁に届け出ているか否かとは関係がない（大判大8.5.19）。

ひっかけ問題

2 ✕ <u>店舗などの設備</u>を設けて、そこで物品を販売することを業とする者であれば、商人とみなされる（<u>擬制商人</u>／4条2項）が、店舗などの設備を有しない場合には、商人とみなされない。「行商人」は、一般には小商人（商人である）に当たる（7条）。

ひっかけ問題

3 ✕ 判例は、信用金庫の業務は、<u>営利を目的</u>とするものではないから、商法上の商人に当たらない（最判昭63.10.18）、とする。

4 ◯ 仲立人は、当事者間で<u>契約が成立</u>し、仲立人が契約書を作成し、各当事者に交付した後でなければ報酬を請求することができない（550条1項、546条）。

5 ◯ 旅館、飲食店など客の来集を目的とする場屋の主人は、客から寄託を受けた物品の滅失、毀損につき、それが<u>不可抗力</u>によることを証明しなければ、損害賠償の責任を免れない（596条1項）。

6 ◯ <u>登記事項を登記</u>すると、当該事項については善意の第三者に対しても<u>対抗</u>することができるが、第三者に正当事由があれば、当該第三者には対抗できない（9条1項、会908条1項）。

7 ◯ 個人商人は、商号を登記するかどうかは<u>自由</u>である（商11条2項）が、登記した商号を廃止した場合にはその旨の登記が必要である（10条）。なお、小商人は、商号を登記できない（7条）。

問題
8
○○○

自己の商号を使用して営業することを他人に許諾した商人は、自己を営業主と誤認して当該他人と取引をした第三者に対し、その取引から生じた債務を、当該他人と連帯して弁済する責任を負う。

問題
9
○○○

不正の目的で他の商人と誤認させる商号を使用する者がある場合に、これによって営業上の利益を害されるおそれがある商人は、自らの商号について登記がなければ、その使用の差止めを請求することはできない。

問題
10
○○○

支配人は商人の営業に関して、包括的代理権を有するから、商人が支配人を選任しながら、その代理権に制限を加えても、善意・無過失の第三者に対抗することができない。

問題
11
○○○

支配人は、商人の許可を受けなければ、当該商人に代わってその営業に関する裁判上の行為（当該商人の訴訟代理人としての弁護士を選任する）をすることはできない。

問題
12
○○○

支配人は、営業主である商人の許可を受ければ、他の商人の使用人となることができるし、他の会社の取締役、執行役または業務を執行する社員となることもできる。

問題
13
○○○

商人の営業所の営業の主任者であることを示す名称を付した使用人は、当該営業所の営業に関し、一切の裁判上または裁判外の行為をする権限があるものとみなされる。

問題
14
○○○

代理商は、商人の許可を受けなければ、自己または第三者のために商人の事業の部類に属する取引をすることはできないが、自ら営業する場合には、当該商人の許可は受けなくてもよい。

8 ○
自己の商号の使用を他人に許諾した商人（名板貸人）は、自己を取引の相手と誤認して当該他人（名板借人）と取引した第三者に対して、当該他人と連帯して弁済する責任を負う（14条）。

9 ×
不正の目的で他の商人であると誤認されるような商号を使用する者に対して、営業上の利益を侵害されるおそれのある者は、当該商号の使用の停止または予防を請求できる（12条2項）。このような請求は未登記商号にも認められる（最判昭36.9.29）。

ひっかけ問題

10 ×
支配人は、裁判上および裁判外において包括的な代理権を有する（21条1項）から、支配人の代理権に加えた制限は、善意の第三者に対抗できない（同条3項）。この場合の第三者は、「善意」であれば足り、「無過失」までは要求されていない。

11 ×
支配人は、商人に代わってその営業に関するいっさいの裁判上（自ら訴訟代理人となるか、訴訟代理人としての弁護士を選任するか）または裁判外の行為をする権限を有する（21条1項）。これらの行為について商人の許可は不要である（23条1項参照）。

12 ○
支配人は、包括的な代理権を有しているが、このような権限を有することから全力で営業主である商人のために職務を行うことが期待される（精力分散防止義務）。このため、支配人に営業禁止義務が課せられている（23条1項1号、3号、4号）。

ひっかけ問題

13 ×
商人の営業所の営業の主任者であることを示すべき名称を付した使用人は、その営業所の営業に関し、支配人と同一の権限を有するものとみなされる（表見支配人／24条本文）。表見支配人は、裁判上の行為を行う権限は有しない。

14 ○
代理商は、独立の商人であるから、商業使用人である支配人のような営業禁止義務は課せられていないが、競業禁止義務は課せられている（28条）。

問題
15
○○○

営業を譲渡した商人は、契約で別段の定めをしない限り、同一市町村の区域内および隣接市町村の区域内では、当該営業を譲渡した日から30年間は同一の営業をしてはならない。

問題
16
○○○

譲渡人が譲受人に承継されない債務の債権者（残存債権者）を害することを知って営業を譲渡した場合には、残存債権者は、その善意の譲受人に対しても、承継した財産の価額を限度として、当該債務の履行を請求することができる。

問題
17
○○○

商行為の代理人が、本人のために代理行為をすることを顕名しなかった場合には、当該代理行為の効果は、原則として、代理人に帰属する。

問題
18
○○○

商行為の委任による代理権は、本人の死亡により終了する旨の合意があるときは、本人の死亡により終了するが、この合意がないときは、本人が死亡しても終了しない。

問題
19
○○○

商人間の売買で、買主がその目的物の受領を拒み、またはこれを受領することができないときに、売主はその物を供託し、または相当の期間を定めて催告をした後に競売に付することができる。

問題
20
○○○

商人間の売買で、売主が売買の目的物に種類、品質または数量に関して契約の内容に適合しないことを知っていた場合でも、当該目的物を受領した買主が当該目的物の検査・通知義務を怠った場合には、売主に契約不適合責任を追及することができない。

問題
21
○○○

匿名組合契約は、匿名組合員が営業者の営業のために出資をし、その営業から生ずる利益の分配を受けることを約束することによって、その効力を生ずる。

ひっかけ問題

15 ✕ 営業譲渡人の競業が禁止されるのは、「20年間」である（商16条1項）。もっとも、最長30年間の競業避止義務を負う特約をすることはできる（同条2項）。なお、会社法にも「事業譲渡」に関して、商人の営業譲渡と同じ趣旨の規定がある（会21条参照）。

16 ✕ 営業譲渡の譲受人が営業の譲渡の効力が生じた時において残存債権者を害することを知らなかったときは、残存債権者は当該譲受人に当該債務の履行請求ができない（18条の2第1項ただし書）。

ひっかけ問題

17 ✕ 民法の代理は、代理人が顕名しなかった場合には、原則として本人に効果は帰属しない（民100条）が、商法では、商行為の代理について、顕名しなくても本人に効果が帰属する（504条）。

18 ◯ 商行為の委任による代理権は、本人が死亡しても消滅しない（506条）が、本条は強行規定ではないから、本人の死亡により代理権が消滅する旨の合意があれば、本人の死亡により終了する。

19 ◯ 商法では、商人間の売買で、買主が目的物を受け取らないような場合に、売主に自助売却権が認められている（524条）。民法では、供託が原則である（民494条、497条）が、商法では売主に供託または競売の選択を認めている。

20 ✕ 商人間の売買で買主に目的物の検査・通知義務を課しているのは、善意の売主を保護するためであるから、売主が悪意の場合には、買主は検査・通知義務を怠っても、履行の追完の請求など契約不適合責任を追及できる（526条3項）。

21 ◯ 匿名組合契約は、営業者と匿名組合員による二当事者間の契約である（535条）。民法上の組合（667条）のように多数の当事者が存在するのではない。匿名組合員は営業上の取引について直接、第三者の前には登場しない（匿名性／536条3項）。

4 ①商法総則・商行為
しっかり基礎

問題 1
○○○
営業の許可を受けて営業する未成年者は、未成年者登記簿に登記しなければならないが、成年後見人から特別に営業の許可を受けた成年被後見人が営業をするときにも、後見登記簿に登記しなければならない。

問題 2
○○○
金融商品取引所において、証券会社が一般の顧客からの委託を受けて自己の計算で証券取引を行うときには、当該行為は営業的商行為に当たる。

問題 3
○○○
写真館を始めようとする個人が、そのための店舗を賃借しても、まだ商行為をする意思が明確とはいえないから、その段階では、商人となる余地はない、とするのが判例である。

問題 4
○○○
登記申請権限のない者が過失によって不実の登記をした場合には、登記申請権限のある者は、その登記事項が事実に反するものであることを善意の第三者に主張できない。

問題 5
○○○
代表取締役が選任されているにもかかわらず、その登記がなされていない場合には、会社から善意の第三者に当該代表取締役の存在を主張できないが、善意で当該代表取締役と取引した相手方から当該代表取締役が選任されていることを会社に主張することはできる。

問題 6
○○○
商人の営業とともに商号が譲渡された場合、譲受人は、その商号の登記をしなくても、当該営業を開始していれば、悪意の第三者に対しては、その譲受けを対抗することができる。

1 ✕ 未成年者が自ら営業する場合には、<u>未成年者登記簿</u>に登記する必要がある（5条）が、成年被後見人には営業許可の制度もなく、自ら営業することはできない（民法9条参照）。

2 ✕ 金融商品取引所で取引する場合には、会員（証券会社など）でない者は会員である証券会社に委託することになる。証券会社が<u>自己の計算</u>で証券取引を行うとき（ディーラー業務）には、当該行為は絶対的商行為（501条1号または2号）に該当する。

3 ✕ 判例は、<u>附属的商行為（開業準備行為）</u>がなされたとき、商行為をする意思が客観的に認識可能となったとして、商人資格を認める（最判昭47.2.24）。したがって、写真館のための店舗を賃借することは、附属的商行為に当たり、その段階で、商人となる。

4 ✕ 登記申請の権限のない者が不実の登記をなした場合は、9条2項は適用されない。登記申請に権限を有する者が申請権限のない者による不実の登記を<u>知りながら放置していた</u>ときには、善意の第三者に登記の不実を主張できない（最判昭55.9.11）。

5 ◯ 登記がなされていないときは、事実が存在しても、善意の第三者はこれを認める必要はないから、会社は登記事項をもって善意の第三者に対抗できないが、<u>第三者から</u>会社に事実に従った主張をすることは差し支えない（大判明41.10.12）。

6 ✕ 商号は当事者の意思表示のみによって有効に譲渡できるが、その登記をしなければ、第三者（<u>善意・悪意不問</u>）に対抗できない（15条2項）。15条は商業登記の一般的効力（9条）とは別に、商号譲渡の対抗要件として登記を要求している。

問題
7
○○○

ある商号を使用して営業を営んでいる会社が、その商号を使用して営業を営むことを他人に許諾した場合にその責任を負うのは、特段の事情がない限り、商号使用の許諾を受けた者の営業がその許諾した会社の営業と同種の営業であることまでは必要ではない、とするのが判例である。

問題
8
○○○

営業を譲り受けた商人が譲渡人の商号を引き続き使用する場合には、営業を譲り受けた後、遅滞なく、譲受人が譲渡人の債務を弁済する責任を負わない旨を登記した場合には、譲受人は、譲渡人の営業によって生じた債務を弁済する責任を負わない。

問題
9
○○○

支配人が会社の許可を受けずに、自己または第三者のために会社の事業の部類に属する取引をした場合、その行為によって支配人または第三者が得た利益の額は、会社に生じた損害の額とみなされる。

問題
10
○○○

代理商は、商人のために取引の代理または媒介をしたときは、当該行為の時から2週間以内に当該商人に対して、その旨の通知を発しなければならない。

問題
11
○○○

会社および代理商は、代理商契約の期間を定めていないときには、当事者は3か月前までに予告をすれば、当該代理商契約を解除することができる。

問題
12
○○○

代理商は、取引の代理または媒介をしたことによって生じた債権の弁済期が到来しているときは、原則として、その弁済を受けるまでは、会社のために自己が占有する不動産を留置することができる。

問題
13
○○○

株式会社相互間の事業譲渡において、当該事業の譲受会社が譲渡会社の事業の一部を譲り受けるにすぎない場合には、当該譲受会社では株主総会の決議を必要としない。

7 ✗ 自己の商号を使用して営業をなすことを他人に許諾した会社は、原則として、商号使用の許諾を受けた者の営業が、その許諾をした会社の営業と<u>同種の営業である場合</u>に責任を負う（最判昭43.6.13）。

8 ◯ 営業が譲渡された場合、営業譲受人が譲渡人の<u>商号を続用</u>する場合には、譲渡人の営業によって生じた債務が譲渡人と譲受人との不真正連帯債務となる（17条1項）。しかし、譲受人が譲渡人の債務を弁済する<u>責任を負わない旨の登記</u>をした場合には、弁済の責任を負わない（同条2項前段）。

9 ✗ 支配人は、会社の事業の機密にも通じていることから、競業禁止義務が課せられている（会12条1項2号）。これに違反したときは、この行為によって支配人または第三者が得た利益の額は、会社に生じた損害の額と<u>推定される</u>（同条2項）。

10 ✗ 代理商は、商人のために取引の代理または媒介をした場合、当該商人に対して、「<u>遅滞なく</u>」、その旨の通知を発しなければならない（27条）。

11 ✗ 契約の期間を定めなかったときの契約の解除は、「<u>2か月前までに予告</u>」する必要がある（会19条1項）。なお、やむを得ない事由があれば、当事者はいつでも解除できる（同条2項）。

12 ◯ 代理商の仲介業務の特殊性から、民法の留置権（民295条）とは異なる、<u>特別の留置権</u>が認められている（会20条本文）。なお、当事者が別段の意思表示をしたときは、代理商は、留置権を行使することはできない（同条ただし書）。

13 ◯ 株式会社が事業の重要な一部を譲渡する場合には、原則として株主総会の特別決議が必要である（会467条1項2号、309条2項11号）が、<u>一部の譲渡を受ける譲受会社</u>においては、株主総会の決議を必要としない（会467条1項3号）。

問題
14
○○○
金銭の消費貸借は無利息が原則であるから、商人間における金銭の消費貸借であっても、貸主は、利息を請求する旨の合意がなければ、利息の支払を請求することができない。

問題
15
○○○
商人が平常取引している者から、当該営業の部類に属する契約の申込みを受けた場合、遅滞なく、諾否の通知を発しなければ、当該契約の申込みを拒絶したものとみなされる。

問題
16
○○○
商人間の売買で、売買の性質上、特定の日時に履行されなければ契約が無意味になる場合、売主が履行をしないでその時期を経過したときは、買主が直ちにその履行の請求をしなければ、契約は当然解除されたものとみなされる。

問題
17
○○○
商人間の売買が特定物売買であるときには、買主は受け取った目的物を検査する義務を負うが、不特定物を目的とした売買であるときには、買主はこのような義務を負わない。

問題
18
○○○
株式会社が事業譲渡する場合、当該事業譲渡契約に株主総会の特別決議による承認がなければ、当該事業譲渡契約は無効であり、その無効は譲渡会社ばかりでなく、特段の事情のない限り、譲受会社もその無効を主張できる。

問題
19
○○○
株式会社が事業の全部を譲渡する場合には、事業譲渡会社は、会社債権者が事業譲渡に異議を述べた場合でも当該債権者に債務を弁済する必要はない。

問題
20
○○○
サラリーマンが、将来、有利な価格で転売する意思で土地を有償で取得して、地価が上がったときに取得した土地を実際に売却する行為は、商行為とならない。

ひっかけ問題

14 ✕
民法の消費貸借は無利息が原則である（民589条1項）が、商人間において金銭の消費貸借をしたときは、貸主は<u>特約がなくても</u>、法定利息を請求できる（513条1項）。

15 ✕
契約は、申込みに対して明示または黙示の承諾があって成立するのが原則であるが、商法では、平常から継続的に取引している当事者間において、その営業の部類に属する取引に関しては、諾否の通知を発しなければ、<u>承諾した</u>ものとされる（509条）。

16 ◯
商法のもとでは、確定期売買の場合には、履行期の経過とともに<u>契約が当然に消滅</u>する（民法の場合には、解除の意思表示が必要となる（民542条））のであり、契約を存続させるためには、相手方が直ちにその履行を請求することが必要である（525条）。

ひっかけ問題

17 ✕
商人間の売買では、買主は売買の目的物を受領したときは、遅滞なく、その物を検査しなければならない（526条1項）。この買主の検査義務は、<u>不特定物売買であっても</u>課せられる（最判昭35.12.2）。

18 ◯
株式会社が事業譲渡（会21条）をする場合、当該株式会社の株主総会の特別決議が必要である（会467条、309条2項11号）。この株主総会の承認手続を経ない事業譲渡契約は、何人との関係においても<u>常に無効</u>である（最判昭61.9.11）。

19 ◯
株式会社が事業譲渡などをする場合（会467条1項1号から4号）には、<u>債権者保護手続をとることを要しない</u>（会467条〜470条参照）。譲渡会社は、原則として譲渡後も引き続き債務について弁済の責任を負うからである。

ひっかけ問題

20 ✕
動産、不動産、有価証券を対象とした投機購買（安く買って高く売る）と、その実行行為は商行為となる（<u>絶対的商行為／501条1号</u>）。絶対的商行為（501条）とされるものは、営利性が強いので、商人でない者が一回限りで行っても商行為となる。

4 ①商法総則・商行為

これで合格

問題1

他人間の婚姻の媒介をすることを業とする者は、他人間の商行為を媒介する者ではないので、商法上の固有の商人には当たらない。

問題2

問屋は、委託を受けて他人のために売買契約をする者であるから、その委託者のためにした売買契約の効果は、直接、問屋と売買契約を結んだ相手方との間に生ずる。

問題3

貸金業の届出が受理されたことにより、自己資金で金銭貸付けを営業として行う者は、商法の定める銀行取引（営業的商行為）をなすものに当たるから、商人である。

問題4

退社した合名会社の社員について、退社した旨の登記がなされていないときは、当該社員は、その会社と取引をした相手方が当該社員の退社の事実を知っていたとしても、その取引によって生じた会社の債務につき責任を負う。

問題5

代表取締役を退任し、その登記がなされた者から手形の振出交付を受けた者が、この登記事項につき登記簿の閲覧が可能な状態にあったときは、代表取締役の資格喪失を知らなかったことにつき、正当の事由があったとはいえない。

問題6

Ｙ株式会社代表取締役Ａは、自己が退任させられ、その旨の登記もなされていた事実を知らずに、Ｙ社名義で約束手形を振り出し、これを善意の受取人Ｘが取得した場合、Ｙ社はＸに対して責任を負う。

ひっかけ問題

1 ✕ 婚姻の仲介（商行為以外の法律行為）を業とする者を民事仲立人という。民事仲立人が行う仲立ちも、営業としてするときは、商行為となるから（502条11号）、民事仲立人は、商人に当たる（4条1項）。

2 ◯ 問屋と相手方との間の売買契約は、問屋が自己の名をもってするものであるから、委託者のためにした売買契約の効果は、問屋と契約の相手方との間に直接生ずる（552条1項）。

3 ✕ 「銀行取引」（502条8号）というためには、他人から資金を取得する受信業務とこれを貸し付ける与信業務が必要であるから、自己所有の資金のみで貸し付けを行う場合は銀行取引に当たらない（最判昭30.9.27）。したがって、商人とはならない。

4 ◯ 合名会社を退社した者は、退社の登記前に生じた会社の債務を弁済する責任を負う（会612条1項）。この責任は、登記がなされていない以上、取引の相手方が退社の事実を知るか否かにかかわらず負うものであり、会社法908条1項（商9条1項）の適用はない（判例）。

5 ◯ 「正当事由」（9条1項）とは、登記を閲覧しようとしても閲覧できない客観的事由に限ると解されている（判例）から、いつでも登記簿を閲覧できる状態にあったときは、正当事由があったとはいえない（最判昭52.12.23）。

6 ✕ 判例は、会社の登記については、もっぱら会社法908条1項のみが適用され、登記後は第三者に正当事由がない限り、善意の第三者にも対抗できるのであって、別に民法112条を適用する余地はない（最判昭49.3.22）、とする。したがって、Xに正当事由がない限り、Y社はXに責任を負わない（会908条1項）。

問題 7
○○○

会社でない者は、その名称または商号中に、会社であると誤認されるおそれのある文字を用いてはならないが、「K＆S合名商会」という商号は会社とは誤認されないので許される。

4 ①商法総則・商行為
ポイントアップ

問題 1
○○○

「運送に関する行為」（旅客運送）を営業としてなすときは、商行為となるから、個人タクシーを営業として行う者は、商人に当たる。

問題 2
○○○

市営地下鉄を運行させている市は、公法人であり、収益を公益のために利用したとしても、旅客運送業を営んでいるから商人に当たる。

問題 3
○○○

商行為によって生じた債権を担保するために質権を設定する契約をする際、当該契約で債務を弁済できないときには、質権者に弁済として質物の所有権を取得させる（流質契約）ことを定めることはできない。

問題 4
○○○

物品運送契約は、運送人が荷送人からある物品を受取り、これを運送して荷受人に引き渡すことを約し、荷受人がその結果に対してその運送賃を支払うことを約することによって、その効力を生ずる。

問題 5
○○○

運送人は、運送品に関して受け取るべき運送賃、付随の費用および立替金についてのみ、その弁済を受けるまで、その運送品を留置することができる。

ひっかけ問題

7 ✕ 会社でない者はその商号中に会社たることを示す文字を用いてはならない（会7条）。「合名商会」というと、合名会社と<u>誤認させるおそれがある</u>ので、会社でないものは商号中に「合名商会」という文字を使用できない（大決明41.11.20）。

ひっかけ問題

1 ✕ 形式的には、502条（営業的商行為）に該当する場合でも、<u>もっぱら賃金を得る目的</u>で労務に従事する者の行為は商行為ではない（502条柱書ただし書）。したがって、個人タクシー業に従事する者は商人ではない。

2 ◯ 公法人であっても、<u>営利を目的とする事業</u>を行う場合には、その限りで商人となる（大判大6.2.3）。また、収益の使途は制限されていないから、収益を公益のために利用しても商人性は否定されない。

ひっかけ問題

3 ✕ 商法では、商行為によって生じた債権を担保するために設定される質権について、契約（<u>流質契約</u>）による質物の処分が認められる（515条）。民法では、債務者保護の観点から、かかる流質契約は禁止されている（民349条）。

4 ✕ 運送契約では、「荷受人」の地位も重要になるが、あくまでも契約の当事者は、運送人と<u>荷送人</u>であるから、運送賃を支払うのは「荷送人」である（570条）。

5 ◯ 運送人の権利としては、<u>留置権</u>（574条）のほか、運送品の種類等を記載した送り状の請求権（571条）、運送賃・立替金その他の費用償還請求権（512条、513条2項）などがある。

4

②会社法／設立・株式

よく出る問題

問題 1

定款変更の決議は、定款で定めれば、議決権を行使することができる株主の議決権の過半数を有する株主が出席し、その議決権の過半数で行うことができる。

問題 2

株式会社が発行することができる株式の総数を定款で定めていない場合であっても、当該定款は有効であるから、発起人は、株式会社を設立することができる。

問題 3

発起人は、設立時発行株式の引受け後遅滞なく、その引き受けた設立時発行株式につき、その出資に係る金銭の全額を払い込み、またはその出資に係る金銭以外の財産の全部を給付しなければならない。

問題 4

募集設立による株式会社の設立の場合には、発起人以外の株式引受人が存在していることから、株式会社の成立前には、一度公証人の認証を受けた定款を変更することはできない。

問題 5

発起設立の場合、発起人が当該株式のすべてを引き受けたときは、遅滞なく、その引受価額の全額を払込み、創立総会を招集し、当該創立総会で設立時取締役を選任しなければならない。

問題 6

発起人のうち出資の履行をしていない発起人がいる場合には、他の発起人は、出資の履行をしていない発起人に対して、期日を定めその期日までに出資の履行をしなければならない旨の通知をすることができる。

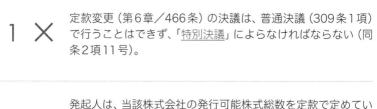

1　✕　定款変更（第6章／466条）の決議は、普通決議（309条1項）で行うことはできず、「特別決議」によらなければならない（同条2項11号）。

2　◯　発起人は、当該株式会社の発行可能株式総数を定款で定めていない場合には、株式会社の成立の時までに、定款を変更して発行可能株式総数を定めればよいから、かかる定款も有効であり、株式会社を設立することができる（37条1項）。

3　◯　会社法は、会社財産を充実させるため、出資の履行を着実にさせる必要があることから、発起人に対し、払込金全額の払込み、現物出資の全部給付義務を課している（34条1項本文）。

4　✕　公証人の認証を受けた定款は、株式会社の成立前は、原則として、変更することができない（30条2項）。ただし、創立総会の決議によって、当該定款を変更することができる（96条）。

5　✕　発起人のみで会社を設立する発起設立の場合には、創立総会は招集されない。創立総会が招集されるのは募集設立のときである（65条1項）。

ひっかけ問題

6　✕　他の発起人による通知は義務である（36条1項）。そして、通知を受けた発起人は、当該期日までに払込みをしないと設立時発行株式の株主となる権利を失う（同条3項）。

問題
7
○○○

発起人（法人を含む）が複数存在するときは、株式会社の設立に際し、少なくとも発起人の一人は設立時発行株式を一株以上引き受けなければならない。

問題
8
○○○

株式会社の定款には、目的 、商号、本店の所在地、資本金の額、発起人の氏名または名称および住所を記載し、または記録しなければならない。

問題
9
○○○

発起人は、会社の設立に関して第三者に損害を与えた場合であっても、職務を行うにつき過失があるにすぎないときは、その第三者に対して損害を賠償する責任を負わない。

問題
10
○○○

創立総会の決議は、原則として、創立総会で議決権を行使できる設立時株主の議決権の過半数であって、出席した当該設立時株主の議決権の過半数をもって行なう。

問題
11
○○○

株式会社は、その本店の所在地において設立の登記をすることによって成立するが、設立に際して、支店を設けた場合には、支店の所在地で支店の登記をすることもできる。

問題
12
○○○

発起人、設立時取締役または設立時監査役は、株式会社の設立の過程でその任務を怠った場合でも、成立した当該株式会社に対しては、これによって生じた損害を賠償する責任を負わない。

問題
13
○○○

株式会社が成立しなかったときは、発起人は、連帯して、株式会社の設立に関してした行為についてその責任を負い、株式会社の設立に関して支出した費用を負担する。

7 ✕ 発起人は人数の制限はなく、また法人であってもよい（27条5号参照）が、発起人は、株式会社の設立に際して発行する株式を<u>1株以上引き受け</u>なければならない（25条2項）。

8 ✕ 定款には、設立に際して出資される財産の価額またはその最低額を記載または記録しなければならない（27条4号）が、「<u>資本金の額</u>」は定款の絶対的記載・記録事項ではない。

9 ◯ 発起人は、職務を行うにつき<u>悪意または重過失</u>があることによって第三者に損害を与えた場合には、損害賠償責任を負う（53条2項）。したがって、過失があるにすぎないときは、その第三者に対して損害を賠償する責任を負わない。

10 ✕ 創立総会の決議は、原則として、創立総会で議決権を行使できる設立時株主の議決権の過半数であって、出席した設立時株主の議決権の<u>3分の2以上</u>の多数で行われる（73条1項）。

11 ✕ 会社は設立の登記によって成立する（49条）。設立の際、支店を設けた場合には、本店設立の登記から<u>2週間以内</u>に支店の所在地で<u>支店の登記をしなければならない</u>（930条1項1号）。

12 ✕ 発起人らは、設立中の会社の機関であり、成立後の会社の機関ではないが、設立中の会社と成立後の会社は<u>実質的に同一</u>の存在であるから、その任務懈怠については、<u>成立後の会社に対して責任を負う</u>（53条1項）。

13 ◯ 定款の作成後、設立登記するまでに至らなかった場合（<u>会社の不成立</u>）には、すでに履行された出資の返還や、設立手続に要した費用の負担が問題となるから、発起人に<u>連帯責任</u>を負わせている（56条）。

問題
14
○○○
発起人が払込取扱機関以外の者から借り入れた金銭を株式の払込みに充て、会社の設立後にそれを引き出して借入金の返済に充てるというやり方は、払込みとしては無効である。

問題
15
○○○
募集設立において、募集の広告などに自己の氏名および当該株式会社の設立を賛助する旨の記載をすることを承諾した者は、発起人と推定され、反証ができない限り発起人としての責任を負う。

問題
16
○○○
設立時発行株式の引受人を募集することによって、公開会社でない会社を設立しようとする場合には、発起人以外の設立時募集株式の引受人にも現物出資が認められる。

問題
17
○○○
設立時取締役は、発起設立の場合には、発起人の議決権の過半数により選任され、募集設立の場合には、創立総会に出席した設立時株主の議決権の３分の２以上の多数決によって選任される。

問題
18
○○○
議決権を行使できる株主の議決権の100分の３以上の議決権を有する株主または発行済株式（自己株式を除く）の100分の３以上の数の株式を有する株主は、いつでも、会計帳簿またはこれに関する資料につき、当該書面または電磁的記録の閲覧・謄写を請求できる。

問題
19
○○○
株主の権利のうち、株主総会の議案の要領通知請求権、株主総会における議案提出権、株主総会における質問権および累積投票請求権は、すべて単独株主権である。

問題
20
○○○
株主は当該会社の出資者であるから、議決権を有しない株主であっても、取締役に対し、法定の手続に従い、株主総会の目的である事項について議案を提出できる。

14 ○ 発起人が払込取扱機関以外の者から借り入れた金銭を株式の払込みに充て、会社の設立後にそれを引き出して借入金の返済に充てることを「見せ金」による払込みといい、預合い禁止の脱法行為として払込みは無効となる（最判昭38.12.6）。

ひっかけ問題

15 ✕ 募集の広告などに自己の氏名および当該株式会社の設立を賛助する旨の記載をすることを承諾した者は、発起人とみなされ（擬似発起人）、発起人と同様の責任を負う（103条4項）。

16 ✕ 現物出資できる者は発起人に限られる（34条1項本文参照）。設立時募集株式に関する決定事項である「設立時募集株式と引換えにする金銭の払込みの期日またはその期間」は、発起人以外の者による現物出資を想定していない（58条1項3号）。

17 ○ 発起設立における設立時取締役の選任は、発起人の議決権の過半数で選任され（40条1項）、募集設立の場合には、創立総会の決議（出席した設立時株主の議決権の3分の2以上）によって選任される（88条、73条1項）。

18 ✕ 本肢の要件を充たす株主は、当該請求の理由を明らかにした上で、「株式会社の営業時間内」であれば、いつでも、会計帳簿の閲覧または謄写の請求ができる（433条1項）。

ひっかけ問題

19 ✕ 株主総会の議案の要領通知請求権については、取締役会非設置会社の場合には、単独株主権である（305条1項本文）が、取締役会設置会社の場合は少数株主権である（同条1項ただし書）。それ以外の株主総会議案提出権（304条）、質問権（314条）および累積投票請求権（342条1項）は単独株主権である。

20 ✕ 株主総会で議決権を行使することができない事項については、株主は、株主総会の場において株主総会の目的である事項についての議案を提出することができない（304条本文かっこ書）。

問題 21
○○○

取締役会設置会社において、取締役の選任（議案）が株主総会の会議の目的となっている場合、その会日の8週間前までに書面でこれに関する議案を提出しなかった株主は、株主総会でその候補者を提案することができない。

問題 22
○○○

株券は、定款に定めがある場合に限り発行することができるが、当該株券に、株式の発行年月日および株金額の記載のないものは無効である。

問題 23
○○○

会社成立後の募集株式の発行は、所定の払込期日または払込期間内に払込みまたは現物出資の給付がなされた限度で、その効力を生ずる。

問題 24
○○○

会社は、議決権制限種類株式を発行する場合には、株主総会で議決権を行使できる事項、議決権を行使する条件（特に定めるとき）、および発行可能種類株式総数を定款で定めなければならない。

問題 25
○○○

会社が発行する議決権のある株式について、その全部の株式を議決権制限株式に変更する決議がなされた場合、これに反対する株主には、株式買取請求権が認められる。

問題 26
○○○

指名委員会等設置会社および公開会社では、ある種類の株式の種類株主を構成員とする種類株主総会において取締役を選任することを内容とする種類株式を発行することができない。

問題 27
○○○

株式譲受人からの株主名簿の名義書換請求に対して、会社が過失により名義書換を怠った場合には、会社は株主名簿に記載されている譲渡人を株主として扱うことができる。

21 ✕ 株主は、<u>株主総会の会場</u>で、株主総会の目的である事項につき<u>議案を提出</u>できる（304条本文）。このことは、事前に議題提案権（303条2項）を行使していたか否かにかかわらない。

22 ✕ 現行の会社法の下では、<u>株券不発行が原則</u>であるから、株券を発行する場合にはその旨の定款の定めが必要（214条）であるが、発行年月日、株金額は記載事項ではない（216条）。

23 ◯ 募集株式の引受人は、所定の払込期日または期間までに、その払込みまたは給付をしないときは、募集株式の株主となる権利を当然に失う（208条5項）。したがって、<u>払込みまたは給付があった限度</u>で、募集株式の発行の効力が生ずることになる。

24 ◯ 内容の異なる2以上の種類株式を発行する場合には、それぞれ法の定める事項、および発行可能種類株式総数を<u>定款で</u>定めなければならない（議決権制限種類株式につき108条2項3号）。

ひっかけ問題

25 ✕ 反対株主に株式買取請求権が認められるのは、<u>譲渡制限株式</u>（107条1項1号）の導入などの場合である（116条）。議決権制限株式の導入の場合には認められていない。

26 ◯ 種類株主総会での取締役・監査役の選任に関する「選・解任種類株式（クラスボーティング（class voting）株式）」の発行は、指名委員会等設置会社を除く<u>公開会社でない会社にのみ</u>認められるのであって、指名委員会等設置会社と公開会社には、認められていない（108条1項柱書ただし書）。

27 ✕ 会社が過失により名義書換を懈怠した場合、<u>株式譲受人を株主</u>として取り扱わなければならず、株主名簿に記載されている譲渡人を株主として取り扱ってはならない（最判昭41.7.28）。

4 しっかり基礎

問題 1
○○○
登録されている自動車が現物出資の目的である場合には、発起人の過半数の同意があれば、その登録の移転および引渡しは会社設立後にすれば足りる。

問題 2
○○○
設立時発行株式の総数は、発行可能株式総数の4分の1を下ることができないが、大会社でない会社を設立する場合には発行可能株式総数の4分の1以下であっても設立が認められる。

問題 3
○○○
開業準備行為の効果が成立後の会社に帰属しない場合、設立中の会社の代表者として契約した発起人は、民法117条の類推適用によりその責を負う。

問題 4
○○○
創立総会で、変態設立事項を変更する定款の変更を決議した場合、この変更に反対した設立時株主は、決議後20日以内に設立時発行株式引受けの意思表示を取り消すことができる。

問題 5
○○○
発起人は、株式会社の成立前であれば、錯誤、または詐欺もしくは強迫を理由として設立時発行株式の引受けの意思表示の取消しをすることができる。

問題 6
○○○
発起人が、設立中の会社の代表取締役として第三者と契約（権限外の行為）をし、その契約が会社の設立に関する行為に属しないときには、当該発起人は無権代理人としての責任を負う。

問題 7
○○○
原始定款に定めのない財産引受けであっても、会社成立後に株主総会が特別決議をもってこれを承認すれば有効となる、とするのが判例である。

問題 8
○○○
募集設立の場合、会社成立の時における現物出資財産の価額が、定款に記載または記録された価額に不足するときは、発起人および設立時取締役には、連帯して不足額を支払う責任がある。

1 × 　発起人は、<u>発起人全員の同意</u>があるときは、登記、登録その他権利の設定または移転を第三者に対抗するために必要な行為は、株式会社の成立後にすることができる（34条1項ただし書）。

ひっかけ問題

2 × 　株式会社の設立時には、発行可能株式総数の4分の1以上発行しなければならないという制限を受けないのは、<u>公開会社でない会社</u>（譲渡制限のある会社）を設立する場合である（37条3項ただし書）。

3 ○ 　発起人の権限外の開業準備行為は、無権代理人の行為に準じるから、会社が<u>追認しない限り</u>、相手方は民法117条1項の類推適用により、発起人に対して責任追及できる（最判昭33.10.24）。

4 × 　変態設立事項（28条各号）を変更する定款の変更決議に反対した設立時株主は、当該決議後「<u>2週間以内</u>」であれば、設立時発行株式引受けの意思表示を取り消すことができる（97条）。

5 ○ 　発起人は、株式会社の成立後は、意思の欠缺や意思表示の瑕疵を理由に設立時発行株式の引受けを取り消すことはできないが、<u>会社の成立前</u>であれば、かかる取消しも認められる（51条2項）。

6 ○ 　発起人が、その<u>権限外の行為をした場合</u>は、発起人が無権代理人として行った行為に類似するから、民法117条1項の類推適用により、相手方は発起人に責任追及ができる（最判昭33.10.24）。

ひっかけ問題

7 × 　定款に記載のない財産引受けは、その<u>価額が適正であっても</u>、効力を生じない（最判昭36.9.15）。また、成立後の会社が追認しても、無効な財産引受けが有効となるわけではない（最判昭42.9.26）。

8 × 　募集設立（57条1項）の場合、現物出資財産の会社成立時における価額が、定款に記載または記録された価額に<u>著しく不足</u>するときは、検査役の調査を経た場合を除き、発起人および設立時取締役は連帯して不足額を支払う<u>無過失責任</u>を負う（103条1項）。

問題
9
○○○

募集設立の場合には、発起人は、会社の設立に関する事項を創立総会に報告する義務を負うが、設立時株主の全員が書面または電子メールなどの電磁的記録によって同意したときには、発起人の報告義務が免除される場合がある。

問題
10
○○○

議決権を行使できる株主の議決権の10分の1以上の議決権を有する株主または発行済株式（自己株式を除く）の10分の1以上の数の株式を有する株主は、当該会社の業務執行が困難な状況にあれば、当該会社の解散の訴えを提起できる。

問題
11
○○○

公開会社である株式会社の最終完全親会社等の議決権を行使できる総株主の議決権の100分の1以上の議決権を有する株主は、当該株式会社に対し、特定責任追及の訴えの提起を請求することができる。

問題
12
○○○

取締役は、株主が総会に提出しようとする議案が明らかに虚偽の事実に基づくものであると認められる場合でも、その請求が法定の要件を備えているときは、その議案の要領を株主に通知しなければならない。

問題
13
○○○

ある株主の提案した議案が、前年の株主総会で総株主の議決権の10分の1以上の賛成を得られずに否決されたときは、会社も株主も、今年度の株主総会にそれと同一の議案を提出することができない。

問題
14
○○○

公開会社でない会社では、定款を変更して発行可能株式総数を増加する場合には、変更後の発行可能株式総数は、当該定款の変更が効力を生じた時における発行済株式の総数の4倍を超えることができない。

問題
15
○○○

公開会社でない、種類株式発行会社が縁故者に対してのみ募集株式の発行を行う場合には、原則として、種類株主総会の特別決議により募集事項を決定しなければ、当該募集株式の効力が生じない。

9 ○ 募集設立において、発起人は、株式会社の設立に関する事項を創立総会に報告しなければならない（87条1項）が、発起人が設立時株主の全員に報告事項を通知している場合には、設立時株主全員が同意すれば報告義務が免除される場合がある（83条）。

ひっかけ問題

10 ✕ 一定数以上の株式を有する株主（少数株主）は、833条1項1号または2号の場合で、やむを得ない事由があるときに限り、当該株式会社を被告（834条20号）として、解散の訴えを提起できる（833条）。

ひっかけ問題

11 ✕ 少数株主権として、最終完全親会社等の株主による特定責任追及訴訟（多重代表訴訟）が認められているが、公開会社である最終完全親会社等の場合には、「6か月」という株式保有要件が要求されている（847条の3第1項）。

12 ○ 当該株主が提案しようとする議案が明らかに虚偽の事実に基づく場合であっても、その議案が法定の要件（305条1項・2項）を満たし、会社法上の拒否事由に該当する議案（同条4項）でないときは、取締役は、議案提案権を拒絶することができず、その議案の要領を他の株主に通知しなければならない。

13 ✕ 当該議案と実質的に同一の議案が総株主の議決権の10分の1以上の賛成を得られなかった日から3年を経過していない場合は、株主は議案を提出できないが、会社の側から同一の議案を提出することは禁止されていない（304条ただし書）。

14 ✕ 公開会社の場合には、定款を変更すれば、発行可能株式総数を増加することができる（113条3項本文）が、変更後の発行可能株式総数は、発行済株式総数の4倍を超えることはできない。この制限は、非公開会社には課せられていない（同項ただし書）。

15 ○ 公開会社でない、種類株式発行会社が縁故者にのみ募集株式の発行（譲渡制限株式の発行）を行う場合には、定款に種類株主総会の決議不要との定めがある場合を除いて、当該種類株主総会の特別決議が必要である（199条4項本文）。

4 これで合格

問題 1
○○○

設立の際の現物出資につき、現物出資財産の価値が相当であることを公認会計士が証明した場合には、当該現物出資に関する事項は、定款に記載することを要しない。

問題 2
○○○

株式会社を設立する場合、発起人が払込金の払込取扱機関を変更する場合は、裁判所の許可を得て、これを公示しなければ、設立時発行株式の引受人に対抗できない。

問題 3
○○○

株式会社を設立するには、発起人が定款を作成し、その全員がこれに署名をしなければならず、署名に代えて記名押印することは会社設立時の原始定款には認められない。

問題 4
○○○

会社の設立に際して、発起人が割当てを受ける設立時発行株式の数、およびこれと引換えに払い込む金額を定款に定めていない場合には、発起人全員の同意を得て決定しなければならない。

問題 5
○○○

株式会社が、その成立後2年以内に、成立前から存在する事業用財産を純資産額の4分の1以上の対価で取得する場合には、検査役の調査と株主総会の特別決議による承認が必要である。

問題 6
○○○

募集設立の場合には、創立総会での変態設立事項の変更は、縮小または削除ができるだけで、定款規定の追加や拡張はできない、とするのが判例である。

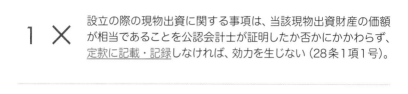

1 ✕ 設立の際の現物出資に関する事項は、当該現物出資財産の価額が相当であることを公認会計士が証明したか否かにかかわらず、定款に記載・記録しなければ、効力を生じない（28条1項1号）。

2 ✕ 発起設立、募集設立のどちらにおいても、発起人が定めた払込取扱機関を変更するにあたり、裁判所の許可を得る必要はない（34条、63条参照）。

3 ✕ 株式会社を設立するには、発起人が定款（原始定款）を作成し、その全員がこれに署名し、または記名押印しなければならない（26条1項）。

4 ◯ 発起設立の場合、発起人が出資の全部を引き受けるが、各発起人に割り当てる株式の種類・数などの事項は、定款に記載されていなければ発起人全員で決定する（32条1項各号）。

ひっかけ問題

5 ✕ 事後設立規制の対象となる事業用財産の規模は「純資産の5分の1以上」である。また、株主総会の特別決議による承認は必要であるが、検査役の調査は不要である（467条1項5号、309条2項11号）。

6 ◯ 判例は、創立総会における変更権（96条）は、定款記載の不当な変態設立事項を縮小または削除するためにのみ行使されるべきで、創立総会であらたに変態設立事項を追加または既存の規定を拡張することは許されない（最判昭41.12.23）、とする。

4
②会社法／設立・株式
ポイントアップ

問題 1

発起人は、株式会社成立の時までの間、原始定款に設立時取締役と記載されている設立時取締役を解任することができるが、法定の選任手続により選任した設立時取締役を解任することはできない。

問題 2

設立時発行株式の発行に際して出資の履行を仮装した発起人は、それによって失権した後も、当該株式会社に対し、金銭出資の場合はその全額を支払う義務を負う。

問題 3

募集設立によって、大会社でない、取締役会非設置会社を設立する場合には、例外的に発起人の信用出資または労務出資も認められる。

問題 4

設立時発行株式の引受人を募集する場合には、発起人は、電磁的方法による場合を除いて、設立時発行株式の引受けの申込みを証する書面を作成しなければならない。

問題 5

株券発行会社の株主で、当該株券を喪失したものは、喪失の事実を証明して、会社に株券の再発行を請求することができる。

問題 6

譲渡制限株式の株主と会社から当該株式の買取りの指定を受けた指定買取人との間で売買価格について協議が整わない場合、「1株当たりの市場価格×買取りの対象株式数」によって算出された金額が売買価格とされる。

問題 7

募集株式の発行または自己株式の処分が著しく不公正な方法で行われる場合、すべての株主は当該株式会社に対して発行の差止めを請求できる。

問題 8

無効の行為については、何ら法律効果が発生しないから、会社の設立無効の訴えおよび会社成立後における新株発行の無効の訴えなどの会社の組織に関する行為の無効の訴えについては、出訴期間は定められていない。

1 ✕ 　発起人は、株式会社の成立の時までの間であれば、<u>定款により</u>（38条3項）、または<u>法定の選任手続</u>（40条、41条）により選任した設立時役員などを解任することができる（42条）。

2 ◯ 　出資をしない発起人は、失権するが（36条）、出資の履行を仮装した発起人は全額支払い義務を負う（52条の2第1項第1号）。なお、出資の履行の仮装に関与した発起人等も、原則として<u>連帯債務者</u>として支払義務を負う（同条2項、3項）。

3 ✕ 　信用出資（当該会社に自己の信用を利用させることを目的とする出資）または労務出資は、合名会社または合資会社の<u>無限責任社員</u>にしか認められていない（576条1項6号かっこ書参照）。

4 ✕ 　募集設立の場合、発起人は、設立時募集株式の引受申込人に対し、一定事項を通知しなければならない（59条1項）が、この<u>通知の方法には制限はない</u>から、引受申込を証する書面を作成することを要しない。

ひっかけ問題

5 ✕ 　株券を喪失した者は、法務省令で定めるところにより、株券発行会社に対し、<u>株券喪失登録を請求</u>することができる（223条）。その後、所定の手続を経た後、株券が再発行される（228条）。

6 ✕ 　売買価格の協議が整わない場合は、<u>裁判所に売買価格決定の申立て</u>ができる（144条2項）。裁判所に申立てをしなかった場合に、「1株当たりの<u>純資産額</u>×買取りの対象株式数」によって算出された金額が売買価格とされる（同条5項）。

7 ✕ 　募集株式の発行や自己株式の処分をやめることの請求は、当該行為によって<u>不利益を受けるおそれのある株主</u>に限って請求できる（210条2号）。

ひっかけ問題

8 ✕ 　無効の訴えについては、それぞれ<u>出訴期間が定められている</u>（828条柱書）。会社の設立無効の訴えの出訴期間は「2年以内」であり（同条1項1号）、新株発行の無効の訴えは、「6か月以内（公開会社）、1年以内（譲渡制限会社）」（同項2号）である。

4

③会社法／機関等

よく出る問題

問題
1

株主総会に出席しない株主に書面投票または電子投票による議決権行使を認める会社においては、株主全員の同意があっても、株主総会招集手続を省略して株主総会を開催することはできない。

問題
2

株主総会を招集するには、取締役が招集通知を発することになるが、取締役会非設置会社の場合には、当該招集通知は、書面のほか、口頭ですることも認められている。

問題
3

取締役会設置会社の株主総会では、会社法に規定する事項および定款で定められている事項以外についても決議できるが、取締役会非設置会社の株主総会では、会社法に規定する事項および定款で定められている事項に限って、決議できる。

問題
4

譲渡制限株式を発行する取締役会設置会社において、株式取得者からの請求を受けて、当該会社が株式を買い取る場合には、当該株式を買い取る旨および買い取る株式の数を、株主総会の特別決議によって定めなければならない。

問題
5

株主総会の普通決議は、議決権を行使できる株主の議決権の過半数を有する株主が出席し、出席した当該株主の議決権の過半数をもって行われるが、その定足数は、定款で加減・排除することもできる。

問題
6

株主総会の特別決議は、当該総会で議決権を行使できる株主の議決権の過半数を有する株主が出席し、出席した当該株主の議決権の3分の2以上の多数で行われるが、その定足数、決議要件はともに、定款で緩和・加重することができる。

問題
7

株主総会の決議において、決議の内容が法令または定款に違反する場合には、誰でも、いつでも、会社を被告として、決議が無効であることの確認訴訟を提起することができる。

1 ○ 株式会社は、株主全員の同意があれば、株主総会の招集手続を省略することができる（300条本文）が、書面投票（298条1項3号）または電子投票（同項4号）を認めた場合には、招集手続を省略できない（300条ただし書）。

2 ○ 株主総会を招集するには、取締役が所定の期日までに招集通知を発することになる（299条1項）が、書面投票または電子投票を認めた場合、当該会社が取締役会設置会社である場合を除いて、招集通知は書面のほか、口頭ですることができる（同条2項）。

3 × 取締役会設置会社の株主総会は、会社法に規定する事項および定款で定められている事項以外は決議できない（295条2項）。しかし、取締役会非設置会社の株主総会は、万能の機関であるから、かかる制限を受けない（295条1項）。

4 ○ 譲渡制限株式の取得者からの承認請求を受けて、会社が対象株式を買い取る場合に、株主総会の特別決議により、対象株式を買い取る旨および会社が買い取る対象株式の数を決定しなければならない（140条1項・2項、309条2項1号）。

5 ○ 普通決議とは、会社法または定款で特別の要件が定められていない場合の決議であり、株主総会決議の原則的な類型である。普通決議の定足数は、定款で加減・排除することができる（309条1項）。

6 × ひっかけ問題 特別決議の定足数は定款で3分の1まで緩和させることができる（309条2項柱書前段かっこ書）が、加重することは認められていない。決議要件は、3分の2を上回る割合に加重することが認められている（同かっこ書）が、緩和することはできない。

7 × 総会の決議内容が「法令」違反の場合、誰でも、いつでも、会社を被告として（834条16号）、決議の無効確認訴訟を提起できる（830条2項）。総会の決議内容が「定款」違反の場合には、株主等が決議取消しの訴えを提起する問題となる（831条1項2号、834条17号）。

問題 8

株主総会を招集する場合、その招集手続が法令に違反しているときには、当該会社の株主は、当該招集手続の瑕疵を理由に、会社を被告として、その総会の決議の取消しの訴えを提起することができる。

問題 9

株主は、他の株主に対する株主総会招集手続に瑕疵がある場合であっても、自己に対する株主総会招集手続に瑕疵がない場合には、株主総会決議取消しの訴えを提起することができない。

問題 10

平成17年に成立した会社法（平17法86号）は、機関設計の自由を認めているが、株式会社として登記されるすべての株式会社には、株主総会と代表取締役とが設置されなければならない。

問題 11

公開会社であり、かつ、大会社には、株主総会・取締役会・監査役会・会計監査人・会計参与・代表取締役が設置されるか、または株主総会・取締役会・指名委員会等または監査等委員会・会計監査人・会計参与が設置されなければならない。

問題 12

公開会社ではない会社で、かつ、大会社でもない会社の場合、当該会社が会計参与を置かないときは、監査役には会計監査権限と業務監査権限とが認められなければならない。

問題 13

指名委員会等設置会社の取締役は、当該指名委員会等設置会社の執行役とは兼任することはできるが、当該指名委員会等設置会社の支配人その他の使用人を兼ねることができない。

問題 14

取締役会設置会社の株主総会の招集通知は、書面または電磁的方法によってする必要があるが、当該会社の取締役会の招集通知については、特段の制限はないから、電話でもすることができる。

8 ◯ 株主総会の招集手続が<u>法令に違反</u>している場合には、株主は会社を被告として（834条17号）、総会決議の取消訴訟を提起することができる（831条1項1号）。

ひっかけ問題

9 ✕ 決議取消しの訴えは、<u>法令・定款などを遵守した会社運営を求める訴訟</u>であることを理由に、判例は、他の株主に対する招集手続の瑕疵を理由とする決議取消しの訴えを認めている（最判昭42.9.28）。

10 ✕ すべての株式会社には、<u>株主総会のほか、取締役を設置</u>しなければならない（326条1項）。代表取締役については、取締役会設置会社では、必ず選定しなければならない（362条3項）が、取締役会非設置会社では、任意に設置できる（349条3項）。

11 ✕ 大会社であり、公開会社である場合の機関設計は、「株主総会・取締役会・監査役会・会計監査人」（取締役会設置会社では代表取締役は必置）である場合と「株主総会・取締役会・指名委員会等または監査等委員会・会計監査人」の二通りである。<u>会計参与は任意機関</u>であり、設置するかは任意である（326条2項参照）。

ひっかけ問題

12 ✕ 非公開会社の場合、監査役会設置会社および会計監査人設置会社を除き、会計参与を置かない場合であっても、<u>定款の定めにより</u>、会計監査権限のみを有する監査役を置くことができる（389条1項）。

13 ◯ 指名委員会等設置会社の取締役は、当該指名委員会等設置会社の<u>執行役とは兼任することはできる</u>（402条6項）が、当該指名委員会等設置会社の<u>支配人その他の使用人を兼ねることができない</u>（331条4項）。

14 ◯ 取締役会設置会社の株主総会の招集通知は、書面または電磁的方法によりしなければならないが（299条2項2号、同条3項）、取締役会の招集通知については、特段の制限はなく、<u>口頭や電話などの適宜の方法</u>によりすることができる（368条1項参照）。

問題 **15**
○○○
役員（取締役・会計参与）および会計監査人を選任・解任する株主総会の決議の定足数は、通常の普通決議とは異なり、定款の定めによっても、議決権を行使することができる株主の議決権の3分の1未満にすることはできない。

問題 **16**
○○○
監査役の選任は株主総会の普通決議でなされ、監査役会を設置しない会社では、1人の選任で足りるが、監査役会設置会社の場合には、3人以上でかつその半数は社外監査役であればよい。また、監査役の解任は総会の特別決議による。

問題 **17**
○○○
大会社であり、かつ公開会社である場合に限り、定款で定めれば、監査等委員会設置会社となることができる。監査等委員は、3人以上の取締役で、その過半数は社外取締役でなければならない。

問題 **18**
○○○
取締役と会社との関係には民法の委任に関する規定が適用されるため、善管注意義務が課されるが、会計監査人は、会計の専門家として当該会社の計算書類などを監査するにすぎないから、会社との関係は請負に関する規定が適用される。

問題 **19**
○○○
取締役は、株式会社に回復し得ない損害を及ぼすおそれのある事実があることを発見したときは、直ちに、当該事実を株主（監査役設置会社においては監査役、監査役会設置会社においては監査役会）に報告すべき義務を負う。

問題 **20**
○○○
取締役は、自己または第三者のために会社と取引する場合には、株主総会で、当該取引の重要事項を報告して、会社の承認を得なければならない。

問題 **21**
○○○
取締役が、その職務を執行するについて、故意または過失があったことにより、第三者に対して損害を与えた場合には、当該第三者に損害賠償しなければならない。

15 ◯ 役員（取締役・会計参与）および会計監査人を選任・解任するには、株主総会の普通決議でなされる（329条1項、339条1項）が、議決権行使株主の議決権の「過半数」という定足数を、定款で定めても「3分の1未満」にはできない（341条かっこ書）。

16 ◯ 監査役の選任は、株主総会の普通決議でなされ（341条）、監査役会を設置しない会社では、監査役を1人選任すれば足りるが、監査役会設置会社では、3人以上でかつその半数以上は社外監査役でなければならない（335条3項）。また、監査役の解任は総会の特別決議による（343条4項）。

17 ✕ すべての株式会社は、定款の定めによって監査等委員会設置会社となることができる（326条2項）。大会社であるか、公開会社であるかを問わない。監査等委員会は、取締役会の中に置かれる。監査等委員は3人以上の取締役で、その過半数は社外取締役でなければならない（331条6項）。

18 ✕ 株式会社と役員（取締役、会計参与、監査役）および会計監査人との関係は、委任に関する規定（民法643条）の適用がある（330条）。そのため、役員および会計監査人には善管注意義務（民法644条）が課される。

19 ✕ 取締役の株主（監査役設置会社の場合は監査役、監査役会設置会社の場合は監査役会）に対する報告義務は、会社に著しい損害を及ぼすおそれのある事実があることを発見したときに負う（357条1項、2項）。

20 ◯ 取締役による会社との利益相反取引（356条1項2号、3号）は禁止されており、これを行うには株主総会（取締役会設置会社では取締役会（365条1項））の承認が必要である（356条）。

21 ✕ 会社法は任務懈怠の対第三者責任を認めているが、この責任は、取締役の「悪意又は重大な過失」を要件とするから、「（軽）過失」の場合には責任を負わない（429条1項）。

4 しっかり基礎

<table>
<tr>
<td>問題
1
○○○</td>
<td>会社法の規定により株主総会の決議を必要とする事項について、株主全員の同意があれば、「取締役会で決定できる」とするなど、株主総会以外の機関が決定することができることを内容とする定款の定めも有効である。</td>
</tr>
<tr>
<td>問題
2
○○○</td>
<td>電子投票を定めた株式会社が株主総会を招集する場合、総会の招集通知を電子メールで行うことを承諾した株主は、当該承諾を撤回しない限り、株主総会参考書類の交付を請求することはできない。</td>
</tr>
<tr>
<td>問題
3
○○○</td>
<td>株式会社（種類株式発行会社を除く）において、その発行する全部の株式を譲渡制限株式とする定款の変更決議は、当該株主総会で議決権を行使できる株主の半数以上で、当該株主の議決権の3分の2以上の多数で行わなければならない。</td>
</tr>
<tr>
<td>問題
4
○○○</td>
<td>株主総会の議事については、会社は議事録を作成する義務を負い、当該議事録の原本は株主総会の日から10年間、会社の本店に備え置かなければならず、当該会社の支店には、議事録の写し（書面）を備え置かなければならない。</td>
</tr>
<tr>
<td>問題
5
○○○</td>
<td>1個の取消原因に基づいて決議取消しの訴えを提起した場合でも、決議の日から3か月以内であれば、新たな取消原因を訴訟中に追加することができるが、3か月経過した後では新たな取消原因を追加して主張することはできない。</td>
</tr>
<tr>
<td>問題
6
○○○</td>
<td>株主総会決議取消訴訟において、招集手続またはその決議方法に重大な瑕疵があり、法令または定款に違反する場合でも、その瑕疵が決議の結果に影響を及ぼさないと認められるときは、裁判所は、決議取消請求を棄却することができる。</td>
</tr>
<tr>
<td>問題
7
○○○</td>
<td>指名委員会等設置会社と監査等委員会設置会社を除く公開会社でない会社においては、取締役の任期を、定款で、選任後10年以内に終了する事業年度のうち最終のものに関する定時株主総会の終結の時まで伸長することができる。</td>
</tr>
</table>

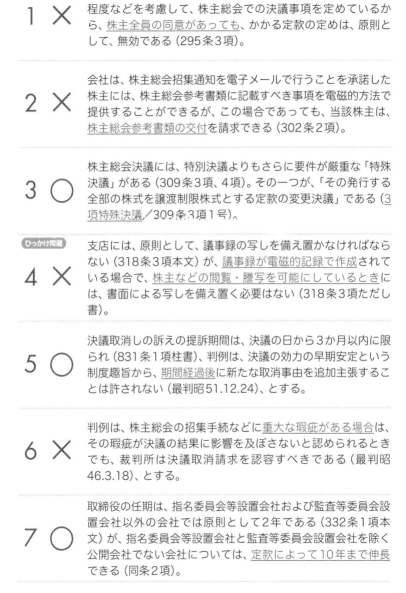

1 ✕ 会社法は、その事項の性質、株主に与える利害関係の重要性の程度などを考慮して、株主総会での決議事項を定めているから、株主全員の同意があっても、かかる定款の定めは、原則として、無効である（295条3項）。

2 ✕ 会社は、株主総会招集通知を電子メールで行うことを承諾した株主には、株主総会参考書類に記載すべき事項を電磁的方法で提供することができるが、この場合であっても、当該株主は、株主総会参考書類の交付を請求できる（302条2項）。

3 ◯ 株主総会決議には、特別決議よりもさらに要件が厳重な「特殊決議」がある（309条3項、4項）。その一つが、「その発行する全部の株式を譲渡制限株式とする定款の変更決議」である（3項特殊決議／309条3項1号）。

4 ✕ **ひっかけ問題** 支店には、原則として、議事録の写しを備え置かなければならない（318条3項本文）が、議事録が電磁的記録で作成されている場合で、株主などの閲覧・謄写を可能にしているときには、書面による写しを備え置く必要はない（318条3項ただし書）。

5 ◯ 決議取消しの訴えの提訴期間は、決議の日から3か月以内に限られ（831条1項柱書）、判例は、決議の効力の早期安定という制度趣旨から、期間経過後に新たな取消事由を追加主張することは許されない（最判昭51.12.24）、とする。

6 ✕ 判例は、株主総会の招集手続などに重大な瑕疵がある場合は、その瑕疵が決議の結果に影響を及ぼさないと認められるときでも、裁判所は決議取消請求を認容すべきである（最判昭46.3.18）、とする。

7 ◯ 取締役の任期は、指名委員会等設置会社および監査等委員会設置会社以外の会社では原則として2年である（332条1項本文）が、指名委員会等設置会社と監査等委員会設置会社を除く公開会社でない会社については、定款によって10年まで伸長できる（同条2項）。

問題
8
○○○

取締役会設置会社の債権者は、株式会社の営業時間内に限って、株主総会の議事録の閲覧請求をすることはできるが、営業時間内であっても、取締役会の議事録は閲覧請求することができない。

問題
9
○○○

監査役設置会社の監査役は、監査役の選任または解任について株主総会に出席して意見を述べることができる。また、当該会社の取締役会への出席・意見陳述義務があるとともに、必要に応じて議決権を行使することもできる。

問題
10
○○○

指名委員会等設置会社は、代表執行役以外の執行役に社長・副社長、その他指名委員会等設置会社を代表する権限を有するものと認められる名称を付した場合には、代表執行役以外の執行役がした行為について、第三者に対して責任を負う。

問題
11
○○○

監査等委員会設置会社は、取締役会および会計監査人を設置しなければならないが、執行役および監査役は設置することができない。

問題
12
○○○

監査等委員である取締役は、他の取締役と区別しないで株主総会の普通決議によって選任する必要があり、当該監査等委員である取締役を解任する場合には特別決議によらなければならない。

問題
13
○○○

銀行（取締役会設置会社）の代表取締役が、取締役会の承認を受けて、当該銀行から融資を受ける場合、その代表取締役は当該銀行を代表することはできない。

問題
14
○○○

取締役は、取締役会に上程された事項に関してのみ代表取締役その他の取締役の職務を監視し、その違法行為を防止すべき義務（監視義務）を負うから、代表取締役その他の業務執行取締役の業務執行一般に対しては監視義務を負わない。

ひっかけ問題

8 ✗ 取締役会設置会社の債権者は、株式会社の営業時間内は、いつでも、議事録の閲覧請求ができる(318条4項1号)。また、債権者は、役員などの責任追及のため必要に応じて、<u>裁判所の許可を得て</u>、取締役会の議事録の閲覧請求ができる (371条4項)。

9 ✗ 監査役設置会社の監査役は、株主総会で、監査役の選任または解任について意見を述べることができる (345条4項)。また、取締役会への出席・意見陳述義務が課せられている (383条1項本文) が、取締役会の構成員ではないから、<u>議決権はない</u>。

ひっかけ問題

10 ✗ 指名委員会等設置会社は、いわゆる<u>表見代表執行役</u> (代表する権限があるかのような肩書を付されているが、代表権を有しない者) の行為について、<u>善意の第三者に対してその責任を負う</u>が、悪意の第三者には責任を負わない (421条)。

11 ◯ 監査等委員会設置会社は、<u>取締役会</u>と<u>会計監査人</u>は設置しなければならない (327条1項、5項)。他方、業務執行は、取締役が行うから、執行役は置くことができない (399条の2第3項1号参照、402条1項参照) し、業務監査は、監査等委員会が行うから、監査役を設置することができない (327条4項)。

12 ✗ 監査等委員である取締役は、他の取締役とは<u>区別して</u>株主総会の普通決議によって選任される (329条2項) が、解任する場合には特別決議によらなければならない (309条2項7号)。

ひっかけ問題

13 ✗ 取締役が自己のために会社と取引するに際して、<u>当該会社の取締役会の承認</u>があれば、自己契約・双方代理を定める<u>民法108条が適用されない</u>ため、その取締役が同時に会社を代表することが認められる (356条2項)。

14 ✗ 判例は、取締役は、取締役会に上程されている事柄に限らず、代表取締役その他の業務執行取締役の<u>業務執行一般について監視義務</u>を負う (最判昭48.5.22)、として広く取締役の監視義務を認めている。

4 これで合格

問題 1
○○○

ある特定の事項が株主総会の目的である議題に関係があるにもかかわらず、株主総会で株主から当該事項に関し説明を求められた取締役が説明しなかった場合であっても、当該株主総会の決議には瑕疵がなく、有効となる。

問題 2
○○○

株主総会による取締役選任決議の取消しの訴えの係属中、当該決議により選任された取締役が任期満了により退任し、後任の取締役が選任された場合には、特段の事情がない限り、決議取消しの訴えは却下される。

問題 3
○○○

会社の成立後、株主以外の者に新株を有利発行する旨の株主総会決議取消訴訟が提起され、当該訴訟の係属中に、その決議に基づきその第三者に新株が発行されても、決議取消しの訴えの利益は失われない、とするのが判例である。

問題 4
○○○

会社法は、社外取締役の選任は、義務付けていないが、公開会社でありかつ大会社である監査役会設置会社であるなど一定の場合には、取締役は、社外取締役を置くことが相当でない理由を株主総会で説明しなければならないとされている。

問題 5
○○○

取締役は、監査役が設置されている場合、監査役の選任に関する議案を株主総会に提出するには、監査役（監査役会設置会社の場合には、監査役会）の意見を聴かなければならないが、その同意を得る必要はない。

問題 6
○○○

会計監査人の解任は、株主総会の決議によってなされるが、会計監査人が職務上の義務に違反し、または職務を怠ったときは、監査役会設置会社においては、監査役会の決議により監査役の過半数で当該会計監査人を解任することができる。

1 ✕ 取締役には、株主から説明を求められた事項につき、原則として、説明義務があり（314条）、取締役が説明義務を怠ったときには、<u>株主総会の決議取消の訴え</u>を提起することができる（831条1項1号）。説明義務違反は、罰則の対象にもなる（976条9号）。

2 ◯ 決議取消しの訴えを提起し、かつその訴訟を維持するには、取消判決を求めることにつき訴えの利益があることが必要である。訴訟の係属中に<u>事情の変更により</u>、決議取消しの実益がなくなった（最判昭45.4.2）場合には、当該訴えは却下される。

ひっかけ問題

3 ✕ 判例は、株主以外の者に新株引受権を与えるための株主総会決議につき決議取消しの訴えが係属する間に、その決議に基づき新株発行が行われた場合、この訴えは<u>訴えの利益を欠く</u>（最判昭37.1.19）、とする。

4 ✕ 公開会社でありかつ大会社である監査役会設置会社であって、株式についての有価証券報告書提出会社である会社は、<u>社外取締役を置かなければならない</u>（327条の2）。

5 ✕ 取締役は、監査役がある場合において、監査役の選任に関する議案を株主総会に提出するには、監査役（監査役会設置会社の場合には、監査役会）の意見を聴く必要はないが、<u>その同意を得なければならない</u>（343条1項、3項）。

ひっかけ問題

6 ✕ 会計監査人の解任は、原則として株主総会の普通決議によってなされる（339条1項、341条）が、例外として、監査役が解任できる場合がある（340条1項）。この解任は、監査役会設置会社では、監査役会の決議により、<u>監査役全員の同意</u>によってなされる（同条4項）。

4 ポイントアップ

問題 1
○○○

株主総会では、取締役、会計参与、監査役、監査役会および会計監査人が提出または提供した資料を調査する者を選任する決議をすることができる。

問題 2
○○○

株式会社は、取締役が株主総会の招集の手続を行うときは、株主の承諾を得て、株主総会参考書類等の内容である情報について、電子提供措置（法務省令で定める、電磁的方法により株主が情報の提供を受けることができる状態に置く措置）をとる旨を定款で定めることができる。

問題 3
○○○

取締役会非設置会社の取締役は、定款所定の目的事項に記載されていて、会社がすでに開業の準備に着手している事業や一時的に休止している事業の部類に属する事業を行うときには、株主総会の承認を得なければならない。

問題 4
○○○

株式会社は、定時株主総会の終結後遅滞なく、貸借対照表（大会社では、貸借対照表および損益計算書）を公告しなければならないが、会計参与が作成に関与し、会計監査人の監査を受けた場合には、当該計算書類の公告義務が免除される。

問題 5
○○○

持分会社が組織変更をして株式会社となる場合、定款に別段の定めがある場合を除いて、効力発生日の前日までに、組織変更計画について当該持分会社の総社員の同意を得なければならない。

問題 6
○○○

株式会社が、役員等を被保険者として保険会社との間で保険料を負担して、当該役員等に生じた損害を填補する保険契約を締結する行為は、当該役員等に有利な条件で行われるおそれがあるため、利益相反規制の適用を受ける。

1 ○ 株主総会では、取締役などが資料を提出・提供することがあるが、当該資料の<u>正確性に疑義が生ずる場合</u>もありうる。このために、株主総会では当該資料を調査する者を選任することが認められている（316条1項）。

2 × 電子提供措置をとる旨を定款で定める場合には、<u>株主の承諾は不要</u>である（325条の2第1項前段）。この場合には、その定款には、電子提供措置をとる旨を定めれば足りる（同後段）。

3 ○ 取締役が会社の事業と競業する取引（356条1項1号）をしようとする場合には、<u>株主総会（取締役会設置会社では取締役会（365条1項））の承認</u>が必要である（356条）。会社が開業の準備をしている事業や一時的に休止している事業と競業するときにも承認が必要であると解されている。

ひっかけ問題

4 × 株式会社は、定時株主総会の終結後遅滞なく、貸借対照表（大会社では、貸借対照表および損益計算書）を公告しなければならない（440条1項）。これは債権者などの会社関係者に会社の財務状況を公開するためのものであるから、会計参与が作成に関与したか、会計監査人の監査を受けたか否かによって<u>免除されない</u>。

5 ○ 定款で特に他の条件を定めている場合は別として、持分会社が組織変更をして株式会社になる場合には、<u>総社員の同意</u>が必要となる（781条1項）。

6 × 役員等賠償責任保険（D&O保険）契約の締結には、<u>取締役会（取締役会非設置会社のときは株主総会）の承認</u>が要件とされているので、利益相反規制の適用から除外されている（430条の3第2項）。

無理をするなよ、焦るなよ！

04 商法

商法（会社法も）は、多くの受験生が苦手とする科目でもあるし、思うように学習時間がとれない科目でもある。

でも、合格のためには、後回しにするわけにもいかない。例年5問ほど出題されるので、2問とれればいい。焦らずに無理をしない程度に頑張ろう。

5

基礎法学

真打は後から登場する！

本書の構成上、基礎法学は憲法、行政法、民法、商法…と、5番目に登場することになってしまいましたが、「基礎」法学は、すべての法律を学ぶ「基礎」だといえます。まさに、真打は後から登場するわけです。具体的には、法令用語、法の解釈のしかたなどを学びます。だから、憲法など前の4法を学習しながら基礎法学の学習もできるという、十分に二兎を追える分野でもあります。

■目標点数は4点（満点8点）

**学習の
ポイント**

「基礎法学」は、かつて「法学概論」という名称で試験
に出題されていました。出題数は2問ですが、「法令用
語」、「法の解釈方法」、「裁判制度」など出題範囲は広範
です。

法律の学習は基礎法学から始まる

「基礎法学」（法学概論）は、すべての法律学習の基礎ということに
もなりますから、他の法律科目の学習の際、「法令用語」の意味の
確認や解釈方法などを学習していきます。

攻めの学習ができる

その他、「基礎法学」固有の学習として、「法の効力」、「裁判制度（ま
たは裁判外の紛争処理制度）」などを整理しておきます。

1 出題者の意図は？

　試験研究センターの出題方針を受けて、基礎法学の出題では、実際に法（慣習法を含めて）を解釈・運用できる基礎的な能力を見るという観点からの出題が顕著です。たとえば、法令用語（「又はと若しくは」「みなすと推定」など）、法の解釈方法（類推解釈、拡張解釈）、裁判制度を中心とする紛争解決制度（法テラス、ADRなど）などです。

2 間違える理由を知ろう！

　「間違いの理由、原因」や勉強方法は、本文27ページの「憲法」での解説と同じですので省略しますが、ここでは以下の点に注意してください。

① 注意すべき箇所など

重要な概念		間違いやすい点	
	慣習法		特別法優先の原理と後法優先の原理との関係
	罪刑法定主義		
	法源		法令の公布と施行
	実定法		属地主義と属人主義
	実体法		類推解釈と拡張解釈
	所管事項の原理		事実審と法律審
	形式的効力の原理		その他とその他の
	限時法		ときと時
	パターナリズム		推定とみなす
	調停前置主義		直ちに・遅滞なく・速やかに
			遡及と遡求

・定義とか意味をノートにまとめておく。

・「似たもの法令用語のちがい」の一覧表を作って、整理する。

　　例：「その他の」と「その他」

・他の法令科目で学習した知識がヒントになることを認識しておく。

3 ひっかけ問題に注意！

　そもそも「ひっかけ問題」って、どこで受験生の皆さんをひっかけてくるかというと、基礎法学の問題であれば、主として制度の理解（法の解釈方法、法令用語を含めて）であったりするわけです。もちろん、制度の理解（法の解釈、法令用語）を中心に整理しておけば、何の問題もないわけですが、出題者はどのあたりで「ひっかけ」てくるのかを意識しておいたほうが、合理的に学習をすることができます。

ひっかけどころ	ひっかけるやり方	正　解	ひっかける…と
制度の内容	類似の制度名を出題	調停前置	直ちに訴えを提起
法の解釈方法	類似の解釈方法を出題	類推解釈	拡張解釈
法令用語	類似の用語を出題	時	とき
		その他	その他の

4 やまかけポイントはここ！

　はっきりいって、やまはかけやすい科目です。従来の「法学概論」的な問題（たとえば、「法と道徳」との関係、法源の種類と意味）、「法の解釈方法」（類推解釈と拡張解釈など）、「法令用語」（みなすと推定）と、裁判制度を含めた「紛争処理制度」（和解、審級制、ADRなど）にやまを張ることができます。

5 捨て問はこれだ！

　はっきりいって、本書には「捨て問」はありません。ただ、限られた学習時間の中で、時間をうまく使って学習していくためには、本書の「ポイントアップ」の問題は「捨て問」と考えてよいでしょう。
　もっとも、基礎法学の問題は既存の法律知識・法的なものの考え方から正解できる問題が少なくありません。したがって、「捨て問」というのがあるとすれば、学習したこともないテーマの問題ということになります。強いていえば、以下の問題が該当するでしょう。

ポイントアップ問題番号	3

5

①基礎法学

よく出る問題

問題
1
○○○

国民の司法参加については、市民から選ばれた参審員が裁判官とともに合議体を構成して審理する参審制と、市民から選ばれた陪審員が裁判官とは独立して評決などを下す陪審制とがあるが、ドイツでは陪審制が採用され、イギリスでは伝統的に参審制が採用されている。

問題
2
○○○

大陸法系の国々は、成文法を第一次的な法源としているのに対して、英米法系の国々では伝統的に判例法が第一次的な法源とされている。日本はアメリカ法の影響を受けているから、判例法が第一次的な法源とされている。

問題
3
○○○

判決は、文書（判決書）として成立するものであり、判例法は、類似事件の判決文の集積によって法源として認められたものであるから、判例法は、成文法の一種である。

問題
4
○○○

わが国では判例法も法源とされ、法的拘束力（先例拘束性）があり、一度確立した判例は、裁判所による判例変更がなされない限り、変更することはできない。

問題
5
○○○

非嫡出子については、母とその非嫡出子との間の親子関係は、原則として母の認知を待たず、分娩の事実により当然発生する（最判昭37.4.27）、とするのは、明文の規定を欠く場面に法の創造がなされる場合である。

問題
6
○○○

わが国では、法令はその効力の及ぶ地域内にあるすべての人に適用される（属地主義）のが原則であるから、日米安保条約に基づいてわが国に駐留するアメリカ合衆国の軍隊の構成員にも、わが国の法令が適用される。

328

ひっかけ問題

1 ✕ イギリスなどの英米法系の国では、陪審員が事実問題について評決を下す陪審制が採られているのに対し、ドイツなどの大陸法系の国では、<u>参審員が職業裁判官とともに</u>、事実問題・法律問題を問わず審理・裁判する参審制が採られている。

2 ✕ 歴史的に立法権不信にたつ<u>英米法系の国では、判例</u>を第一次的な法源とするが、市民革命を経て、立法権に信頼を寄せる<u>大陸法系の国では、成文法</u>を第一次的な法源とする。日本は明治期にドイツなどの法典を継受したため成文法が第一次的な法源である。

ひっかけ問題

3 ✕ 判決は、文書として成立することが多いが、法として認められるのは文書としての判決ではなく、<u>判決中に示された裁判所の判断の中の理論（判決理由）</u>であるから、判例法は不文法である。

4 ✕ わが国では、判例の<u>法源性</u>については<u>議論</u>があり、断定できない。また、法的な拘束力を有する<u>「先例拘束性の原理」は制度化されていない</u>（裁判所法4条）。

5 ✕ 法文に規定がある（民法779条）が、<u>その規定を修正する場合</u>である。最判昭37.4.27は、認知主義をかたくなに守ってきた大審院判例（大判大10.12.9）を変更し、民法779条を実質的に修正するものである。

6 ✕ 日米安保条約に基づいてわが国に駐留するアメリカ合衆国の軍隊の構成員などについては、いわゆる在日米軍の地位協定によって<u>各種の法令の適用が</u>排除されたり、制限されている。

問 題
7
○○○

商事に関して適用される法規範の順序は、まず、①商事自治法（会社の定款、約款など）が適用され、次いで、②自動執行力のある条約であり、以下、③商事特別法、④商法典、⑤商慣習、⑥民事特別法、⑦民法典、⑧民事慣習となる。

問 題
8
○○○

子の出生のときに父が外国人であっても、母が日本人であれば、生まれてきた子は日本国籍を取得できるが、日本で生まれながら、父母がともに知れないとき、または国籍を有しない場合には、生まれてきた子は無国籍者となる。

問 題
9
○○○

「法律なければ犯罪なく、法律なければ刑罰なし」という罪刑法定主義の原則は、13世紀の「マグナ・カルタ」にその萌芽がみられ、近代刑法の基礎となったが、大日本帝国憲法の下では、罪刑法定主義は認められていなかった。

問 題
10
○○○

「疑わしきは被告人の利益に」という原則は、民事裁判・刑事裁判を問わず、人権保障の観点から、被告人が犯罪（不法行為）を行ったかどうか疑わしいときには、被告人の利益になるような判決をすべきであるという原則である。

問 題
11
○○○

「債務の不履行に対する損害賠償の請求は、これによって通常生ずべき損害の賠償をさせることをその目的とする。」という民法416条1項の規定を、不法行為に基づく損害賠償請求の場合に適用する解釈を「もちろん解釈」という。

問 題
12
○○○

天皇の国事行為に関する憲法7条4号の「国会議員の総選挙の施行を公示すること」という規定を、衆議院議員の総選挙の場合だけでなく、参議院議員の通常選挙の場合にも推し及ぼそうとする解釈を「類推解釈」という。

7 ○ 商事に関し、商法典に定めがなければ、商慣習に従い、商慣習がなければ民法による（商法1条2項）。特別法は一般法に優先し、条約は国内法に優先する。商事自治法は、法令の範囲内で、強行法規に反しない限り、最も優先して適用される（私的自治）。

8 ✕ 「血統主義」（2条1号、2号）を貫けば、日本で生まれながら、父母がともに知れないとき、または国籍を有しない場合には、生まれてきた子は無国籍者となるが、国籍法では、生地主義をも採用し、子は日本国民とすると定めている（同条3号）。

ひっかけ問題

9 ✕ 日本では、旧刑法（1882年）ではじめてこの主義を明文化（2条）し、その後、大日本帝国憲法（1889年）でも明文化された（23条）。これは現行憲法31条にも受け継がれているが、現行の刑法典には明文の規定は存在していない。

10 ✕ 「疑わしきは被告人の利益に」（「疑わしきは罰せず」とも「推定無罪」ともいう）という原則は、証拠から被告人が罪を犯したと確信が得られない限り（刑事訴訟法317条）、裁判官は、被告人を無罪にしなければならないとする、刑事裁判での原則である。

11 ✕ 債務不履行に関する416条の規定を不法行為に適用する解釈は、類推解釈である。類推解釈とは、法文に規定されている特定の事項と類似する法定外の事項について、当該法文を推し及ぼす解釈である。類推解釈は「趣旨の操作」である。

12 ✕ 憲法7条4号の「国会議員の総選挙」に「参議院議員の通常選挙」を含ませる解釈は「拡張解釈」である。拡張解釈とは、法文の意味を通常の意味よりひろげて適用する解釈である。いわゆる「文言の操作」である。

問題 13
○○○

契約解除の当事者は、原状回復義務を負うが、「第三者の権利を害することはできない」（民法545条1項ただし書）の「第三者」について、解除の対象となった契約により給付された物につき権利を取得した者を指すとする解釈を「縮小解釈」という。

問題 14
○○○

成年被後見人が法定代理人の同意を得ずにすることができる行為は、成年被後見人が届け出なければならない（戸籍法32条）、という場合、被保佐人が同意権者の同意を得ずにすることができる行為については、被保佐人が届出をしなければならない、と解する解釈を「拡張解釈」という。

問題 15
○○○

質権設定者は、設定行為または債務の弁済期前の契約で、質権者に弁済として質物の所有権を取得させることは禁止されている（民法349条）が、債務の弁済期後の契約であれば、当該行為は禁止されないとする解釈を「類推解釈」という。

問題 16
○○○

Aは暴漢から逃れるために、やむを得ずBの家に逃げ込んで、Bの家の玄関を壊してしまった。この場合、Aには民法上の正当防衛と刑法上の緊急避難が成立することがある。

問題 17
○○○

Aは車を運転中、目の前に石が落ちてきたので、それを避けるためにとっさにハンドルを切り、通行人Bに怪我を負わせてしまった。この場合、Aの行為はやむにやまれぬ行為であるから、Aには刑法上の緊急非難が成立する余地はあるが、民法上の不法行為責任が成立する余地はない。

問題 18
○○○

AはBを殺す目的で毒入りジュースを朝食のテーブルに置いたが、Bが急いでいたため、毎朝飲むはずのジュースを飲まなかった。この場合、Aには刑事上の責任（殺人未遂罪）とBに対する民法上の不法行為責任が成立する。

13 ○ 縮小解釈は、法文の意味を厳格に制限し、<u>普通の意味より狭く解釈する</u>方法である。縮小解釈の例として、他には、民法177条の「第三者」を「登記の欠缺を主張する正当な利益を有する第三者」（判例）と限定的に解する解釈が挙げられる。

14 ✕ ある規定の目的・趣旨などからみて、他の場合にはそのような規定がなくても、それと同じ規定があると解釈することが<u>条理上当然と考えられる場合</u>にとられる解釈方法は「もちろん解釈」である。もちろん解釈は、類推解釈の一種と解されている。

15 ✕ 民法349条の流質契約の禁止規定は、債務の弁済期後の契約で流質を認めることを禁止する趣旨ではないとする解釈方法は、反対解釈である。反対解釈とは、法規の定めた事項の反面から、定められていない事項について<u>反対の結果を引き出す</u>解釈をいう。

16 ○ 暴漢に襲われたＡが自己の生命、財産等を守るためにＢの家の玄関を損壊した場合には、<u>民法上の正当防衛が成立</u>する余地がある（720条1項本文）。また、現在の危難を避けるためと考えられるから、<u>刑法上の緊急避難（37条）も成立</u>する余地がある。

ひっかけ問題

17 ✕ Ａの行為は、現在の危難を避けるために行ったと考えられるから、刑法上の緊急避難（37条）が成立する余地がある。しかし、Ｂに対する行為については、民法上の正当防衛（720条1項）や、緊急避難（同条2項）の要件を充たさないので、<u>不法行為が成立</u>し、Ｂに対する損害賠償責任が成立する余地がある（709条）。

18 ✕ 毒入りジュースをテーブルに置いた時点でＢの生命に対する具体的な危険が発生したので、<u>殺人の実行の着手</u>があり、結果が発生しなかった場合には、殺人未遂罪が成立する（203条）。他方、民法上の<u>不法行為責任には、損害発生が必要</u>である（709条）から、Ｂに損害が発生していないので不法行為責任は成立しない。

問題
19
○○○
民事裁判の裁判官は訴訟の進行中、いつでも当事者に和解を勧めることができる。そして当事者の有効な和解の陳述により和解が成立し、和解内容が調書に記載されると確定判決と同一の効力を有する。

問題
20
○○○
家事事件手続法は、家事審判および家事調停に関する事件の手続に関する一般法である。家事審判は、裁判官が判断・決定する手続であるが、家事調停は、裁判官1人と家事調停委員2人以上で構成される調停委員会が、調停を行う。

問題
21
○○○
労働審判の対象となる紛争は、労働契約の存否その他の労働関係に関する事項について労働者または労働者団体と事業主または事業主団体との間に生じた民事に関する紛争である。

問題
22
○○○
日本司法支援センター（法テラス）は、いわゆる司法過疎地において、利用者からの依頼に応じ、相当の対価を得て、適当な弁護士などに法律事務を取り扱わせる業務を行う。

問題
23
○○○
日本司法支援センター（法テラス）は、刑事事件の被告人または被疑者に国選弁護人を付すべき場合において、裁判所の求めに応じて国選弁護人の候補を指名して通知し、選任された国選弁護人にその事務を取り扱わせて、その報酬および費用を支払う業務を行う。

問題
24
○○○
「以下」、「以内」、「内」、「超えることができない」、「まで」は、いずれも基準となる数量・時間を含めてこれより少ないことをいう。

19 ○　和解とは、争っている<u>当事者が合意</u>によって<u>紛争を解決する</u>ことをいう。裁判所は、訴訟がいかなる程度にあるかを問わず、和解を勧めることができる（民事訴訟法89条）。その和解が調書に記載されると確定判決と同一の効力を有する（同法267条）。

20 ○　これまでは家事事件の手続は、家事審判法（昭22法152）によって定められていたが、家事事件の手続を国民にとって利用しやすく、現代社会に適合した内容とするために、<u>家事事件に関する一般法</u>として（1条）、家事事件手続法（平23法52）が制定・施行されている（平成25年1月1日施行）。

21 ✕　労働審判の対象となる紛争は、個々の労働者と事業主との間に生じた民事に関する紛争（<u>個別労働関係民事紛争</u>）に限定される（労働審判法1条）。

22 ○　法テラスでは、身近に法律家がいないなどといった、司法過疎地域解消のため、その地域の者の依頼に応じ、相当の対価を得て、適当な契約弁護士などに法律事務を取り扱わせる<u>司法過疎対策業務を行う</u>（総合法律支援法30条1項4号）。

23 ○　法テラスでは、国選弁護人になろうとする弁護士との契約、国選弁護人候補の指名および裁判所への通知、<u>国選弁護人に対する報酬・費用の支払い</u>などの業務を行う（総合法律支援法30条1項6号）。

24 ○　いずれも基準となる数量・時間より少ないことを表す場合に用いられ、いずれも<u>基準となる数量・時間を含めて</u>これより少ないことをいう。

問題
1
○○○
アメリカ、カナダなどの英米法系の国々での違憲審査制は、憲法の保障に重点を置いた制度であるといえるが、ドイツ、イタリアなどの違憲審査制は、個人の基本的人権の保護に重点を置いた制度であるといえる。

問題
2
○○○
法と習俗の関係について、内縁関係を不当に破棄された者が他方に対する損害賠償請求の問題があるが、法に違反する習俗 (明治民法以前は、わが国では役場への届出は不要であった) は、認めないというのが裁判所の立場である。

問題
3
○○○
判例に拘束力があるといっても、判決全部に拘束力が発生するのではなく、判決文のうち、先例として拘束力をもつ部分は、レイシオ・デシデンダイ (判決理由／判決によって示された準則) の部分に限られる。

問題
4
○○○
公の秩序または善良の風俗に反しない慣習は、法令に規定されていない事項に関するものに限って、法律と同一の効力を有するとして、慣習法が補充的に認められている。

問題
5
○○○
法の解釈の目的は、立法者が有していた意思を探求することにあるとする見解は、解釈すべき法が現在の社会でどのような目的を有するかを探求し、この目的にしたがって法を解釈すべきであるとする見解よりも法的安定性に資する。

問題
6
○○○
裁判は、法 (大前提) を事実 (小前提) に適用すれば、自然に判決 (結論) が得られるとする見解によると、裁判官は、法を形式的に三段論法によって適用する機械のようなものであり、これが理想的な裁判官のあるべき姿だとされる。

1 ✕
ドイツなどの違憲審査制は、具体的な事件の解決と関わりなく、憲法判断を行うもので、憲法の保障に重点を置いた制度である。アメリカなどのそれは具体的事件の裁判の前提としてなされるもので、個人の基本的人権の保護に重点を置いた制度である。

2 ✕
裁判所は、内縁を婚姻の予約ととらえ、その不当破棄を債務不履行として、損害賠償を命ずることができると判示している（大連判大4.1.26）。この判例は、裁判所も法に違反する習俗（内縁関係）の効力を認めざるを得なかったことを示している。

3 ◯
判決書は、裁判の結論である「主文」とその「理由」とで構成される。この理由の中で、裁判の結論にとって決め手となる部分が「レイシオ・デシデンダイ」であり、拘束力を持つ。理由の中の傍論（オビタ・ディクタム）と呼ばれる部分に拘束力はない。

ひっかけ問題

4 ✕
「法令の規定により認められたもの」（例：民法263条）に関しても、法律と同一の効力を有する（法の適用に関する通則法3条／慣習法の補充的効力）。ただし、「…と異なる慣習があるときは、その慣習に従う」（民法236条）というのは、この例外である。

5 ◯
法の解釈の目的は、立法者の意思を探求すべしとする見解を「立法者意思説」といい、法の目的を考慮すべしとする見解を「法律意思説」という。一般に、立法者意思説のほうが法の目的を客観的に確定することができるので、法的安定性に資する。

6 ◯
裁判は、三段論法によって論理必然的に結論が導かれるとする見解は、いわゆる概念法学の立場である。概念法学は、法には欠缺がないことを前提とし、概念からの論理的演繹によって結論が導かれるから、裁判官は自動機械のようなものが理想とされる。

問題
7
○○○

国籍法では、出生によって日本国籍を取得した者を除いて、準正により嫡出子たる身分を取得した子で18歳未満のものに限って、認知をした父が子の出生の時に日本国民であった場合など、所定の要件を充たせば、日本国籍を取得できる。

問題
8
○○○

引き続き5年以上日本に居住している日本国民でない者は、帰化によって日本国籍を取得することができるが、帰化するには外務大臣の許可を得なければならない。

問題
9
○○○

河川法25条が、河川の区域内においては河川管理者の許可を受けなければ土砂を採取してはならない旨規定しているからといって、許可なくひと握りの砂を持ち帰った者まで同条違反で処罰すべきだと解釈することは、文理解釈として正しい解釈とはいえない。

問題
10
○○○

内閣総理大臣が欠けたときには、予め指定する国務大臣が、臨時に内閣総理大臣の職務を行う（内閣法9条）、という場合、予め指定されている国務大臣がいないときには、国務大臣が協議した上で臨時代理となるべき国務大臣を決めることができるとする解釈を「条理解釈」という。

問題
11
○○○

法規的解釈とは、定義規定のように、法令の規定の趣旨を明らかにするために、その法令に特別の規定を設けて、これによりその規定の意味を明らかにしようとする解釈である。

問題
12
○○○

「他人が飼っていた家畜以外の動物（野生の動物）を捕まえた人は、1か月以内にその飼い主から返還請求を受けなければ、その動物を自分の所有にできる」（民法195条）が、この規定を目的論的解釈すれば、トラとかニシキヘビは家畜に当たらない。

問題
13
○○○

道を歩いていたAは、追われて逃げている泥棒のBにタックルして転倒させ、Bを取り押さえて警察署に突き出した。この際、Bは全治1週間の傷害を負った場合でも、Aには刑事上の責任も民事上の責任も成立しない。

ひっかけ問題

7 ✕ 国籍法旧3条1項の規定は、「準正」を要件とする点において憲法14条1項に違反するという違憲判決（最判平20.6.4）を受けて、所与の法改正がなされ（平成20年12月12日公布）、現行法は「準正」を要件としていない（3条1項）。

8 ✕ 国籍法で「帰化」とは、個人の希望に基づき、行政行為（講学上の特許）によって国籍が付与される場合のみをいうのであって、申請に基づき法務大臣が許可を与える（国籍法4条）。

9 ◯ 文理解釈とはいえ、一般的には杓子定規な解釈をしてはならないといわれる。刑罰法規の解釈・適用に際する「可罰的違法性の理論」（処罰に値するほどの違法性がない軽微な行為の可罰性を否定する）も杓子定規な解釈を戒めるものである（いわゆる「一厘事件」参照／大判明43.10.11）。

10 ◯ 法令の規定には直接書かれていないことについて、他に類推解釈や反対解釈のもととなる規定がないような場合でも、その法令の趣旨・目的あるいは条理そのものを根拠として言外に意味を読み取って解釈することが許される場合がある。このような解釈方法を「条理解釈」という。

11 ◯ 法規的解釈とは、法令の解釈を立法段階で行ってしまおうというもので、「立法解釈」とか「法定解釈」ともいわれる。法規的解釈の一例として、「この法律において、「物」とは、有体物をいう」（民法85条）という定義規定があげられる。

ひっかけ問題

12 ✕ 民法195条は、捕まえた動物には飼い主がいないと信じて捕まえた者を保護する規定である。したがって、動物の性質から家畜か野生の動物かを判断するのではなく、他人に飼育されないと生存できないか否かを基準に判断する。トラとかニシキヘビは家畜にあたる。このように法文の目的・趣旨などを考慮し、それらに適合するようにする解釈方法を目的論的解釈という。

13 ◯ Aの行為は、現行犯逮捕に当たる。私人であっても、法律上、現行犯逮捕の権限が認められており（刑事訴訟法213条）、逮捕の際の妥当と認められる範囲内の行為によって生じた損害については、正当行為とされ、民事上も刑事上も責任を負わない。

5 ①基礎法学

これで合格

問 題
1
○○○

英米法および大陸法が日本の法律に与えた影響についてみると、日本の民法は主として大陸法の影響を受けたのに対し、日本国憲法は主として英米法の影響を受けたといえる。

問 題
2
○○○

英米法系の国では、通常裁判所が行政事件の裁判を含めたすべての事件を担当するのに対して、大陸法系の国では民事事件・刑事事件のみを通常裁判所が担当し、行政事件は通常裁判所とは別に設置された行政裁判所で審理される。

問 題
3
○○○

判例による法創造として、法人格が形骸にすぎない場合に、法人格を認めるのは、法人格の本来の目的に照らして許されず、法人格を否認すべきである（最判昭44.2.27）、とするのは、明文の規定を欠く場面に法の創造がなされる場合である。

問 題
4
○○○

公務執行妨害罪（刑法95条）の公務員に対する「暴行または脅迫」と、傷害罪（同208条）の他人に「暴行を加えたが傷害するに至らなかった」、および強盗罪（同236条）の他人に「暴行または脅迫を用いて」、とそれぞれ定められている「暴行」ということばは、同じ意味に解釈すべきである。

問 題
5
○○○

法の解釈方法の一つに「変更解釈」という解釈がある。法文の意味を多少変更した意味にとって解釈する方法である。法令の改廃がなされずに、あまりにも事情が変わってしまったときに行われることがある。

問 題
6
○○○

家庭裁判所は、当事者が遠隔地に居住している等の場合には、当事者の意見を聴いて、最高裁判所規則で定めるところにより、電話会議またはテレビ会議システムを利用して、家事審判手続（証拠調べを除く。）を行うことができる。

問 題
7
○○○

検察審査員または裁判員に対し、それぞれの職務に関し、不正の請託をした者は処罰される。他方、検察審査員または裁判員が職務に関して賄賂を収受したときにも収賄罪が成立する余地がある。

1 ○ 日本の民法は、明治政府の近代化政策の一環としてフランス民法をベースとしつつ<u>ドイツ民法草案を</u><u>モデル</u>として制定された。他方、日本国憲法は、第二次世界大戦後の民主化政策の一環としてGHQの指示のもとで大日本帝国憲法の改正という形式において制定された。

2 ○ 戦前の日本ではドイツなど大陸法系の国の影響を受け、行政裁判所が設けられていたが、戦後はアメリカの影響のもとに行政裁判所のような特別裁判所は廃止され（憲法76条2項）、<u>通常</u><u>裁判所が行政事件をも裁判</u>することになった。

3 ○ <u>法文に規定のない場合</u>で、社会の実態に適合するように法の創造がなされる場合である。法人格否認の法理は、アメリカの判例によって確立された法理で、日本法にも導入すべきとの議論が増加しつつある。

ひっかけ問題

4 × 法令用語は、ときには法令の趣旨・目的などから違った意味に解釈されなければならない。これを<u>「概念の相対性」</u>という。「暴行」は「有形力の行使」でも、公務執行妨害罪は「人に」向けられたもの、暴行罪では「人の身体に」対するもの、強盗罪では「人の反抗を抑圧するに足りる」ものであると解釈されている。

5 ○ 変更解釈は、法文の文理からかなり離れた解釈であるから、立法上の誤りであることが明らかであるような<u>例外的な場合</u>でないと許されない。かつて「逓信大臣」という文言を「郵政大臣」と読むべきであるという変更解釈がなされた例がある。

6 ○ 家庭裁判所は、当事者が遠隔の地に居住しているときその他相当と認めるときは、<u>当事者の意見を聴いて</u>、家庭裁判所および当事者双方が音声の送受信により同時に通話をすることができる方法によって、家事審判の手続の期日における手続（証拠調べを除く。）を行うことができる（家事事件手続法54条1項）。

7 ○ 検察審査員、裁判員の<u>職務に関して</u>、不正の請託をした者は処罰される（検察審査会法45条、裁判員法106条）。また、検察審査員も裁判員も刑法の「公務員」（刑法7条1項）に該当するので、収賄罪（刑法197条以下）が成立する余地がある。

5

ポイントアップ

問題 1
○○○

アメリカや日本では裁判官を最初から裁判官として採用し、裁判所内部で研修ないし養成する職業裁判官制が採用されているが、フランスでは弁護士その他の法律家から一定期間の経験を積んだ者から裁判官を選任する、いわゆる法曹一元制が採用されている。

問題 2
○○○

法の適用に関する通則法によって準拠法（国境を越えた「渉外事件」にどちらの国の法律を適用するか）が決定されるのは、あくまでも私法の分野であって、刑法の適用範囲については属地主義を基本とする独自のルールが定められている。

問題 3
○○○

資本主義経済の下では、所有権の最も重要な作用は、物を物質的に利用することではなく、これを資本として利得を収めることであるとする見解によると、所有権の作用は人に対する支配ではなく、物に対する支配であるということになる。

問題 4
○○○

「同一物について二度なきよう」という法諺は、古代ローマに源を発して「一事不再理」の原則を表現しているもので、特に近代刑事訴訟法において重要な役割を果たしている。

問題 5
○○○

起訴するのが相当であるとの検察審査会の議決に対して、検察官が起訴をしない場合、検察審査会は再度審査を行い、その結果、起訴をすべきとの議決（起訴議決）をしたときには、被疑者は必ず起訴されることになる。

問題 6
○○○

近年における公然と人を侮辱する犯罪の実情等に鑑み、侮辱罪の法定刑を引き上げる必要があるとの理由により、刑法が改正され、従来の「拘留又は科料」の刑から「拘禁」刑のみに厳罰化された。

1 ✕ 大陸法系のフランスやドイツ、日本では、最初から裁判官として採用し、裁判所内部で訓練・養成する職業裁判官制（キャリア・システム）が採用されているが、英米法系のアメリカやイギリスでは、法曹一元制が採用されている。

2 ◯ 法の適用に関する通則法は、実定国際私法である。わが国の刑法は、日本国内において罪を犯したすべての者に適用され、日本国外にある日本船舶または日本航空機内において罪を犯した者についても適用される（刑法1条）、という属地主義を原則とする。

ひっかけ問題

3 ✕ 物を資本として用いるという見解は、「資本主義経済体制の下では、所有権は債権と結びつかなければ、重要な作用を営むことはできない」とするから、所有権の作用は人に対する支配であるということになる。

4 ◯ 古代ローマの法学者の発言にあり、民事、刑事を問わず同一事案・事件について再び審理を行わないことを意味したが、フランス革命以降（1789年）は刑事訴訟法上の重要理念の1つとなっている。

5 ◯ 起訴議決制度である（検察審査会法41条の6）。起訴議決をするには、検察審査員8人以上の多数によらなければならず（同条1項）、あらかじめ、検察官に対し、検察審査会議に出席して意見を述べる機会を与えなければならない（同条2項）。

6 ✕ インターネット上の誹謗中傷を防止すべく、侮辱罪の法定刑は「1年以下の拘禁刑若しくは30万円以下の罰金又は拘留若しくは科料」に引き上げられる形で厳罰化された（刑231条／令和7年6月1日施行）。

計画も過ぎれば無計画

05 基礎法学

「法も過ぎれば不正の極み」という法諺（ほうげん）がある。
何事も行き過ぎやり過ぎは反対の結果を招く。
窮屈な計画では、無理が出て達成できない。
計画には、「遊び」の部分が必要。
「計画倒れ」を前提に、途中で倒れてもいいように
余裕をもった計画を立てろ。

6

業務に関し必要な基礎知識

最近のニュースにも注意しよう！

文章理解を除いて、一般知識は、比較的新しい話題から出題されることが少なくありません。したがって、毎日のニュース、新聞をチェックする必要があります。

行政書士法等行政書士業務と密接に関連する諸法令、情報通信・個人情報保護は他の法令科目と違って、苦手意識があるのもこの分野の特徴です。どんどん問題を解いて苦手意識を吹き飛ばしましょう。

■ 目標点数は32点（満点56点）

学習の ポイント

　行政書士の業務に必要な基礎知識は、一般知識（政治、経済、社会等）、行政書士法等行政書士業務と密接に関連する諸法令（戸籍法、住民基本台帳法等）、情報通信・個人情報保護及び文章理解の中から14問出題されますが、少なくとも6問（24点）以上得点する必要があります。

▼

新聞はざっくり読む

一般知識（政治・経済・社会）については、細かい知識よりは、大局的にとらえる学習が要求されることになります。普段から新聞を読む習慣、テレビ等のニュース番組を見る習慣をつけましょう。特に、新聞の社説を読むと文章の読解力もつき、時事的なトピックにも強くなるので一石二鳥です。

▼

条文を無視しないで

行政書士法、いわゆる諸法令（戸籍法、住民基本台帳法等）、個人情報保護法に関しては、条文がありますから、法令科目と同じように、条文を整理して学習をすすめてください。その際、それぞれの要件・効果、条文が想定している場面などに留意することが必要です。

また、戸籍法（身分関係の公証）と住民基本台帳法（居住関係の公証）という性格の違いにも注意が必要です。

文章理解は時間との闘い

文章理解は、設問の文章の内容、選択肢の内容ともそれほど難解な問題は出題されていません。ということは、文章理解での取りこぼしが致命的となりやすいです。また、「文章理解」の問題は「問題58～60」と最後の3問です。それだけに時間配分には注意が必要です。速く読んで、文章の要旨を把握する練習が必要です。

1 出題者の意図は？

試験案内に、試験科目の説明として「行政書士の業務に関し必要な基礎知識」とあるように、行政書士が扱う業務の広さ、多さに応じて、それらの業務に適切に対応できるように、または対応するための端緒となるように、との配慮から問題が出題されています。

2 間違える理由を知ろう！

「間違いの理由、原因」や勉強方法は、本文27ページの「憲法」での解説と同じですので省略しますが、ここでは以下の表を参考に、重要な概念や間違いやすい点を正確に整理しましょう。

重要な概念	行政改革（中曽根行革、橋本行革、小泉行革の成果）
	選挙制度（選挙区制の特徴と長所・短所など）
	マイナンバー制度（仕組みと問題点など）
間違いやすい点	FTA、EPA、TPP（他の協定との比較など）
	個人情報保護法制（民間部門と行政機関部門の違い）

① 重要な概念・間違いやすい点の学習ポイント

・定義とか意味を覚えやすいように、できるだけ短文でノートにまとめておく。

・反対概念・類似の制度があるものは、一覧表を作って、対比して整理する。

　戸籍と住民票（除籍・戸籍の附票など）

　例：大統領制と議院内閣制（各国の政治制度）、
　　　　小選挙区制と大選挙区制、FTAとEPA　など

・歴史的な沿革があるものは、その歴史を調べてみる。

　例：行政改革の歴史、社会保障制度の歩み（世界と日本）　など

・基礎知識でも条文がある分野（行政書士法、諸法令、個人情報保護法など）は、法令科目を学習するのと同様に条文を丁寧に読んで理解する。

　行政書士の業務（行政書士法1条の2、1条の3）

　例：個人情報保護法の定義（個人情報保護法2条）　など

3 ひっかけ問題に注意！

そもそも「ひっかけ問題」って、どこでひっかけてくるかというと、基礎知識の問題のうち、社会科学系の科目であれば、制度の理解であったり、情報部門（情報通信、個人情報保護）であれば、条文の内容であったり、制度の内容であったりするわけです。

ひっかけどころ	ひっかけるやり方	正　解	ひっかける…と
制度の内容	類似の制度名を出題	FTA	EPA
		匿名加工情報	仮名加工情報
法の内容	類似の内容を出題	オプトイン	オプトアウト
法令用語	類似の概念を出題	みなす	推定する

もちろん、制度の理解を中心に整理しておけば、何の問題もないわけですが、出題者はどのあたりで「ひっかけ」てくるのかを意識しておいたほうが、合理的に学習をすることができます。

4 やまかけポイントはここ！

行政書士法は、行政書士の独占業務、他士業とのいわゆる共同法定業務あるいは行政書士が行うことができない他士業の独占業務などは重要なポイントです。

戸籍法、住民基本台帳法については、戸籍と住民票の記載事項、戸籍の附票の記載事項なども重要なポイントになります。

一般知識（政治、経済、社会）の分野については、いわゆる時事ネタに注意です。ついでにいえば、時事ネタであっても、その歴史までさかのぼってやまをかけるべきです。たとえば、「行政改革」。これは戦前の内閣制度発足の当時からの歴史をもちます。ここからやまをかけるわけです。

　また、情報部門（情報通信、個人情報保護）の分野で法改正があれば、その法改正には要注意です。法改正の理由・その背景にやまをかけるわけです。たとえば、公的個人認証法の改正、個人情報保護法の改正、消費者契約法の改正、プロバイダ責任制限法の改正、サイバーセキュリティ法の制定などについては、改正目的、立法目的にはやまをかけます。

5 捨て問はこれだ！

　はっきりいって、本書には「捨て問」はありません。ただ、限られた学習時間の中で、時間をうまく使って学習していくためには、本書の「ポイントアップ」の問題は「捨て問」と考えてよいでしょう。

　もっとも、足切り点をクリアするという、目標がありますから、捨て問などと悠長なことはいってられません。

　強いていえば、以下の問題が該当するでしょう。

分野	一般知識	個人情報・通信	行政書士法等諸法令
ポイントアップ問題番号	2、(11)、(13)※	1	2

※（ ）内は電子書籍版のみに掲載した問題番号です。

苦しいときこそ、チャンスだ！

06 基礎知識

合格するには、誘惑に勝たなければ
ならない。受験勉強はつらくて厳しい。
基礎知識の学習に入る頃が
その頂点かもしれない。
しかし、受験生の誰もが苦しいのだ。
懸命に努力した者が合格する。
その苦しさに負けてしまった者から
敗れ去っていく。
まさに苦しい時こそチャンスなのだ！

6 ①一般知識
よく出る問題

問題 1
○○○

中曽根内閣は、行政改革を最大の政治課題として取り組み、国鉄、電信電話公社、専売公社の3公社の民営化を実現した。さらに、税制改革にも取り組み、消費税の導入を行った。

問題 2
○○○

第二次橋本内閣（1996年11月発足）では、内閣機能の強化、中央省庁の再編成、政策評価の導入、独立行政法人制度の創設など中央省庁等改革の実現に取り組んだ。

問題 3
○○○

エージェンシーとは、公的部門を企画立案部門と執行部門に分け、執行部門のうち民営化が難しい部門を、業績・成果による管理を行う独立の行政機関として設ける制度をいう。

問題 4
○○○

内閣には、内閣の庶務や行政各部の総合調整を担当する内閣官房、内閣から提出される法律案について立案と各省庁間の協議・調整を一元的に行う内閣法制局、内閣の適切な予算執行を確保するための会計検査院などが置かれている。

問題 5
○○○

戦後、わが国の政党制は、民主党が自由党の2倍近くの議席数を持っていたので、二大政党制の不完全な形態として「1か2分の1政党制」と呼ばれていた。1955年、この二党が合同して一党優位体制が成立し、1990年代に至るまで継続した。

問題 6
○○○

小党分立制は、連立政権の場合には幅広い層の国民の意見が政治に反映されることから、二大政党制に比べて安定的な政権になりやすい。

1 ✕ 中曽根内閣（1982年11月〜1987年11月）では、1985年に、専売公社と電電公社、1987年に国鉄の3公社が民営化された。しかし、消費税の導入は1989年4月1日のことであり、これは竹下内閣（1987年11月発足）で実施されたものである。

2 ◯ 第二次橋本政権は、省庁再編などの行政改革、規制緩和による経済構造改革、財政構造改革、金融改革、社会保障改革、教育改革の「六大改革」に取り組んだ。

3 ◯ エージェンシーは、イギリスのサッチャー内閣が行政組織のスリム化のため導入した制度である。わが国の独立行政法人制度は、イギリスのエージェンシー制度をモデルとしている。

ひっかけ問題

4 ✕ 内閣法制局は、法律問題に関して内閣総理大臣や各省大臣に対して意見を述べたり、内閣提出法案や条約などを審査したりするための機関である。さらに、会計検査院は憲法および会計検査院法に基づいて設置された機関であり、内閣から独立している。

5 ✕ 「1か2分の1政党制」とは、1955年に成立した「自民党」対「社会党」という対立図式を表した言葉である。当初、両党の議席比が2：1であったことから名づけられた。

6 ✕ 小党分立制の下で連立政権が成立している場合、連立与党内での主導権争いが起こり、政権は不安定になりやすい。

問題
7
○○○
所属の国会議員を5人以上有する政党であっても、直近の国政選挙で2％以上の得票率を獲得しなければ、政党助成法に基づく政党交付金を受け取ることができない。

問題
8
○○○
圧力団体とは、政府・議会・政党に圧力をかけて政策決定に影響を与え、自己の特殊利益の実現を図る集団をいうが、政権獲得を目指さない点で政党と異なる。

問題
9
○○○
小選挙区制は、1票でも多く獲得した候補者や政党がその選挙区の代表となるため死票が少ないが、政党政治を不安定にするという短所がある。

問題
10
○○○
比例代表制における議席配分方式の一つであるドント式は、各政党の得票数を1、2、3…の順に整数で除し、その商の多い順に議席を配分していくものであり、わが国の衆議院、参議院の比例代表選挙はこの方式を採用している。

問題
11
○○○
ゲリマンダリング（単に「ゲリマンダー」ともいう）とは、恣意的で不公正な選挙区割りを行うことであり、小政党が比較的出現しやすく、議会内の対立が高まりやすい大選挙区制の下でもっぱら行われるものである。

問題
12
○○○
衆議院議員総選挙は、小選挙区比例代表並立制を採用しており、比例代表選挙では全国を1選挙区とし、有権者は政党に投票して、ドント式で当選議員を配分する。

問題
13
○○○
参議院議員選挙は、3年ごとに議員の半数を改選し、比例代表選挙と都道府県単位の選挙区選挙からなるが、比例代表選挙では基本的に非拘束名簿式を採用し、候補者名で投票することができる。

7 ✕ 政党助成法に基づき助成を受けることができるのは、「所属の国会議員を5人以上有すること」か、または「国会議員を有し、直近の国政選挙で2%以上の得票率を獲得したこと」の要件を充たした政党である。

8 ◯ 圧力団体は、政党や議会の機能を補うものとして、職業利益を代表する新たな団体として発生したものである。アメリカでは、圧力団体が代理人としてロビイストを雇って活動し、上院・下院に次ぐ第三院とよばれている。

9 ✕ 小選挙区では、第2位以下の候補者に投票された票がすべて死票になるため、一般に死票が多くなる。しかし、小選挙区制は、大政党に有利で、二大政党制となり政党政治を安定させやすい。

10 ◯ 比例代表制の議席配分方式について、わが国で採用されているドント式は、各政党の得票数を順に整数で除し、その商の多い順に議席を配分していくものである。

11 ✕ ゲリマンダリングは、小選挙区制の下で自党に有利な結果を導く目的で行われることが多い。

12 ✕ 比例代表選挙において全国を1選挙区とするのは、参議院議員選挙である。衆議院の比例代表選挙は、全国を11のブロックに分け、有権者が政党に投票する拘束名簿式（当選順位あり）が採用されており、議席の配分はドント式で行われる。

13 ◯ 参議院議員選挙は、比例代表選挙と都道府県単位の選挙区選挙とを並立させた制度で行われており、議員の任期は6年で、3年ごとに半数が改選される。参議院の比例代表選挙では衆議院とは異なり、基本的に非拘束名簿式（当選順位なし）が採用されているが、公選法の改正（平30法75）により、一部拘束名簿式（特定枠制度）が導入されている。

問題
14
○○○
議院内閣制の母国とされているイギリスには成文憲法典が存在せず、議院内閣制も憲法習律といわれる一種の慣行として成立しており、内閣を構成する閣僚についても全員が国会議員でなければならないという習律が確立している。

問題
15
○○○
イギリスの議会は上院と下院からなり、下院優越の原則が確立されている。内閣は連帯して下院に責任を負い、下院が内閣の不信任決議をした場合には、総辞職するか下院を解散しなければならない。

問題
16
○○○
アメリカの議会は上院と下院で構成されるが、上院は大統領が締結した条約や高級官吏任命に対する同意権を持つので、この限りでは上院が下院に優越する。大統領は、法案の提出権、議会の解散権、陸海空軍の最高指揮権などを有している。

問題
17
○○○
ドイツでは、連邦議会議員と州議会選出議員からなる連邦会議によって選出された大統領が存在するが、広範な権限をもつ連邦政府と内閣総理大臣による議院内閣制をとっている。

問題
18
○○○
フランスでは、議会によって選出された大統領が、首相の任免権、下院の解散権、非常大権など、国政に関する強大な実質的権能を有している。

問題
19
○○○
国際連合の総会は全加盟国で構成される国連の中心機関であり、投票権は1国1票で、表決は重要事項については3分の2以上、その他は過半数によって決定される。

問題
20
○○○
国際連合の安全保障理事会は、拒否権を持つ5常任理事国と、総会によって選出される任期2年の非常任理事国によって構成され、加盟国を拘束する決定を行う権限を有する唯一の機関である。

14 ◯ わが国の場合、国務大臣は民間からも選出することができるが、議院内閣制の母国であるイギリスの場合には、すべての国務大臣が国会議員から選出される。

15 ◯ イギリスの議会は、上院（貴族院）と下院（庶民院）の二院制であるが、1911年の議会法で下院の優越が確定している。議院内閣制が採用されていることから、内閣は連帯して議会（下院）に責任を負い、議会は内閣の責任を問う不信任決議権を有する。

ひっかけ問題

16 ✕ 条約批准権や高級官吏任命に対する同意権は上院のみが有するが、上院と下院はともに対等である。大統領には、議会への予算案、法律案の提出権、議会の解散権は認められていないが、議会可決法案への拒否権や議会への教書送付権が与えられている。

17 ◯ ドイツの立法府は、連邦議会と連邦参議院の二院制である。ドイツでは、実質的に議院内閣制が採用されていることから、行政権は首相にあり、大統領の権限は儀礼的・形式的なものである。また大統領は、「連邦会議」（連邦議会議員およびこれと同数の各州議会代表）によって選出される。

18 ✕ フランスの大統領は国民の直接選挙（2回投票制による決選投票あり）により選出される。フランスでは半大統領制（大統領と首相の権限並立）が採られているが、大統領が首相や閣僚の任免権、国民議会の解散権などの強大な権限をもち、議院内閣制に立脚した政治運営が行われている。

19 ◯ 国際連合の総会における表決の重要事項とは、平和と安全に関する勧告、新加盟国の承認・除名、予算および理事国の選挙などをいう。

20 ◯ 安全保障理事会を構成し、拒否権を有する5常任理事国とは、アメリカ、イギリス、フランス、ロシア（1991年からソビエトの地位を承継）、中国である。全加盟国は安全保障理事会の決定を受け入れ、実行しなければならない。

問題
21

予算は、まず衆議院に提出されて審議・議決され、その後、参議院に送付され審議・議決を経て成立する。参議院が衆議院と異なった議決をした場合には、緊急を要する予算は、直ちに衆議院の議決が国会の議決となる。

問題
22

補正予算とは、本予算（当初予算）の執行の過程において、天災地変、経済情勢の変化、政策の変更などにより当初の予算どおり執行することが不可能ないし不適当となる場合、国会の議決を経て当初の本予算の内容を変更する予算をいう。

問題
23

予算が会計年度開始前に成立しなかった場合に、必要な経費の支出のために作成される暫定予算は、例外的に国会の議決を経ずに執行できるが、本予算が成立すれば当然に失効し、本予算に吸収される。

問題
24

財政法上、公共事業の費用として国債を発行することは禁じられているため、景気を回復させるために必要な公共事業の費用として国債を発行する場合には、特別法の制定が必要である。

問題
25

税収および税収以外の収入などに加えて、建設国債の発行によっても歳入不足が見込まれる場合に発行される特例国債（赤字国債）は、原則として、その都度単年度立法による法律に基づいて発行される。

問題
26

1949年以降は毎年、均衡予算が維持されてきたものの、1965年の不況においては税収不足のため補正予算が組まれて国債の発行が行われ、1966年度予算においては当初予算から建設国債が発行された。

問題
27

フィスカル・ポリシーは、供給により国民所得の水準が決定するというマネタリストの立場に基づいており、不況時には、公共投資や減税によって供給を増加させ、景気過熱時は、公共投資削減や増税により供給を減少させる政策となる。

ひっかけ問題
21 ✕ 予算案について、先に衆議院が議決し（衆議院の予算先議）、衆議院と参議院とで異なった議決がなされた場合には、必ず、両院協議会が開催される（憲法60条）。

22 ◯ 予算作成後に生じた自然災害、経済事情の変化など予見し難い事態に対処するために作成される予算を補正予算という（財政法29条）。補正予算は1会計年度に2回以上組まれることもある。

23 ✕ 後日、本予算が成立すれば、暫定予算は当然に失効し（財政法30条）、本予算に吸収されるが、暫定予算も財政民主主義（憲法83条）の観点から国会の議決を経る必要がある。

ひっかけ問題
24 ✕ 公共事業費、出資金、貸付金の財源については、国会の議決を経た金額の範囲内で、国債を発行することができる（財政法4条ただし書）。すなわち、財政法4条ただし書を根拠として発行される（「建設国債」とも「四条国債」ともいわれる）。

25 ◯ 公共事業などに充てる目的以外で国債を発行することは、財政法4条により禁止されているため、特例国債（赤字国債）は、原則として、その年度限り適用する財源確保法（財政特例法）に基づいて発行される。この例外として、2021年に成立した、いわゆる「改正公債特例法」により、2021年度から2025年度までの間、国会の議決を経た金額の範囲内で、特例国債を発行することができるようになった。

26 ◯ いわゆる「40年不況」のため、1965年には、戦後初めて赤字国債が発行されたが、これは補正予算によるものであった。翌66年度予算では当初から建設国債が発行された。

27 ✕ フィスカル・ポリシーとは、ケインズの有効需要理論に基づいて提唱されたものである。不況時には、公共投資や減税によって有効需要を増加させ、景気過熱時は、公共投資削減や増税によって有効需要を減少させる政策となる。

6 ①一般知識
よく出る問題

問題 28

ポリシー・ミックスとは、国や地方公共団体が、市場を通じて民間企業によって供給することが難しい公共財を、税金とともに供給することをいう。

問題 29

日本銀行は、金融機関の保有する預金の一部を準備預金として有利子で預け入れをさせているが、この準備預金の準備率を上下させることで資金を供給する金利を操作する。

問題 30

日本銀行が行う公開市場操作とは、国債などを市場で売買することによりマネーストック（マネーサプライ）を調節し、景気を調節する政策をいうが、日本銀行が保有する国債を市中銀行に売却すると、マネーストックは減少する。

問題 31

スタグフレーションは、景気が拡大する一方で、物価が継続的に下落していく状態のことをいう。1970年代以降に、世界的な現象として出現した。

問題 32

デフレ・スパイラルとは、デフレによる物価の下落で企業収益が悪化し、人員や賃金が削減され、それに伴った失業の増加、需要の減衰が起こり、さらにデフレが進むという連鎖的な悪循環のことをいう。

問題 33

第二次オイルショックを契機として上昇をはじめた原油などの原料価格を抑えるために、プラザ合意（1985年）によって円高が誘導された。その結果、原油価格が下落して生産コストが低下し、円高景気がもたらされた。

問題 34

地方譲与税は、国税のうち、所得税、法人税、酒税、消費税（地方消費税を除く国税分）および地方法人税のそれぞれ一定割合を国から地方公共団体へ配分する。

28 ✕ 国などが公共財を供給するというのは、「公共財」についての説明である。ポリシー・ミックスとは、複数の政策目標を達成しながら安定した経済成長を続けるために、財政政策と金融政策や為替政策などを組み合わせて行う政策である。

29 ✕ 準備預金は、市中の金融機関が保有する預金の一定割合を、日本銀行へ「無利子」で預金させるものである。また、預金準備（支払準備）率操作は、準備率を上下させて金融機関の資金量を調整するものであり、金利を操作するものではない。

30 ◯ 日本銀行が国債などを売却するのは売りオペレーションである。売りオペレーションは、景気の好況期に通貨供給量を吸収する政策であり、マネーストックは減少する。

31 ✕ スタグフレーションとは、不況下の物価高のことで、景気停滞や失業と物価上昇が同時に発生している状態をいう。スタグフレーションは、過大な総需要管理政策が実施された場合などに生じるとされている。

32 ◯ デフレ・スパイラルとは、「物価が下落して企業の売上が減少→企業収益が減少→企業が設備や雇用の調整をする→物価下落」という連鎖的な悪循環の状態をいう。

ひっかけ問題

33 ✕ プラザ合意（1985年）は当時の過度のドル高を是正することを目的として合意された。その結果、日本では急激な円高が誘導され、深刻な円高不況がもたらされた。この不況を回復するために日本銀行がとった低金利政策がバブル経済をもたらした。

ひっかけ問題

34 ✕ 「所得税、法人税、酒税、消費税および地方法人税」のそれぞれ一定割合を財源とするのは、地方交付税である。現在の地方譲与税は、地方揮発油税、石油ガス税、特別とん税、自動車重量税、航空機燃料税、森林環境税および地方法人特別税の収入額の一定割合が財源となる。

問題 35
○○○
地方交付税は国税の一種であり、その税収を地方公共団体の財政力を調整するための地方交付税交付金に充てる目的で課税される目的税である。

問題 36
○○○
国庫負担金は、地方公共団体の実施する事務のうち、国と地方公共団体が利害関係にある事務あるいは国と地方の共同責任がある事務に対して、それぞれの負担割合を定めて、国が義務的に負担するために交付する国庫支出金である。

問題 37
○○○
各国の経済発展を図るため、ブレトン・ウッズ合意 (1944年) により成立したGATT (関税及び貿易に関する一般協定) は、アメリカドルを資本主義の基軸通貨とし、各国通貨はアメリカドルと一定の交換比率に固定することを主な内容として、世界貿易の拡大を意図するものであった。

問題 38
○○○
WTO (世界貿易機関) は、GATTを発展的に解消して、1995年1月に発足した世界貿易に関する国際機関である。2001年のドーハ会議では、中国および台湾の加盟が正式に承認された。2011年には、ロシアも加盟が承認された。

問題 39
○○○
WTOにおける貿易紛争解決手続には、コンセンサス方式がとられており、パネル (紛争処理小委員会) 設置の承認やパネル報告の採択は、1国でも反対があると成立しない。

問題 40
○○○
わが国は、自由貿易協定 (FTA) の範囲を超えて、投資、知的財産などの広範な分野を対象とする経済連携協定 (EPA) を推進している。2002年以降、メキシコなどの国々との間のEPAが発効している。

問題 41
○○○
環太平洋経済連携協定 (TPP) とは、ブルネイ、チリ、ニュージーランド、シンガポールの4か国が参加し、2006年5月に発効した自由貿易協定であり、貿易関税については例外品目を認めない関税撤廃を目指している。

ひっかけ問題

35 ✗　地方交付税交付金は、各地方公共団体の一般財源（使途は限定されていない）であり、使途が特定されている目的税ではない（地方交付税法3条2項）。

36 ◯　国庫負担金は、地方公共団体が行う事務のうち国家的利害が強く、国の負担割合が法令で定まっているもので、①一般行政費国庫負担金（義務教育費、生活保護費など）、②建設事業費国庫負担金、③災害復旧費国庫負担金などがある。

37 ✗　アメリカドルを基軸通貨とするという説明は、IMF（国際通貨基金）の説明である。戦後の国際経済体制（ブレトン・ウッズ体制）は、IMF、IBRD（国際復興開発銀行）、GATTという組織で成り立っていた。GATTは、国際機関ではないが、自由貿易の促進を目的とした国際協定である。

38 ◯　WTOは、ウルグアイ・ラウンドの合意事項すべての成果を実施するために、1995年、GATTを発展的改組するものとして発足した。2001年のドーハ会議（第4回閣僚会議）で中国および台湾の加盟が承認された。ロシアは、2011年12月に加盟が承認された（2012年8月加盟）。

ひっかけ問題

39 ✗　「紛争解決における規則及び手続に関する了解」において、全加盟国が異議を唱えない限り採択される「ネガティブ・コンセンサス方式」が採用されている。

40 ◯　2024年1月現在、日本のEPA・FTAの現状は、発効済・署名済が21（シンガポール、メキシコ、マレーシア、チリ、タイ、インドネシア、ブルネイ、ASEAN全体、フィリピン、スイス、ベトナム、インド、ペルー、オーストラリア、モンゴル、TPP12（署名済）、TPP11、日EU・EPA、米国、英国、RCEPとなっている。

41 ◯　ブルネイ、チリ、ニュージーランド、シンガポールの4か国が参加して、2006年5月に発効した環太平洋経済連携協定（の原協定（TPSEP））は、太平洋を囲む国々が国境を越えて人、モノ、カネを自由に移動できるようにするための自由貿易協定である。

問題 42
○○○

1993年発効のマーストリヒト条約（欧州連合条約）によって、EUが発足し、経済統合のみならず、共通外交などの政治統合も目指すという目標が定められた。

問題 43
○○○

生活困窮者に対する公的扶助の始まりは、17世紀のイギリスのエリザベス救貧法である。19世紀のドイツでは、ビスマルクによって世界最初の社会保険といわれる「疾病保険法」がつくられた。

問題 44
○○○

イギリスでは、1942年に発表されたベバリッジ報告（「社会保険その他の制度に関する報告」）に基づき、第二次世界大戦後に『ゆりかごから墓場まで』といわれる総合的な社会保障制度が実現した。

問題 45
○○○

国民健康保険法は、保険事業の保険者を市区町村と定めており、国民健康保険事業の健全な運営を確保し、もって社会保障および国民保健の向上に寄与することを目的とする。

問題 46
○○○

国民健康保険は、自営業者や農林漁業の従事者などを対象として疾病、負傷、死亡に対する保険給付を行うものであるが、保険料は所得に関係なく定額であるため、低所得者には負担が大きくなっている。

問題 47
○○○

わが国の公的年金は、全国民を職業や所得などにかかわらず公的年金の対象とする「国民皆年金」の制度を採用しているが、このような体制は1961年に国民年金制度の適用が始まったことにより整備された。

問題 48
○○○

介護保険法では、保険者は都道府県と定められており、介護保険法に基づき保険者である都道府県に「要介護」に認定された者は、その程度に応じた介護サービスを無料で受けることができる。

42 ◯ マーストリヒト条約（1993年11月発効）によって、正式にEUが発足した。この条約では、通貨統合の計画や通貨統合の参加に対する国内経済の一定基準が定められるとともに、共通外交政策・共通安全保障政策を柱とする政治統合も目標に掲げられた。

43 ◯ エリザベス救貧法（1601年）は、恩恵による慈善的なもので、貧困者を救う費用を賄うために、富裕者に救貧税を課税した。ビスマルクは、疾病保険法（1883年）、労働者災害保険法（1884年）、老齢・疾病養老保険法（1889年）の制定による社会保険（失業保険を欠く）を導入した（ビスマルクの社会政策三部作）。

44 ◯ イギリスのベバリッジ報告（1942年）では、最低生活を保障する均一の給付、一律の保険料、全国民のすべての事故に適用する、など6つの基本原則を示し、「ゆりかごから墓場まで」という戦後イギリスの社会保障の基礎となった。

45 ◯ 国民健康保険法による保険者は、「市町村及び特別区」（3条1項）である。また、国民健康保険組合は、この法律の定めるところにより、国民健康保険事業を行うことができる（同条2項）。

46 ✕ 国民健康保険は、自営業者や農林漁業の従事者などを対象としているが、保険料は定額ではなく、所得や世帯人員などに応じて市区町村ごとに決定される。

47 ◯ 1961年に自営業者などを対象とする国民年金制度が発足し、国民皆年金が実現した。その後1985年に、全国民共通に給付される基礎年金を創設し、厚生年金などの被用者年金は、基礎年金給付の上乗せの2階部分として、報酬比例年金を給付する制度へと再編成された。

ひっかけ問題

48 ✕ 介護保険法上の保険者は市町村および特別区である。要介護者に認定された者は、介護保険の保険給付の対象となる介護サービスを受けることができるが、それは無料ではなく、利用者も原則として1割を負担する必要がある。

問題 49

介護保険制度では、65歳以上の第一号被保険者の保険料の徴収は、老齢・退職年金から特別徴収（いわゆる天引き）を行うほか、特別徴収が困難な者については市区町村が個別に国民健康保険料と併せて徴収を行う。

問題 50

行政書士Ａ（39歳）は介護保険によるサービスを受けている母Ｂ（68歳）と甲市で暮らしている。Ａには、毎月介護保険料を支払う義務があり、Ｂは介護保険によるサービスを受けていても、原則的に介護保険料を支払う必要がある。

問題 51

労働審判制度は、賃金未払いなど労働者個人と使用者との間の紛争を迅速に解決するための制度で、労働審判手続の申立てがあると3名（労働審判官1名、労働審判員2名）で構成された地方裁判所の労働審判委員会が、原則として3回の期日で解決を図るものである。

問題 52

消費者基本法は1968年に制定され、消費者保護のための国や地方公共団体の果たすべき責務が明記されたが、近年では消費者の権利および事業者の義務についても明確にする必要が生じたため、消費者基本法の特別法として2004年に新たに消費者保護基本法が制定された。

問題 53

製造業者は、製造物が他の製造物の部品として使用された場合、その欠陥が専ら当該他の製造物の製造業者が行った設計に関する指示に従ったことにより生じ、かつ、その欠陥が生じたことにつき過失がないことを証明したときには、製造物責任法（PL法）に基づく損害賠償責任を負わない。

問題 54

消費者は、不適切な勧誘での誤認・困惑によって契約した場合や、過量の内容の契約をした場合、いわゆる霊感商法で結んだ契約などは、消費者契約法に基づき、その契約を取り消すことができるが、この取消権は、追認することができるときから3か月間行わないときは時効によって消滅する。

問題 55

あるスポーツクラブの契約条項に、「事業者の責めに帰すべき事由があっても一切損害賠償責任を負わない」、あるいは「事業者に故意または過失があっても一切損害賠償責任を負わない」と記載されていたときは、当該条項は無効となる。

49 ○ 第一号被保険者の保険料は国の定めるガイドラインに基づき、市区町村が条例で設定する。一方、40歳から64歳までの第二号被保険者については、それぞれ加入する医療保険のルールに基づいて、設定する。この介護保険料は、医療保険者が一般の医療保険料と一括して徴収を行う。

50 × 65歳以上の者（第一号被保険者）に対しては、市区町村が条例で定める所得段階に応じた定額保険料が課されるから、65歳以上のBは原則として、介護保険料を支払う義務があるが、40歳未満であるAには介護保険料は課せられない。

51 ○ 労働審判委員会は労働審判官1名、労働審判員2名で構成され、審理の回数は原則として3回で、その間に両当事者の調停を試み、調停が不成立の場合は3回目の期日までに審判をする。

52 × ひっかけ問題　1968年に制定されたものは、「消費者保護基本法」である。同法は大幅に改正され、「消費者基本法」として2004年6月に公布・施行された。消費者基本法は、消費者の権利の尊重およびその自立の支援その他の基本理念を定め、国、地方公共団体および事業者の責務などを明らかにしている。

53 ○ 製造業者は、自己の製造物が他の製造物の部品として使用された場合、その欠陥が専ら他の製造業者が行った設計上の指示に従ったことにより生じ、かつ、その欠陥につき過失がないことを証明したときには、免責される（商品・原材料製造業者の抗弁）。

54 × 消費者契約法に基づく取消権は、追認をすることができるときから1年間（霊感商法による契約は3年間）行わないとき、または消費者契約の締結の時から5年を経過した（霊感商法による契約は10年間）ときに、時効によって消滅する。

55 ○ 「一切責任を負わない」旨の条項は、債務不履行や不法行為による損害賠償責任の「全部を免除する条項」であるため、事業者の損害賠償責任を免除する条項の無効事由（消費者契約法8条1項1号、3号）に該当し、無効となる。

6

①一般知識

しっかり基礎

問題
1
○○○

ホッブズは、『リヴァイアサン』（1651年）で、各人が自然権を無制約に行使することによって生じる状況を「万人の万人に対する闘争」ととらえ、これを克服するため、各人は自らの自由な意思に基づいて、絶対的権力を持つ主権者を設け、その命令に絶対に服従するとした。

問題
2
○○○

ロックは、『市民政府二論』（1690年）において、自然権を保障するため人々は契約を結び国家をつくると考え、政府が自然権を守らないとき人民は抵抗権をもつとして、イギリス名誉革命を擁護した。

問題
3
○○○

ルソーは、『社会契約論』（1762年）において、自由と平等を求める市民が契約を結んで「一般意志＝人民の共通の利益を目指す意志」を形成し、それに基づいて政治が行われる「自由の王国」をつくることを提案した。

問題
4
○○○

近代自由主義国家における権力分立論は、歴史的には絶対君主制に対する貴族による抵抗の理論として生まれたものであるが、それを立法権、執行権、司法権の分立と三権相互間の抑制と均衡といういわゆる「三権分立論」として定式化したのは、モンテスキューである。

問題
5
○○○

橋本政権下での行政改革会議（1996～1998年）では、内閣機能の強化、中央省庁の再編などについて審議され、その最終報告に基づいて、中央省庁等改革基本法が制定された。

問題
6
○○○

政治主導の確立のため、わが国では、国会審議の活性化が図られるとともに、党首討論制の導入、政府委員制度の廃止、副大臣・政務官等の設置などの制度改革が行われた。

1 ○ ホッブズは、清教徒（ピューリタン）革命以後、人間の生命の尊さを強調し、社会契約論に立ちながら、結果としては<u>絶対王政を擁護</u>する理論となった。主著『リヴァイアサン』。

2 ○ ロックは、人民が相互に契約を結び、自然権を第三者に委託したと考えた。そして、統治者が権力を濫用した場合、人民は<u>抵抗権を行使する</u>ことができるとして、政府の絶対性を否定した。

3 ○ ルソーが理想とした政治のあり方は、<u>直接民主制と人民主権</u>であった。ルソーは、主権が全人民の参加によって行使される直接民主制を主張した。この考えは、人民主権論としてフランス革命に大きな影響を与えた。

4 ○ モンテスキューは、『法の精神』（1748年）において、各国の政治体制を比較しながら、自由と権力の均衡の重要性を説き、<u>立法・執行・司法を異なる機関に担当させる三権分立制を提唱</u>して、近代民主政治に大きな影響を与えた。モンテスキューの三権分立を最も忠実な形で体現しているのがアメリカ合衆国憲法である。

5 ○ 行政改革会議の最終報告（1997年12月）を具体化するため、内閣に中央省庁等改革推進本部を設置することなどを内容とした「<u>中央省庁等改革基本法</u>」が1998年6月に成立した。

6 ○ 1999年の通常国会で、<u>政府委員制度が廃止</u>され、2000年の通常国会から党首討論が正式に取り入れられている。さらに、2001年1月の中央省庁再編に伴い、<u>政務次官を廃止</u>する代わりに副大臣・政務官が設置された。

問題 7

PFI（Private Finance Initiative）とは、公共施設などの建設や維持管理、運営などを民間の資金、経営能力およびノウハウを活用して行う手法である。

問題 8

公共サービス改革法（「市場化テスト法」）によれば、これまで官業とされていた公共サービスを官民競争入札で民間事業者が落札した場合、当該民間事業者が創意工夫を発揮して落札事業を実施することで、無駄なコストが削減できる。

問題 9

官僚制行政組織は、競争原理が働かず倒産の危機もないため、能率化を目指す経営努力が乏しくなり市場メカニズムによる資源配分に比して非能率であると批判されることがある。

問題 10

オンブズマンとは、19世紀初めにスウェーデンで創設された市民の権利を守る苦情調査官で「護民官」ともいわれる。この制度は、第二次世界大戦後に、北欧諸国からイギリス連邦諸国へ、そしてアメリカ諸州に急速に普及した。

問題 11

わが国では、市町村合併や原子力発電所建設、廃棄物処理場の設置などについて住民投票が行われている例があるが、いずれも条例を根拠に実施されたものではない。

問題 12

政治資金規正法では、個人のみならず企業や労働組合も、政党、政治資金団体（政党が設置する団体）および資金管理団体（候補者が設置する団体）に一定の政治献金をすることが認められている。

問題 13

公職選挙法の連座制においては、選挙の候補者と一定の関係にある人が選挙犯罪をし、刑が確定したときに当該候補者であった者は、当選が無効とされ、一定期間すべての選挙区からの立候補が禁止される。

7 ○ わが国では、PFI促進法（民間資金等の活用による公共施設等の整備等の促進に関する法律）に基づいて、事業が推進されており、2011年の法改正により<u>対象施設が拡大</u>され、船舶、航空機、人工衛星などの輸送施設も対象になっている。

8 ○ 公共サービス改革法では、官民の競争入札で<u>民間が落札した場合の特例</u>が定められている。その例として、国民年金保険料の収納事業、戸籍謄本などの交付の請求の受付・引渡し、登記所の登記の業務などがある。

9 ○ このような行政の非能率性を改善するべく、地方自治体が独自に<u>政策評価制度</u>を導入するようになった。それから2001年には中央省庁においても政策評価制度が導入されている。

10 ○ スウェーデンでは、<u>議会による行政統制が不十分</u>であったため、これを補う措置としてオンブズマン制度が世界で初めて導入された（1809年）。その後、デンマーク（1955年）、イギリス（1967年）、アメリカ合衆国のハワイ州（1967年）などへ普及した。

ひっかけ問題

11 × わが国でこれまで行われてきた住民投票は、<u>条例に基づいた</u>ものである（例：新潟県巻町における東北電力の原子力発電所の建設に関する住民投票／1996年8月4日）。また、この結果には、法的な拘束力はない（<u>諮問的住民投票</u>）。

12 × 個人は資金管理団体に一定の額を献金することができるが、<u>企業や労働組合などが政治献金できるのは、政党と政治資金団体</u>に限られている。

ひっかけ問題

13 × 連座制の下で、立候補が禁止されるのは、すべての選挙区ではなく、<u>選挙犯罪をした当該選挙区</u>であり、そこからの立候補は5年間できない。

問題
14

期日前投票は、やむを得ない事情で選挙当日、所定の投票所で投票できない有権者のための制度であり、投票できない理由がレジャーや買い物など私用の場合には、期日前投票が認められない。

問題
15

衆議院議員総選挙では、小選挙区選挙と比例代表選挙との重複立候補が認められているが、小選挙区での得票順位と当落が逆転するなどの問題点があったため、公職選挙法の改正により比例代表での当選条件が厳しくなった。

問題
16

地方公共団体では首長制（大統領制ともいわれる）を採用しているが、議会による首長への不信任議決権や首長の再議権などの制度を認めているため、議院内閣制の要素も加味されている。

問題
17

中国では、最高議決機関である全国人民代表大会（全人代）の下に、常設機関である常務委員会が設けられ、法令の制定、条約の批准など広範な権限をもつとともに、国務院が行政を担当している。

問題
18

ロシアの大統領は国家元首であり、首相任命権、国家会議（下院）の解散権、非常大権をもつとともに、軍最高司令官を兼ねるなど、強大な権限を有しており、連邦議会は連邦会議と国家会議の二院制が採用されている。

問題
19

ドイツの憲法裁判所は、連邦議会および連邦大統領と並立する連邦の最高機関である。憲法裁判所は、具体的訴訟の中で憲法問題が生じた場合に、下級審からの移送を受けて法令の違憲性を審査するが、具体的な訴訟に関わらない抽象的違憲審査は行わない。

問題
20

国際人権規約は、社会権規約（Ａ規約）、自由権規約（Ｂ規約）およびＢ規約の選択議定書の総称であり、法的拘束力を有する。また、選択議定書は、その締約国の個人が行った通報を規約人権委員会が審議する制度などを規定している。

14 ✕ 2003年改正公職選挙法により導入された期日前投票制度の利用にあたっては、やむを得ない事由などは必要でなく、1997年改正公職選挙法により要件が緩和された不在者投票制度と同様に、レジャーなどの私用であっても認められる。

15 ◯ 衆議院議員総選挙の小選挙区比例代表並立制（1994年導入）での重複立候補は、改正公職選挙法（2000年）により、小選挙区の候補者が有効投票総数の10分の1未満で落選した場合（＝供託金没収となる場合）は、比例代表での復活当選ができない。

16 ◯ 議会の権能として、長に対する不信任議決権が付与されている（地方自治法178条）ことや長の再議権（同法176条、177条）が認められていることから、議会と長との関係については、大統領制と議院内閣制の折衷型とよばれることがある。

17 ◯ 中国では、一院制の全国人民代表大会（全人代）を最高議決機関とし、立法については、国家機構および民事・刑事の基本法を制定し、一般的な法律は、全人代の常設委員会が制定する。国務院は全人代の執行機関であるとともに、国の最高行政機関である。

18 ◯ ロシアの大統領には首相の任命、閣僚の任免、国家会議（下院）の解散などの権限が付与されている。連邦会議（上院）は大統領の罷免や司法部の幹部の任免などを行い、国家会議（下院）は大統領の首相任命に同意を与える。

19 ✕ ドイツの憲法裁判所は、下級審からの移送を受けて法令の違憲性を審査するほか、具体的な訴訟に関わらない抽象的違憲審査も行う。抽象的違憲審査は、連邦もしくは州政府または連邦議会議員の3分の1以上の申立てがあった場合に行われる。

20 ◯ 国際人権規約（1976年発効）は、世界人権宣言（1948年）を徹底させ、加盟国を法的に拘束する。わが国は1979年に加盟したが、B規約の選択議定書は未批准であり、A規約中のストライキ権、休日の報酬支払い、高等教育の無償化などを留保している。

問題
21
○○○

予算は、会計年度ごとに作成しなければならない、という単年度主義には、継続費、国庫債務負担行為の例外があるが、繰越明許費は会計年度独立の原則の例外である。

問題
22
○○○

繰越明許費は、性質上または予算成立後の事由に基づき年度内にその支出を終わらない見込みがあるものについて、あらかじめ国会の議決を経て、翌年度に繰り越して使用することができる予算である。

問題
23
○○○

財政投融資制度の改革により、2001年度からは、財政投融資の原資の確保のために、「財投機関債」とよばれる一種の国債の発行が可能となった。

問題
24
○○○

財政投融資においては、国の特別会計、公庫、公団、地方公共団体などへの資金運用額について予算総則などの形式により、国会の議決を経ることとされている。

問題
25
○○○

政府関係機関は、特別の法律によって設立された法人で、その資本金の50%以上を政府が出資し、当該機関の予算については国会の議決を必要とする。

問題
26
○○○

国の決算については、会計検査院の検査が行われるので、政府による国会への報告、国会における審査は行われない。

問題
27
○○○

金銭の給付を目的とする国の権利は、時効に関する特別の法律の定めがないときには、時効期間の経過により、時効の援用を必要とすることなく当然に消滅する。

21 ⃝ <u>継続費、国庫債務負担行為は単年度主義の例外</u>であるが、繰越明許費は、会計年度独立の原則（各会計年度における経費は、その年度の歳入をもってこれを支弁しなければならないという原則）の例外である。

22 ⃝ 歳出予算の経費のうち、その性質上または予算成立後の事由に基づき年度内にその支出を終わらない見込みのあるものについては、繰越明許費として<u>あらかじめ国会の議決を経て</u>、翌年度に繰り越して使用することができる（財政法14条の3）。

ひっかけ問題

23 ✕ 財政投融資特別会計により、国債の一種として発行されるのは、<u>「財投債」</u>である。「財投債」は、特殊法人などの財投機関自身が発行する「財投機関債」では金融市場から資金を十分に調達することができない場合に発行される（政府保証がつく）。

24 ⃝ 財政投融資は、それぞれ原資（財政融資、産業投資、政府保証）ごとに<u>予算の一部として国会の審議・議決</u>を受ける。例えば、財政融資は特別会計予算総則、政府保証は一般会計予算総則という形式で国会の議決を受ける。

ひっかけ問題

25 ✕ 政府関係機関（株式会社日本政策金融公庫など）は、特別の法律によって設立され、その<u>資本金が全額政府出資</u>である法人である。予算についても国会の議決を必要とする。

26 ✕ 国の決算は、会計検査院の検査が行われた後、<u>内閣が国会に提出し、国会が審査する</u>（財政法40条1項、憲法90条1項）。

27 ⃝ 金銭の給付を目的とする国の権利は、別段の規定がないときは、時効期間の経過により当然に時効消滅する（会計法31条1項）。<u>時効の援用は必要とされない</u>。

問題
28
○○○

わが国の法人税制度においては、所得税との負担の均衡を図るため、累進課税制度が採用されており、所得金額が大きい法人ほど高い限界税率が適用され、法人経営を圧迫している。

問題
29
○○○

消費税は、物品の売上のみを課税の対象としており、サービスの売上は課税の対象としていない。また、1997年の税率引き上げに際して、食料品などの生活必需品に対する軽減税率が導入された。

問題
30
○○○

サプライサイド・エコノミックスとは、資源を公共部門から民間部門へ、消費財から資本財へ向けることにより、生産力の増強と物価水準の安定を意図した経済政策上の考え方であり、1970年代からアメリカで隆盛している。

問題
31
○○○

日本銀行の行う公定歩合（基準割引率および基準貸付利率）操作は、日本銀行の意思決定機関である日本銀行政策委員会の権限とされており、制度上、政府の了解を得ることは必要とされていない。

問題
32
○○○

日本銀行は、日本で唯一の発券銀行であり、市中金融機関と取引を行う「銀行の銀行」であるとともに、国庫金の出納を取り扱う国営の銀行であり、職員は国家公務員である。

問題
33
○○○

日本銀行は「国内政策の銀行」として、公開市場操作、預金準備率操作などの金融政策を行うほか、財務大臣の指示にもとづいて「円売りドル買い」などの為替介入の実務を行う。

問題
34
○○○

1971年8月に、アメリカのドル危機から金とドルの交換を停止するというニクソンショックが起こり、主要各国は、為替相場を維持するため、1971年12月のスミソニアン協定にもとづき固定為替相場制から変動相場制に移行した。

ひっかけ問題

28 ✕ 個人の所得税と異なり、法人税では累進課税制度は採用されておらず、<u>税率が一律の比例税方式</u>が採用されている。

29 ✕ 消費税は、物品の売上のみならず、<u>サービスの売上も課税対象</u>にしている。また、1997年の消費税率の5％への引上げに際し、生活必需品に対する軽減税率などの導入はされていない。

30 ◯ サプライサイド・エコノミックスとは、<u>有効需要の側面を重要視した</u><u>ケインズ経済学</u>に対し、自然資源や生産量など<u>供給の側面を重要視し</u>労働や企業の投資などの生産活動を活性化しようという考え方である。具体的方策としては、所得税の減税措置・政府支出の削減・政府規制の緩和を行う。

31 ◯ 公定歩合（基準割引率および基準貸付利率）の変更と決定は、<u>日本銀行政策委員会の専決事項</u>である（日本銀行法15条1項）。2006年に日本銀行は公定歩合という名称を「基準割引率および基準貸付利率」という名称に変更した。

ひっかけ問題

32 ✕ 日本銀行は、日本銀行法により設立され、設立に関して行政庁の認可を必要とする「<u>認可法人</u>」であり、「国営銀行」ではない。よって、日本銀行の職員は国家公務員ではない。

33 ◯ わが国の為替介入は、財務大臣が円相場の安定を実現するために用いる手段として位置づけられており、<u>財務大臣の権限</u>で実施される。日本銀行は、その際に財務大臣の代理人として、財務大臣の指示に基づいて為替介入の実務を遂行している。

34 ✕ スミソニアン協定（1971年12月）では、ドルの価格の引下げと多国間通貨調整（固定相場制）を取り決めた。しかし、スミソニアン体制でも、アメリカの国際収支は赤字が続いたため、主要国（日本を含む）は<u>1973年に変動相場制</u>に移行した。キングストン合意（1976年）で正式に変動相場制が承認された。

問題
35
○○○

地方公共団体は、公共事業のための地方債、いわゆる建設地方債の発行のみならず、条例の定めるところにより、赤字補填のための赤字地方債の発行も認められる。

問題
36
○○○

アメリカ、カナダ、メキシコ、チリが加盟するNAFTA（北米自由貿易協定）は、対外共通税をもたない経済的成熟度の異なる先進国・途上国間の自由貿易協定である。

問題
37
○○○

欧州理事会は1974年に設置が決まり、翌1975年から定期的に開かれており、1999年発効のアムステルダム条約（新欧州連合条約）によって、大統領職を設けることを確認した。

問題
38
○○○

コンツェルンとは、いくつかの異なった産業部門に属する諸企業が、金融機関や持ち株会社を中心に集中した状態を指し、「企業連携」とか、「企業結合」ともいう。

問題
39
○○○

アメリカでは、F. ルーズベルト大統領によるフィラデルフィア宣言（1944年）に基づき、医療保険と失業保険を中心とする社会保障法が世界で初めて制定された。

問題
40
○○○

わが国の社会保障の給付水準は、国家が保障すべき最低限度の生活であるシビル・ミニマムを原則としているが、欧米諸国では国民の平均程度の生活水準を原則としている。

問題
41
○○○

生活保護は、世帯単位ではなく個人を単位とした申請主義をとっているから、保護を受けるためには自ら申請を行う必要がある。生活保護法は、憲法25条の生存権の保障の理念に基づくものであるが、明文で外国人への適用を認めている。

ひっかけ問題

35 ✕ 地方公共団体は、所定の要件の下で、地方債を発行できる（地方自治法230条）が、地方債では国の特例国債（赤字国債）のような、赤字補塡のための<u>赤字地方債の発行は認められていない</u>。

36 ✕ NAFTA（1994年1月発効）の加盟国は、<u>アメリカ、カナダ、メキシコ</u>の3か国である。NAFTAは対外共通関税をもたず、労働移動の自由化、経済政策の協調も内容としていない。

ひっかけ問題

37 ✕ EUを代表する大統領職（欧州理事会議長）を設けることが決定されたのは、2004年10月にローマで調印された<u>欧州憲法条約</u>（EU拡大に伴い欧州統合の推進力を失わないように、EUの機構や制度を再構築するための基本条約）である。

38 ◯ コンツェルンは、個別企業の独立性を認めながら形成される<u>カルテル</u>や、特定の産業部門内においてのみ形成される<u>トラスト</u>などよりも強力なものであり、<u>最も発展した独占の形態</u>であるといわれる。

39 ✕ フィラデルフィア宣言（1944年）は、<u>ILO（国際労働機関）の総会</u>で採択されたものである。アメリカでは、ルーズベルト大統領によるニューディール政策のもと、1935年に「社会保障法」が制定（失業・老齢などの社会保険と公的扶助の一本化）されたが、医療保険は1965年までなかった。

ひっかけ問題

40 ✕ わが国の社会保障の給付水準は、国民に対する最低限度の生活保障、すなわち「<u>ナショナル・ミニマム</u>」の保障を原則としている。シビル・ミニマムとは自治体が住民のために備えなければならない最低限度の生活環境基準をいう。

41 ✕ 生活保護法は<u>世帯単位の原則</u>をとっている。また、生活保護法は、「すべて国民は、この法律の定める要件を満たす限り、この法律による保護を、無差別平等に受けることができる。」（2条）とする。したがって、明文で外国人への適用を認めてはいない。

6 これで合格

①一般知識

問題 1
○○○

新公共管理（NPM：New Public Management）は、行政サービス部門を分権化・分散化して競争原理を導入することや施策の執行部門を企画・立案部門から分離することなどを行う行政改革の手法である。

問題 2
○○○

中央省庁再編において、内閣総理大臣のリーダーシップを強化することにより、政治主導の行政運営を目指すために設置された内閣府は、他の省庁より一段高い位置づけで、内閣総理大臣と内閣官房を補佐し、重要政策の企画・立案、総合調整を担当する。

問題 3
○○○

いわゆる国会活性化法に基づき、導入された党首討論制度は、イギリス議会のクエスチョン・タイムを参考としたもので、週1回開催されるが、質問は野党側から首相に対する一方的なもので、首相側からの反論は認められていない。

問題 4
○○○

わが国の伝統的な行政改革の手法としては、法令の時限立法化（あらかじめ、当該法令の有効期間を定めておく）を進め、その更新を厳しく審査するというスクラップ・アンド・ビルド方式が採用されている。

問題 5
○○○

内閣危機管理監は、内閣官房副長官に準ずる地位で、内閣総理大臣によって任命され、国防などの高度に政治的な判断が必要な場合を除き、テロや大規模災害など緊急事態が発生した場合に、内閣として必要な措置を判断し、関係省庁を指揮監督し、緊急対策を立案および実行する権限を有する。

問題 6
○○○

アメリカの二大政党は、ヨーロッパの国々の諸政党のような中央集権的政党組織ではなく、州を単位とする地方政党の連合体という色彩が強い。

問題 7
○○○

マス・メディアのアナウンスメント効果には、当選確実と予測された候補者に投票するように影響を及ぼすアンダードッグ効果と、当選まであと一歩と予測された候補者に投票するように影響を及ぼすバンドワゴン効果がある。

1 ○ NPMは、PFIのように民間資本を公共サービスに導入したり、政府の業務遂行を行う部門を独立行政法人として分離し<u>企業並みの経営を行わせる</u>ことなどが典型である。

2 ○ 中央省庁再編では、内閣機能の強化を図る観点から、内閣府設置法に基づき、内閣の重要政策に関する<u>内閣の事務を助ける</u>「内閣府」が設置された。内閣府の長は、内閣総理大臣であり、内閣府には、経済財政諮問会議など重要な会議が置かれている。

3 ✕ 国会活性化法によって、導入された党首討論制度は、イギリス議会のクエスチョン・タイムを参考に導入されたものであるが、その開催時期は与野党の合意によって決定されるため、現在は不定期とされ、また<u>首相側には反論権や逆質問権</u>が認められている。

ひっかけ問題

4 ✕ 法令の時限立法化を進めるのは、「<u>サンセット方式</u>」である。「スクラップ・アンド・ビルド方式」とは、局・部・課を新増設する場合には、それに相当するだけ、同格の既存の組織を廃止（統廃合）する行政改革の手法をいう。

5 ✕ 内閣危機管理監の任命は、内閣総理大臣の申し出により、内閣によって行われる（内閣法15条3項）。同管理監は緊急対策を立案し、<u>内閣総理大臣や官房長官などを補佐する</u>ことはできるが、それを実行する権限までは付与されていない（同法15条2項）。

6 ○ アメリカの二大政党は、<u>地方分権的な組織</u>をその特徴としており、この点で、中央集権的なイギリスの二大政党とは対照的である。

ひっかけ問題

7 ✕ アナウンスメント効果とは、選挙の際にマス・メディアが行う情報レポートなどの<u>世論調査結果が、有権者の投票行動に及ぼす影響</u>のことをいう。当選確実と予測された候補者に投票するのがバンドワゴン効果であり、当選まであと一歩という候補者に投票するのがアンダードッグ効果である。

問題 1
○○○

1980年代以降の世界の主要国における行政改革の潮流（「小さな政府」への流れ）をつくったのは、アメリカのカーター政権（民主党）であり、大規模な国営企業の民営化を実施した。

問題 2
○○○

わが国の行政改革において、内閣機能を強化することは、それによって行政権がますます強化される（行政国家現象）ことになるから、政治主導の確立に逆行することになる。

問題 3
○○○

官僚制組織とは、職務が法令によって固定的に配分されており、職務上、上下のヒエラルキー（階層制）構造を持つものであるから、官公庁および軍隊のみがこれに該当する。

問題 4
○○○

国の行政組織では、個々の職員単位に所掌事務が定められ、個人の責任の範囲が明確であるのに対して、地方自治体の行政組織では、課や係の単位に所掌事務が定められ、課員、係員が連帯して責任を負う体制になっているところが多い。

問題 5
○○○

中央防災会議は、防災基本計画を作成しその実施を推進するために、当初、建設省に設定されたが、中央省庁再編後、国土交通省に移管され、国土交通大臣が会長を務める。

問題 6
○○○

国際刑事裁判所（ICC）は、集団殺害や侵略戦争、人道に対する罪などの国際法上の重要犯罪をした個人を裁く常設の裁判所として第二次世界大戦の終結とともに設置された。

問題 7
○○○

国民負担率は、租税負担と社会保障負担とが国民所得に対して占める割合で示されており、国民の公的負担水準をマクロで表す指標となっている。

1 ✕ 1980年代以降の世界の主要国における行政改革の潮流をつくったのは、イギリスのサッチャー政権（保守党）である。サッチャー政権は、供給力の強化を通じてイギリス経済の長期衰退を逆転させることを究極の目標に、「小さな政府」および「市場メカニズムの活用」を核に据えて構造改革を実施した。

2 ✕ わが国の行政改革において、内閣機能を強化することは、政治家の官僚に対する主導性を高めることにつながり、かえって政治主導の確立に資することになる。

3 ✕ 官僚制組織とは、職務が「規則」によって固定的に配分され、上下のヒエラルキー構造を持つ組織のことである。したがって、官僚制組織は組織の官民を問わず発達しており、例えば会社や学校などにおいてもみられる。

4 ✕ 職員単位で事務を分掌するのは、個室主義（小部屋主義）と呼ばれ、アメリカの行政組織の特徴である。わが国の行政組織は、国も地方自治体も、課や係単位で事務を分掌する大部屋主義であり、これがわが国の特徴となっている。

5 ✕ 中央防災会議は1962年に総理府に設置され、中央省庁再編後は内閣府に移管された。また、中央防災会議の会長を務めるのは内閣総理大臣である（災害対策基本法12条2項）。

6 ✕ 国際刑事裁判所は、1998年に採択されたローマ規程に基づき、2003年に国際法上の重要犯罪を犯した個人を裁く常設の裁判所として、オランダのハーグに設置されたものである。わが国は2007年に正式に加盟している。

7 ◯ 国民所得に対する国税・地方税を合わせた総額の割合を租税負担率という。これに社会保険料などの社会保障負担を合わせた割合が、国民負担率である。

問題
1

行政書士が行うことができる業務は、他人の依頼を受け報酬を得て、官公署に提出する書類その他権利義務又は事実証明に関する書類（実地調査に基づく図面類を含む。）を作成することに限られている。

問題
2

行政書士の登録を受けようとする者は、日本行政書士会連合会に対し、その者の住所がある都道府県の行政書士会を経由して、登録の申請をしなければならない。

問題
3

弁護士、弁理士、公認会計士、税理士、社会保険労務士となる資格を有する者は、行政書士法により行政書士なる資格を有する。

問題
4

市町村長は、戸籍の記載、届書の記載その他の書類から市町村長において訂正の内容および事由が明らかであると認めるときは、家庭裁判所の許可を得て、戸籍の訂正をすることができる。

問題
5

嫡出子出生の届出は、父又は母がこれをし、子の出生前に父母が離婚をした場合には、母がこれをしなければならない。嫡出でない子の出生の届出は、母がこれをしなければならない。

問題
6

市町村長は、個人を単位とする住民票を世帯ごとに編成して、住民基本台帳を作成しなければならないが、政令で定めるところにより、その住民票を磁気ディスクをもって調製することができる。

問題
7

住民票の写し又は住民票記載事項証明書の交付の請求をしようとする者は、郵便により、住民票の写し又は住民票記載事項証明書の送付を求めることができる。

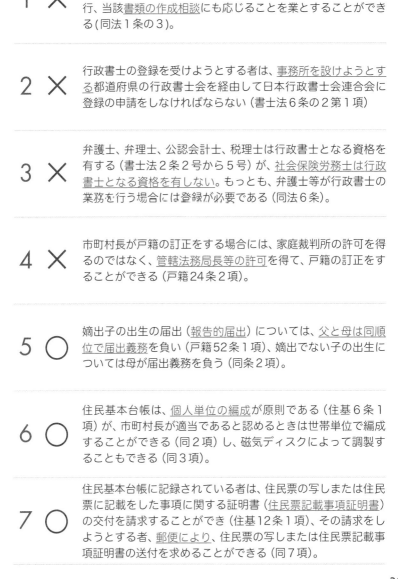

1 ✕ 行政書士の業務には「書類作成業務」（書士法１条の２）のほかに、行政書士が作成できる書類を官公署に提出する手続の代行、当該書類の作成相談にも応じることを業とすることができる（同法１条の３）。

2 ✕ 行政書士の登録を受けようとする者は、事務所を設けようとする都道府県の行政書士会を経由して日本行政書士会連合会に登録の申請をしなければならない（書士法６条の２第１項）

3 ✕ 弁護士、弁理士、公認会計士、税理士は行政書士となる資格を有する（書士法２条２号から５号）が、社会保険労務士は行政書士となる資格を有しない。もっとも、弁護士等が行政書士の業務を行う場合には登録が必要である（同法６条）。

4 ✕ 市町村長が戸籍の訂正をする場合には、家庭裁判所の許可を得るのではなく、管轄法務局長等の許可を得て、戸籍の訂正をすることができる（戸籍24条２項）。

5 ◯ 嫡出子の出生の届出（報告的届出）については、父と母は同順位で届出義務を負い（戸籍52条１項）、嫡出でない子の出生については母が届出義務を負う（同条２項）。

6 ◯ 住民基本台帳は、個人単位の編成が原則である（住基６条１項）が、市町村長が適当であると認めるときは世帯単位で編成することができる（同２項）し、磁気ディスクによって調製することもできる（同３項）。

7 ◯ 住民基本台帳に記録されている者は、住民票の写しまたは住民票に記載をした事項に関する証明書（住民票記載事項証明書）の交付を請求することができ（住基12条１項）、その請求をしようとする者、郵便により、住民票の写しまたは住民票記載事項証明書の送付を求めることができる（同７項）。

6

②行政書士法等諸法令

しっかり基礎

問題 1
行政書士の登録を拒否された者は、当該拒否処分に不服があるときは、都道府県知事に対して行政不服審査法による審査請求をすることができる。

問題 2
行政書士としての業務は、自然人に限られず、行政書士が設立した法人も自然人たる行政書士とまったく同じ行政書士の業務を行うことができる。

問題 3
都道府県知事は、必要があると認めるときは、いつでも当該職員に行政書士又は行政書士法人の事務所に立ち入り、その業務に関する帳簿及び関係書類（電磁的記録を含む。）を検査させることができる。

問題 4
戸籍に記載する氏名は、夫・妻・子の順序で記載され、子の間では出生の前後により、戸籍を編製した後にその戸籍に入るべき原因が生じた者については、戸籍の末尾に記載する。

問題 5
戸籍法の届出は、原則として、届出事件の本人の本籍地又は届出人の所在地でこれをしなければならない。外国人に関する届出は、届出人の所在地でこれをしなければならない。

問題 6
市町村長は、その市町村の区域内に住所を有する者につき、その戸籍を単位して、戸籍の附票を作成しなければならない。

問題 7
住民票コードの記載に関するものを除いて、住民票の記載、消除又は記載の修正は、住民からの届出に基づいてのみなされる。

1　✕　行政書士としての<u>登録</u>を拒否された者は、当該拒否処分に不服があるときは、<u>総務大臣</u>に審査請求をすることができる。

2　✕　行政書士が設立した、行政書士法人（書士法13条の3）も原則として行政書士の業務を行うことができる（同法13条の6柱書本文）が、いわゆる「<u>特定業務</u>」については有資格者行政書士が社員となっている行政書士法人のみがなしうる業務とされている（同法13条の6柱書ただし書き）。

3　✕　都道府県知事の立入検査は、「<u>日没から日の出</u>」までの時間はできない（書士法13条の22第1項）。立入検査をする場合、都道府県知事は、当該職員にその身分を証明する証票を携帯させ（同2項）、当該職員はその証票を関係者に呈示しなければならない（同3項）。

4　✕　戸籍に記載する氏名は、<u>夫婦が、夫の氏を称するときは夫、妻の氏を称するときは妻</u>、配偶者、子の順序で記載され、子の間では出生の前後により、戸籍を編製した後にその戸籍に入るべき原因が生じた者については、戸籍の末尾に記載する（戸籍14条）。

5　◯　戸籍法25条のとおり。「<u>届出事件の本人</u>」とは、特定の届出事件の内容たる身分事項の主体をいう（例：出生届については出生子）。なお、届出地に関しては胎児認知などの特例（同法61条／母の本籍地）がある。外国人には本籍地はないから、本籍地での届出はありえない。

6　✕　市町村長は、その市町村の区域内に<u>本籍を有する者</u>につき、その戸籍を単位として、戸籍の附票を作成しなければならない（16条1項）。戸籍の附票とは、戸籍（本籍地で作成）と住民票（住所地で調製）の共通記載事項の内容を一致させるための帳票である。

7　✕　一定の場合を除いて、住民票の記載、消除又は記載の修正は、<u>届出に基づき、または職権で</u>なされる（住基8条）。

6

これで合格

問題
1
○○○

行政書士会は、行政書士の登録を受けた者が、偽りその他不正の手段により当該登録を受けたことが判明したときは、当該登録を取り消さなければならない。

問題
2
○○○

行政書士は、正当な理由がなく、その業務上扱った事項について知り得た秘密を漏らしてはならず、行政書士でなくなった後についても同様である。

問題
3
○○○

行政書士は、登録を受けた事項に変更を生じたときは、遅滞なく、所属する行政書士会に変更の登録を申請しなければならない。

問題
4
○○○

成年に達した者は、戸籍の筆頭に記載した者及びその配偶者を除き、分籍をすることができる。分籍の届出があったときは、新戸籍を編製する。

問題
5
○○○

戸籍法による届出は、書面でしなければならず、口頭による届出は認められていない。

問題
6
○○○

戸籍の附票には、記載事項の特例等を除いて、戸籍の表示、氏名、住所、住所を定めた年月日、出生の年月日及び性別を記載（磁気ディスクによって調製される戸籍の附票にあっては記録）する。

問題
7
○○○

住民基本台帳法に定める住民としての地位の変更に関する届出には、転入届、転居届、転出届及び世帯変更届の4種類があり、これらの届出は書面又は口頭ですることができる。

1 ✕ 行政書士の登録に関する事務は「日本行政書士会連合会」が処理するのであるから、登録の取消しも<u>日本行政書士会連合会</u>が行う（書士法6条の5第1項）。

2 ◯ 行政書士の業務事項が多岐にわたり依頼者である個人・法人の重要秘密情報に接する機会が少なくないという点からの守秘義務であり、<u>行政書士を廃業した後</u>でも課せられている（書士法12条）。なお、<u>「正当な理由」</u>とは、本人の許諾がある場合とか法令の規定に基づく場合などである。

3 ✕ 行政書士は、登録を受けた事項に変更を生じたときは、遅滞なく、<u>所属する行政書士会を経由</u>して、日本行政書士会連合会に変更の登録を申請しなければならない（書士法6条の4）。

4 ◯ 戸籍法21条のとおり。分籍とは、氏の変動を伴わないで従前の戸籍から除籍し、<u>新戸籍を編製</u>する場合である（戸籍21条2項）。分籍できる者は<u>成年者</u>に限られるが、戸籍の筆頭者またはその配偶者は分籍できない（同21条）。

5 ✕ 戸籍法の届出（報告的届出、創設的届出）は、<u>書面または口頭</u>のいずれによることもできる（戸籍27条）。書面による届出は、届出人みずからが持参する必要はなく、郵送してもよく（同47条参照）、他人に託して提出してもよい。

6 ◯ 住民基本台帳法17条のとおり。<u>「戸籍の表示」</u>（住基17条1号）とは、戸籍法9条に規定されている戸籍の表示と同一であり、戸籍の筆頭者の氏名及び本籍である。なお、記載事項には在外選挙人名簿に登録された者の特例がある（住基17条の2）。

7 ✕ 住民基本台帳法に定める住民としての地位の変更に関する届出には、転入届（住基22条）、転居届（同23条）、転出届（同24条）、世帯変更届（同25条）及び外国人住民に関する特例（住基第4章の3）があり、<u>すべて書面</u>でしなければならない（同27条）

6

②行政書士法等諸法令

ポイントアップ

問題
1
○○○

都道府県知事は、法令等に違反し、又は行政書士たるにふさわしくない重大な非行があった行政書士に対して業務の停止又は禁止の処分をしようとする場合には、聴聞を行わなければならない。

問題
2
○○○

行政書士は、他人の依頼に応じ報酬を得て、業として自動車税、ゴルフ場利用税の税務署類の作成を行うことができる。

問題
3
○○○

行政書士は、みずからが作成した官公署に提出する書類に係る許認可等に関する審査請求、再調査の請求、再審査請求等行政庁に対する不服申立ての手続について代理することができない。

問題
4
○○○

戸籍法の届出期間は、届出事件発生の日の翌日から起算し、裁判が確定した日から期間を起算すべき場合には、裁判が送達又は交付前に確定したときは、その送達又は交付の日からこれを起算する。

問題
5
○○○

戸籍法の定める届出をすべき者が未成年者又は成年被後見人であるときは、自ら届出を行うことは許されず、すべて親権を行う者又は後見人が届出を行うこととなる。

問題
6
○○○

転出をする者は、あらかじめ、その氏名、転出先及び転出の予定年月日を市町村長に届け出なければならず、同一市町村の区域内に住所を変更しようとする者も、あらかじめ、住民基本台帳法に規定された事項について届け出なければならない。

問題
7
○○○

市町村長が住民票の写しを交付する場合、市町村長の職権で世帯主である旨又は世帯主との続柄、戸籍の表示、番号利用法における個人番号は記載を省略できる。

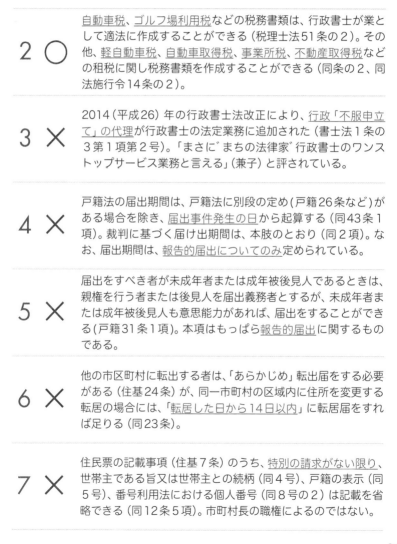

1 ○　本肢のような不心得者の行政書士に対する都道府県知事の処分としては、「戒告、2年以内の業務の停止、業務の禁止」がある（書士法14条）が、業務の停止、禁止処分の場合には聴聞が必要である（同法14条3の第3項）。

2 ○　自動車税、ゴルフ場利用税などの税務書類は、行政書士が業として適法に作成することができる（税理士法51条の2）。その他、軽自動車税、自動車取得税、事業所税、不動産取得税などの租税に関し税務書類を作成することができる（同条の2、同法施行令14条の2）。

3 ✕　2014（平成26）年の行政書士法改正により、行政「不服申立て」の代理が行政書士の法定業務に追加された（書士法1条の3第1項第2号）。「まさに"まちの法律家"行政書士のワンストップサービス業務と言える」（兼子）と評されている。

4 ✕　戸籍法の届出期間は、戸籍法に別段の定め（戸籍26条など）がある場合を除き、届出事件発生の日から起算する（同43条1項）。裁判に基づく届け出期間は、本肢のとおり（同2項）。なお、届出期間は、報告的届出についてのみ定められている。

5 ✕　届出をすべき者が未成年者または成年被後見人であるときは、親権を行う者または後見人を届出義務者とするが、未成年者または成年被後見人も意思能力があれば、届出をすることができる（戸籍31条1項）。本項はもっぱら報告的届出に関するものである。

6 ✕　他の市区町村に転出する者は、「あらかじめ」転出届をする必要がある（住基24条）が、同一市町村の区域内に住所を変更する転居の場合には、「転居した日から14日以内」に転居届をすれば足りる（同23条）。

7 ✕　住民票の記載事項（住基7条）のうち、特別の請求がない限り、世帯主である旨又は世帯主との続柄（同4号）、戸籍の表示（同5号）、番号利用法における個人番号（同8号の2）は記載を省略できる（同12条5項）。市町村長の職権によるのではない。

6

よく出る問題

問題 1

個人情報保護法は、国と地方公共団体の責務を明らかにするとともに、個人情報取扱事業者および行政機関等の遵守すべき義務を定めることにより、デジタル社会におけるプライバシーの権利を保護することを明文で定めている。

問題 2

個人情報保護法が定める「基本理念」は、行政機関に関する個人情報保護と民間の事業者に関する個人情報保護に共通する内容となっており、個人情報は、個人の人格尊重の理念の下、慎重に取り扱われるべきものであることが規定されている。

問題 3

指紋など各人に固有の身体の一部の特徴をデジタル化した情報や、マイナンバーなど対象者ごとに異なるものとなるように役務の利用、商品の購入又は書類に付される符号は、「個人識別符号」に当たる。

問題 4

個人情報保護法では、本人の人種・信条など取扱いに特に配慮を要するもので、政令で定める情報を「要配慮個人情報」として、一定の保護を図っている。

問題 5

個人情報保護法で保護の対象とされる「個人情報」には、他の情報と照合することができ、それにより特定の個人を識別することができることとなるものが含まれる。

問題 6

死者の個人情報および外国人の個人情報は、個人情報保護法の対象とならないが、8歳未満の者の個人情報や民間の病院のカルテに記載されている個人情報は、個人情報保護法の対象となる。

ひっかけ問題

1 ✕ 個人情報保護法では、「デジタル社会の進展に伴い」、個人情報取扱事業者および行政機関等の遵守すべき義務を定めるとともに、「個人の権利利益を保護することを目的」とする（1条）が、「プライバシーの権利」は、その内容が統一されていないということなどから明文化されていない。

2 ◯ 個人情報保護法の基本理念は、行政機関部門・民間部門に共通する内容であり、「個人情報は、個人の人格尊重の理念の下に慎重に取り扱われるべきものであることにかんがみ、その適正な取扱いが図られなければならない。」と定められている（3条）。

3 ◯ 個人識別符号とは、特定の個人の身体の一部の特徴を電子計算機の用に供するために変換した文字、記号等の符号や個人に提供される役務の利用、個人に販売される商品の購入に関して割り当てられた文字、記号等の符号で、特定の個人を識別できるものをいう（2条2項）。

4 ◯ 個人情報保護法では、要配慮個人情報（2条3項）については、原則として本人の同意を得ないで取得することが禁じられ（20条2項）、オプトアウトによる提供の禁止が規定されている（27条2項ただし書）。

ひっかけ問題

5 ✕ 「照合」の程度は、「他の情報と容易に照合」である（2条1項1号かっこ書）。住所、電話番号、口座番号、職業など、それ自体で特定の個人を識別できなくても、他の情報と容易に照合し合うことにより識別性を有するものは個人情報に含まれる。

6 ✕ 個人情報保護法にいう「個人情報」は、生存する個人に関する情報（2条1項柱書）であって、死者に関する個人情報は、原則として対象ではない。しかし、「外国人の個人情報」であっても、個人情報保護法の要件を充たすことにより、個人情報に該当する。

問題
7
○○○

個人情報保護法において「個人情報取扱事業者」とは、個人情報データベース等を事業の用に供している者をいうが、規制の対象となる事業者は営利団体であり、ＮＰＯのような非営利団体は対象外とされている。

問題
8
○○○

事業の用に供する個人情報データベース等を構成する個人情報によって識別される特定の個人の数の合計が、過去６か月以内のいずれの日においても5,000を超えない者は、「個人情報取扱事業者」には当たらない。

問題
9
○○○

「匿名加工情報」とは、個人情報を加工することによって、特定の個人を識別することができず、かつ、当該個人情報を復元することができないようにしたものをいう。

問題
10
○○○

「仮名加工情報」は、匿名加工情報と異なり、他の情報と照合すれば特定の個人を識別することができるので、個人情報に該当するが、「仮名」なので第三者提供は禁止されていない。

問題
11
○○○

個人情報保護法に基づき、保有個人データに関する開示請求をするためには、日本国籍を有することが必要であり、外国に居住する外国人は、個人情報保護法に基づいて開示請求をすることは一切できない。

問題
12
○○○

個人情報取扱事業者は、本人から、当該本人が識別される保有個人データの開示を求められた場合でも、開示に応じることが他の法令に違反することとなるときには、その全部または一部を開示しないことができる。

問題
13
○○○

個人情報取扱事業者は、個人情報保護法によって本人から開示請求された保有個人データについては、他の法令の規定により全部開示することとされている場合であっても、個人情報保護法による開示をしなければならない。

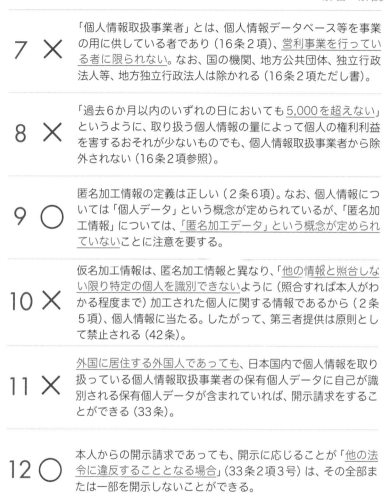

7 × 「個人情報取扱事業者」とは、個人情報データベース等を事業の用に供している者であり（16条2項）、<u>営利事業を行っている者に限られない</u>。なお、国の機関、地方公共団体、独立行政法人等、地方独立行政法人は除かれる（16条2項ただし書）。

8 × 「過去6か月以内のいずれの日においても<u>5,000を超えない</u>」というように、取り扱う個人情報の量によって個人の権利利益を害するおそれが少ないものでも、個人情報取扱事業者から除外されない（16条2項参照）。

9 ○ 匿名加工情報の定義は正しい（2条6項）。なお、個人情報については「個人データ」という概念が定められているが、「匿名加工情報」については、<u>「匿名加工データ」という概念が定められていない</u>ことに注意を要する。

10 × 仮名加工情報は、匿名加工情報と異なり、「<u>他の情報と照合しない限り特定の個人を識別できない</u>ように（照合すれば本人がわかる程度まで）加工された個人に関する情報であるから（2条5項）、個人情報に当たる。したがって、第三者提供は原則として禁止される（42条）。

11 × <u>外国に居住する外国人であっても</u>、日本国内で個人情報を取り扱っている個人情報取扱事業者の保有個人データに自己が識別される保有個人データが含まれていれば、開示請求をすることができる（33条）。

12 ○ 本人からの開示請求であっても、開示に応じることが「<u>他の法令に違反することとなる場合</u>」（33条2項3号）は、その全部または一部を開示しないことができる。

13 × 他の法令の規定により、本人に対し<u>個人情報保護法に規定する方法に相当する方法</u>により保有個人データを開示することとされている場合には、個人情報保護法に基づいて当該保有個人データについては、開示しなくてもよい（33条4項）。

問題 14

認定個人情報保護団体は、認定業務の実施に際して知り得た情報を認定業務の用に供する目的以外に利用してはならない。この義務に違反した認定個人情報保護団体は、30万円以下の罰金に処せられる。

問題 15

マイナンバー法における個人番号（住民票コードを変換して得られる番号）は、行政事務において用いられる番号であるから、行政事務の対象となる、住民基本台帳に記載されている日本人個人にのみ付番される。

問題 16

マイナンバー法により、内閣総理大臣の所轄の下に、内閣府の外局として設置されている特定個人情報保護委員会は、マイナンバーの有用性に配慮しつつ、その適正な取り扱いを確保するために設置された独立性の高い機関である。

問題 17

公的個人認証法には、市町村に住所を有する者が外国人である場合には、当該市町村はその者から請求があっても認証業務を提供する必要はないとする旨が規定されている。

問題 18

公的個人認証法に基づき発行される公的個人認証サービスの電子証明書には、氏名、生年月日、性別、本籍地が記載されるが、この電子証明書は、その発行の日から起算して5年の有効期間が定められている。

問題 19

プロバイダ責任制限法によれば、プロバイダは、権利侵害を受けたとする者の開示請求に対して発信者情報を開示しなかった場合でも、故意または重大な過失がなければ、その結果として請求者に損害が生じても、賠償責任は負わない。

問題 20

プロバイダ責任制限法によれば、特定電気通信による情報の流通によって自己の権利を侵害されたとする者は、権利が侵害されたことが明らかであり、損害賠償請求権の行使のために必要である場合には発信者情報の開示を請求できる。

ひっかけ問題

14 ✕ 認定個人情報保護団体が、認定業務の実施に際して知り得た情報の目的外利用の禁止に違反した場合、罰則規定は設けておらず、<u>個人情報保護委員会による認定の取消し</u>（講学上の撤回）（152条1項3号）が、命令の実効性を担保する手段となっている。

15 ✕ 中長期在留者など、一定の外国人も<u>住民基本台帳に記載</u>されているので、行政サービスの対象となり、これらの外国人にも付番される。

16 ✕ 2016年1月1日、特定個人情報保護委員会（旧委員会）は、<u>個人情報保護委員会</u>へ改組された。その他の記述は正しい。なお、個人情報保護委員会は、旧委員会から個人番号の適正な取扱いの確保に係る業務を継承するとともに、新たに個人情報保護法を所管し、個人情報の有用性に配慮しつつ、その適正な取扱いの確保に係る業務も所掌する。

17 ✕ 2009年改正住民基本台帳法により、<u>中長期在留者など一定の外国人</u>が住民基本台帳法の適用対象に加えられた（2012年7月9日施行）。これに伴い、これらの者にも日本人と同様に認証業務が提供される。

18 ✕ 公的個人認証サービスの電子証明書には、「<u>氏名、住所、生年月日、性別</u>」は記載されるが、「本籍地」は記載されない。有効期間は、原則として当該電子証明書の発行の日後5回目の誕生日までである。

19 ◯ 権利を侵害された者は、一定の場合にプロバイダ（特定電気通信役務提供者）に発信者情報の開示を請求する権利を有するが、プロバイダは開示しなくても、<u>故意または重過失がなければ</u>損害賠償責任を負わない（プロバイダ責任制限法6条4項）。

20 ◯ 自己の権利を侵害されたとする者は、権利が侵害されたことが明らかであり、開示を受けるべき<u>正当な理由がある場合</u>にも発信者情報の開示を請求できる（プロバイダ責任制限法5条1項）。

問題 21

アクセス管理者の意に反して、アクセス制御機能を有するコンピュータに電気通信回線を通じ、当該アクセス制御機能に関する他人の識別符号を入力して当該コンピュータを作動させ、当該アクセス制御機能により制限されている特定利用のできる状態にさせる行為は、不正アクセス行為に該当する。

問題 22

アクセス管理者の意に反して、ID、パスワードの入力を求める情報を自動公衆送信により公衆が閲覧できる状態に置くことは、不正アクセス禁止法で禁止されるフィッシング行為に該当する。

問題 23

事業者、消費者間の電子契約で、消費者が申込みを行う前に、申込み内容などを確認できる措置を事業者側が講じていない場合、電子契約法に基づき、操作ミスによる消費者の申込みの意思表示は取り消すことができる。

問題 24

特定電子メール送信適正化法では、オプトイン方式を採用し、広告宣伝メールを送信する際、送信者の氏名・名称・受信拒否の連絡先となるメールアドレス・URLなどの表示を義務づけている。

問題 25

行政機関に対する手続であっても、書面等に署名などをすることが定められている行政手続、書面等の現物が必要とされる行政手続については、デジタル手続法は適用されない。

問題 26

サイバーセキュリティ基本法が施行（2015年1月）されたことにより、わが国におけるサイバーセキュリティに関する施策を総合的かつ効果的に推進するため、内閣に「サイバーセキュリティセンター」が設置されるとともに、内閣官房に「内閣サイバーセキュリティ戦略本部」が設置された。

問題 27

バイオメトリクス認証とは、長期間変化しにくい身体的な固有の情報を利用して、本人の確認を行う認証方式であり、指紋、手の静脈、虹彩などを用いた認証システムがある。

21 ○ アクセス制御機能を付加したアクセス管理者がするものおよび当該アクセス管理者または当該識別符号に関する利用権者の承諾を得てするものを除いて、<u>他人のID・パスワードによる不正ログイン行為</u>は、不正アクセス行為に当たる（2条4項1号）。

22 ○ 改正不正アクセス禁止法（2012年5月1日施行）により<u>フィッシング行為の禁止（7条）が規定</u>された。フィッシング行為には、①サイト構築型（ID、パスワードの入力を求める情報を自動公衆送信により公衆が閲覧できる状態に置く）と、②メール送信型（ID、パスワードの入力を求める情報を電子メールにより利用権者に送信する）がある。

23 ○ 電子契約法（電子消費者契約に関する民法の特例に関する法律）は、消費者が行う<u>電子消費者契約の申込みまたはその承諾の意思表示</u>に<u>重要な錯誤</u>があった場合に関し、<u>民法</u>の特例を定めるものである。

24 ○ 特定電子メール送信適正化法（迷惑メール防止法）では、<u>オプトイン方式</u>（送信を同意した者に送信してよい）が導入されており、広告宣伝メールを送信する際には、送信者の氏名・名称・受信拒否の連絡先となるメールアドレス・URLなどの表示をする必要がある。

`ひっかけ問題`

25 ✕ 書面等に署名などをすることが定められている手続であっても、電子署名等によって代替可能であるから、デジタル手続法が適用される。

26 ✕ 2014年11月、サイバーセキュリティ基本法が成立した。同法に基づき、2015年1月、内閣に「サイバーセキュリティ<u>戦略本部</u>（本部長：<u>内閣官房長官</u>）」が設置され、同時に、内閣官房に「内閣サイバーセキュリティセンター（センター長：内閣官房副長官補）」が設置された。

27 ○ バイオメトリクス(biometrics)認証は生体認証とも呼ばれ、人間の<u>身体的特徴</u>（指紋・虹彩・声紋・顔・手の甲の静脈など）の情報を用いて本人確認を行う、<u>個人認証</u>技術である。

問題
1
○○○
個人関連情報取扱事業者は提供先で個人データとして取得されると想定しながら、当該個人関連情報を第三者に提供しようとする場合には、提供先で本人の同意を得ていることを確認しないで、提供してはならない。

問題
2
○○○
大学その他の学術研究を目的とする機関もしくは団体に属しない個人が学術研究の用に供する目的で個人情報を取り扱う場合には、個人情報取扱事業者の義務規定が適用される。

問題
3
○○○
インターネットのみを媒体として、報道を業として行う者が報道の用に供する目的で個人情報を取り扱う場合には、個人情報保護法の定める個人情報取扱事業者の義務規定が適用される。

問題
4
○○○
保有個人データについて、個人情報取扱事業者に対する開示請求は、当該保有個人データによって識別される本人または裁判所の許可を受けた法定代理人のみがすることができる。

問題
5
○○○
本人から当該本人が識別される保有個人データの開示を求められ、個人情報取扱事業者がこれに応じる場合、当該本人が電子メールによる開示を請求したとしても、書面の交付による方法で開示しなければならない。

問題
6
○○○
保有個人データの利用停止・消去、提供の停止は、個人情報取扱事業者が保有個人データの管理について個人情報保護法に定められた義務に違反した場合に、本人側からそれへの是正措置として認められたものである。

問題
7
○○○
従業員が会社の業務に関し、個人情報保護法が定める命令を遵守しなかった場合、または報告義務を怠った場合に、従業員に罰金刑が科されるときには、その会社にも罰金刑が科されることになる。

1 ○　個人関連情報とは、氏名と結びついていないインターネットの閲覧履歴や位置情報など生存する個人に関する情報であって、個人情報、仮名加工情報および匿名加工情報のいずれにも該当しないものをいう（2条7項）。個人関連情報には、本問のような第三者提供規制が課せられている（31条）。

2 ○　大学その他学術研究を目的とする団体に「属しない」個人の場合には、個人情報取扱事業者の義務規定は適用される（57条1項参照）。なお、大学その他学術研究を目的とする団体には個人情報取扱事業者の義務規定が適用されるが、個人情報保護法第4章に定める義務については所要の例外規定が置かれている（18条、20条2項、27条）。

3 ✕　「報道を業として行う者」には、プリントメディアに限らず、インターネットメディアのみを用いる者も含まれ、その利用媒体を問わないから、個人情報取扱事業者の義務規定は免除される（57条1項1号）。

4 ✕　「開示等の求め」は、政令で定めるところにより、代理人によることができる（37条3項）。政令では、未成年者または成年被後見人の法定代理人、開示等の求めをすることにつき本人が委任をした代理人が認められている（施行令13条）。

5 ✕　保有個人データの開示請求がなされた場合、個人情報取扱事業者は、本人が請求した方法による開示が困難である場合を除いて、本人が請求した方法（書面の交付、電子メール等）で開示しなければならない（33条2項）。

6 ○　個人情報取扱事業者が義務違反をした場合には、本人は、当該事業者に対し、その保有個人データの利用停止または消去（18条から20条違反の場合）を請求することができる（35条1項）。また、第三者提供の制限（27条1項、28条違反）に違反して第三者に提供されているときは、第三者への提供の停止を請求することができる（同条3項）。

7 ○　法人等（法人でない団体で代表者または管理人の定めのあるものを含む）の代表者または法人等の代理人、使用者その他の従業者が、法人等の業務に関して、個人情報保護法の定める所定の義務に違反した場合、行為者のほか、法人等も処罰される（179条1項）。

問題
8

個人情報保護法に違反して第三者（個人情報保護法制がわが国と同じ水準にない外国にある第三者を含む）に個人データを提供した場合、民事上の責任のほか、個人情報保護法により直ちに罰則が適用されることになる。

問題
9

個人情報取扱事業者は、個人データの取扱いの全部または一部を委託する場合は、その取扱いを委託された個人データの安全管理が図られるよう、委託を受けた者に対する必要かつ適切な監督を行うよう努めなければならない。

問題
10

国は、個人情報保護法の趣旨に従い、個人情報の適正な取扱いを確保するために必要な施策を総合的に策定し、およびこれを実施する責務を有するから、個人情報保護法では、国に一定の施策を行う努力義務が規定されている。

問題
11

個人情報取扱事業者が、その業務に関して取り扱った個人情報データベース等を第三者の不正な利益を図る目的で提供したときは、個人情報保護委員会は停止の命令を発することができ、個人情報取扱事業者がその命令に従わないときには、1年以下の懲役または50万円以下の罰金に処せられる。

問題
12

個人情報保護法の定めるところにより、行政機関の長等に対し、当該行政機関等の保有する自己を本人とする保有個人情報の開示を請求することができるのは、公職選挙法上の選挙権を有する者に限られる。

問題
13

行政機関の長は、開示請求に関する保有個人情報に不開示情報が含まれている場合であっても、個人の権利利益を保護するため特に必要があると認めるときは、開示請求者に対し、当該保有個人情報を開示することができる。

8 ✗ 　個人情報保護法に違反して第三者に提供（27条1項、28条）がなされても、個人情報保護法は直ちに罰則の適用対象とはせずに、<u>個人情報保護委員会</u>の命令に違反してはじめて罰則の適用対象とする（145条2項、3項、173条）。

ひっかけ問題

9 ✗ 　個人情報取扱事業者は、個人データの取扱いの全部または一部を委託する場合は、その取扱いを委託された個人データの安全管理が図られるよう、委託を受けた者に対する必要かつ適切な監督を行う義務（<u>行為義務</u>）がある（25条）が、努力義務ではない。

---

10 ✗ 　地方公共団体の場合は、責務規定（5条）を受けて一定の施策を行うよう努力義務が課せられている（12条から14条）。国の場合には、努力義務を一歩進めての<u>行為義務</u>が課せられている（6条から11条）。

---

11 ✗ 　個人情報保護法には、個人情報取扱事業者が、その業務に関して取り扱った個人情報データベース等を第三者の<u>不正な利益</u><u>を図る目的</u>で提供したときは、1年以下の懲役または50万円以下の罰金に処せられる（174条）、という<u>直罰規定</u>が置かれている。

---

12 ✗ 　行政機関等の保有する自己を本人とする保有個人情報の開示請求権は、<u>何人にも</u>認められる（76条1項）。また、未成年者または成年被後見人の法定代理人は、本人に代わって、この開示請求をすることができる（76条2項）。

---

13 ○ 　行政機関の長等は、開示請求に関する保有個人情報に不開示情報が含まれている場合であっても、<u>特に必要があると認めるとき</u>は、開示請求者に対し、当該保有個人情報を開示することができる（裁量的開示／80条）。

6 これで合格

問題
1
○○○

使用人が、名刺の情報をパソコンの表計算ソフトなどを用いて入力・整理して、他の使用人なども検索できる状態にしていても、保存場所が自己の私物のパソコンである場合は、事業主の「個人情報データベース等」には当たらない。

問題
2
○○○

個人情報取扱事業者たる試験実施機関において、採点情報のすべてを開示することにより試験制度の維持に著しい支障を及ぼすおそれがある場合、本人からその開示を求められたとしても、その全部または一部を開示しないことができる。

問題
3
○○○

個人情報取扱事業者である日本国内の企業が、国内に居住している優良顧客の個人データを外国にある外国法人に提供する場合には、原則としてあらかじめ本人の同意が必要である。

問題
4
○○○

個人情報取扱事業者である製造業者が、製品事故により消費生活用製品をリコールする場合で、販売事業者が当該製造者に対して当該製品の購入者の情報を提供するときには、あらかじめ本人の同意を得る必要がある。

問題
5
○○○

地方公共団体は、その保有する個人情報の性質、当該個人情報を保有する目的などを勘案し、その保有する個人情報の適正な取扱いが確保されるよう必要な措置を講ずる努力義務を負っている。

問題
6
○○○

行政機関の長等は、匿名加工情報を作成してみずから当該匿名加工情報を取り扱う際、当該匿名加工情報の作成に用いられた個人情報に係る本人を識別するために、当該匿名加工情報を他の情報と識別してはならない。

1 ✕ 　従業員が、名刺の情報をパソコンの表計算ソフト等を用いて入力・整理して、他の従業員なども<u>検索できる状態</u>にしている場合には、パソコンの所有者を問わず、事業者の「個人情報データベース等」に当たる（16条1項1号参照）。

2 ◯ 　「当該個人情報取扱事業者の<u>業務の適正な実施に著しい支障</u>を及ぼすおそれがある場合」（33条2項2号）に該当する場合には、本人からその開示を求められたとしても、その全部または一部を開示しないことができる（同条2項柱書ただし書）。

3 ◯ 　国内に居住している個人の個人データを外国にある企業に提供する場合であっても、個人データの<u>第三者への提供</u>となり、あらかじめ本人の同意を得る必要がある（28条）。

4 ✕ 　「人の生命、身体又は財産の保護のために必要がある場合であって、本人の同意を得ることが困難であるとき」には、<u>利用目的制限の例外</u>として、あらかじめ本人の同意を得る必要はない（27条1項2号）。

5 ◯ 　地方公共団体が「保有する個人情報について、適正な取扱いが確保されるよう」必要な措置を講ずるのは、<u>努力義務</u>である（12条1項）。

6 ◯ 　「匿名加工情報」について個人情報取扱事業者に「<u>照合禁止義務</u>」が課せられている（43条5項）が、<u>行政機関等匿名加工情報</u>でも、行政機関の長等に「照合禁止義務」が課せられている（119条1項）。

6 ポイントアップ

問題
1
○○○

デジタル手続法では、行政の手続・サービスが一貫してデジタルで完結する「デジタルファースト」、一度提出した情報は、再度提出することを不要とする「ワンスオンリー」、民間サービスを含め、複数の手続・サービスをワンストップで実現する「コネクテッド・ワンストップ」のデジタル化の三原則が定められている。

問題
2
○○○

地方公共団体の手続については、その根拠法規が条例または規則であれば、デジタル手続法が適用されないので、当該地方公共団体はデジタル手続法の趣旨に従って、デジタル手続条例等を制定しなければならない。

問題
3
○○○

特定秘密を保有する行政機関の長は、他の行政機関がわが国の安全保障に関する事務を遂行するために当該特定秘密を利用する必要があると認めたときは、原則として、当該他の行政機関に当該特定秘密を提供することができる。

問題
4
○○○

デジタル社会形成基本法は、ＩＴ基本法の後継法として、「誰一人取り残さない」、「人に優しいデジタル化」という考えの下、デジタル社会の形成に向けた基本理念や施策の策定に係る基本方針等を定めるものであり、基本理念にのっとり内閣府にデジタル庁が設置されている。

問題
5
○○○

インターネット上の誹謗中傷などによる権利侵害が増加する中で、発信者情報の開示請求について迅速かつ適正な解決を図るため、プロバイダ責任制限法が改正され発信者情報の開示請求に係る新たな裁判手続が創設された。

ひっかけ問題

1 ○
デジタル手続法（正式名称は「情報通信技術を活用した行政の推進等に関する法律」）は、これまでの「行政手続オンライン化法」（正式名称は「行政手続等における情報通信の技術の利用に関する法律」）を題名変更したものであり、行政のデジタル化に関する基本原則（デジタル三原則）や行政手続の原則オンライン化のために必要な事項を定めている（2条）。

2 ×
地方公共団体の手続について、その根拠法規が法令であれば、デジタル手続法が適用される（3条8号から11号）が、条例または規則の場合には適用されないので、地方公共団体は自主的に行政手続オンライン化のための条例等の制定をするよう努めなければならない（13条）。

3 ○
当該行政機関の長は、安全保障上の必要により、他の行政機関だけでなく、いわゆる「適合事業者」に対する提供のほか、国会の秘密会や情報公開・個人情報保護審査会がインカメラ審理を実施する場合など、公益上特に必要があると認められる場合にも、一定の条件の下で、特定秘密を提供できる。

4 ×
デジタル社会形成基本法（令和3年5月19日法律第35号）の基本理念や施策は本問のとおりであるが、デジタル庁は内閣に置かれ、デジタル社会の形成に関する内閣の事務を内閣官房と共に助けるとともに、デジタル社会の形成に関する行政事務の迅速かつ重点的な遂行を図ることを目的とする（36条）。

5 ○
令和3年の改正により、「新たな裁判手続の創設（例：発信者情報の開示が1回の手続きでできる）」、「開示請求を行うことができる範囲の見直し」（例：発信者情報の特定に必要となる場合には、ログイン時の情報の開示が可能となるように）等がなされた。

昨日の私は、今日の私ではない

06 基礎知識

本書の問題を解く前の
昨日のあなたから、
本書の問題を解き始めた
今日のあなたへ。
合格が見えてきました。
本書を手にしなかった昨日なんて
どうでもいいんです。

〈竹山道雄訳／ニーチェ『ツァラトゥストラ
かく語りき』
第1部「山腹の樹」を参考に作成／
新潮文庫〉

●著者紹介

加瀬 光輝（かせ こうき）

学生時代より、塾講師として大学入試の受験指導の道を歩む。大手資格試験予備校に転身後、三瓶講師とともに「Ｋ＆Ｓ行政書士受験教室」を立ち上げる。受験指導30年の経験をもとに、"法律的な考え方・書き方"を初学者から上級者まで多くの受講生に伝授して、確実な合格へと導く。「加瀬の図解法学」は、他の追随を許さぬ高評価を得ている。
現在、専門学校の法律学科の講師を兼任し、学生に「加瀬の図解法学」を実践している。

著書：『ビジネス実務法務検定試験3級テキスト』（三和書籍）、『ビジネス実務法務検定試験3級問題集』（三和書籍、星村史彦著／加瀬光輝監修）

●協　力　　　株式会社エディポック
●本文イラスト　ナガイ クミコ

うかる！　行政書士一問一答
【2024年民法等改正／新試験科目対応版】

発行日　2024年 3月15日		第1版第1刷

著　者　　加瀬　光輝

発行者　斉藤　和邦
発行所　株式会社 秀和システム
〒135-0016
東京都江東区東陽2-4-2　新宮ビル2階
Tel 03-6264-3105（販売）Fax 03-6264-3094
印刷所　三松堂印刷株式会社　　　Printed in Japan

ISBN978-4-7980-7211-1 C2032

定価はカバーに表示してあります。
乱丁本・落丁本はお取りかえいたします。
本書に関するご質問については、ご質問の内容と住所、氏名、電話番号を明記のうえ、当社編集部宛FAXまたは書面にてお送りください。お電話によるご質問は受け付けておりませんのであらかじめご了承ください。